U0008246

人心使用說明書

心理學教授實話說，什麼決定你的所思所想所作所為

陳曉 著

高寶書版集團

目錄

PART 3
改變態度

目錄

PART 5

傳遞善意

前言
像讀故事一樣，輕鬆學習心理學

這是什麼心理？

有一個很優秀的女孩，她和男朋友談了八年的戀愛，然而這個男孩並不是一個合格的情人，對這個女孩不是很用心，還做過對不起她的事。女孩非常痛苦，她在理智上知道這個男孩靠不住，但就是無法離開他，周圍的朋友都勸她放棄這段感情，但她堅信這個男孩是她的「真愛」。

為什麼人會深陷一段不值得維繫的感情而不可自拔？心理學的研究會告訴你答案。

假如你和伴侶去電影院看了一部電影，你很不喜歡這部電影，對方卻說這部電影讓他重新體驗年少時的迷茫與無助，實在太感人了，希望你能陪他二刷。在這種情況下，你是去還是不去？

如何知道感情深淺並預判走勢？心理學的研究可以借你一雙慧眼，透過你在過往類似情境下的選擇，幫助你看清緣深緣淺。

2020 年春節期間，新冠疫情爆發，我花了整整七天勸說我父母戴口罩、不要出門。但他們對我的勸告置若罔聞，根本不聽。尤其是我爸，還天天往外跑。但是當鄰里開始廣播疫情訊息，我爸就立刻跑回家，好多天都不敢出門。

為什麼一個心理學教授的話還不如鄰里的大聲公有說服力？心理

學的研究不但可以解釋其中奧祕，還可以告訴你怎樣防止父母上當受騙，怎樣讓青春期的叛逆孩子聽話。

　　假如你計畫買一臺電視機，商場裡同品牌的電視機有低、中、高三個價位，你最有可能選哪一個價位的電視機？很多時候我們以為自己是聰明的消費者，然而心理學研究卻發現，商家早就挖好了「陷阱」……

　　這本書將從一個個小故事切入，教你從心理學的視角看清故事背後的行為邏輯。

　　心理學的研究結果可能會令你吃驚，甚至刷新你的認知。

　　本書的主要特點之一，就是介紹了許多心理學實驗。心理學實驗往往充滿大量的專業理論和統計數據，除非受過專業的研究訓練，否則很多人都會望而卻步。但你不用擔心，本書不是枯燥乏味的學術報告，更不會乾巴巴地羅列數據和圖表，而是用有趣的故事演繹心理學理論和研究，這也是本書的另一個特點。

　　除了介紹心理學理論和研究，本書還包含了我對這些理論和研究的反思。期望這些反思可以幫助你審視自己的某些既定觀念，從新的視角看待自己、他人和社會，從而提升思考能力。

　　此外，本書也側重從宏觀的社會角度來分析人的心理與行為。

　　近年因為新冠疫情而限制出遊、聚會等活動，很多人一開始很享受居家生活，感覺非常愜意，但是時間一久，就覺得出去散散步、見見人都無比幸福。這說明了人類具有社會性，沒有人是完全獨立的個體，無論心理或行為皆會不可避免地受到所處群體和社會影響。這本書就是從這個角度切入，讓你從瑣碎日常的煙火氣中看到人生百態，

也看到歷史文化、甚至是生物演化在人心裡留下的烙印。換句話說，這是一本很貼近現實生活的心理學書籍。當然，這不意味其他的心理學視角不重要，各種視角都能幫助你更加理解自己，理解他人。

本書中還有各類心理學測驗題、練習題和思考題，幫助大家充分理解書中的內容，提升生活品質。

此外，我還附了一些心理學研究的原始文獻資料，推薦了一些電影和書籍，幫助你拓展自主學習的能力和思考的廣度。

很多人好奇的問題，都可能在本書中得到意想不到的答案。

這是一本獨特的心理學書籍。在同類書籍中，有趣的心理學書籍可能沒有這本書專業，而專業的心理學書籍又可能沒有這本有趣。

如果你想了解自己、了解他人、了解關係、了解世界，這本書可以幫你用「心」看人，是一個不錯的選擇。

PART 1

理解自我

我們為什麼這樣想

(● ● ●) 自我概念

01「網紅」與「忠實粉絲」

　　小明是一個中學生，最近他和家人說不想念書了，因為現在直播很夯，可以賺很多錢，他也要做直播主，成為「網紅」。

　　小紅也是中學生，她對做「網紅」不感興趣，但是她有一個偶像，她在粉絲團裡相當活躍，熱衷於為自己的偶像打榜[1]，容不得別人說她偶像不好，甚至把自己的生活費都用來應援偶像。

　　為什麼現在一些年輕人會像小明這樣熱衷於成為「網紅」，或者像小紅這樣成為某個明星的「忠實粉絲」？

　　你會怎麼回答？「自我概念」或許可以幫助你思考上面這個問題。

我是誰？

　　自我概念（Self-Concept）旨在回答「我是誰」這個問題。美國哲學暨心理學家威廉・詹姆斯（William James）把自我（Self）分為兩個層面（見圖 1-1）：一個層面是「主我」，即英文中的「I」，指主動的訊息感受者；另一個層面是「賓我」，即英文中的「Me」，由對自己的看法和信念組成。主我對應的是「自我覺察」（Self-Awareness），

1　網路用語，幫助偶像提高在排行榜上的排名。

而賓我對應的是「自我概念」。

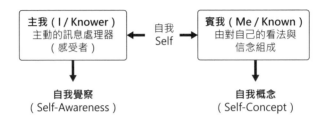

圖 1-1　自我的兩個層面

　　例如：「我看到媽媽」和「我認為我很勤奮」。這兩句話的主語「我」作為訊息的知覺者，就是主我。而第二句話「我認為我很勤奮」中的「我很勤奮」是人覺察到的，是人對自己的看法，這就是自我概念。心理學家認為，自我概念指的是人對自己的一整套看法和信念。人用這一套看法和信念來加工跟自己有關的社會訊息和自身訊息。

在你心裡的三個「我」

　　每個人都有很多關於自己的看法，美國心理學家愛德華·希金斯（Edward Tory Higgins）把人的自我概念分為三種：第一種是真實我（Actual Self），第二種是理想我（Ideal Self），第三種是應該我（Ought Self）。（見圖 1-2）

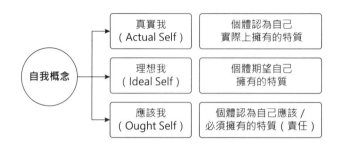

圖 1-2　自我概念的三種類型

　　什麼叫「真實我」呢？意指個體認為自己實際上擁有的特質，即認為自己是一個什麼樣的人。「理想我」指的是個體期望自己擁有的特質，即期望成為一個什麼樣的人。「應該我」指的是個體認為自己應該做到或必須擁有的特質。比如，你趕時間，卻剛好遇到紅燈，你很想衝過去，但你知道自己必須遵守交通規則。這就是「應該我」：我需要遵守交通規則。

　　心理學家認為，當真實我、理想我與應該我之間出現差距，人就有了改變的動力。比如，你為什麼想讀這本書？可能是因為你覺得自己現在還沒有成為期望中的自己，所以要學習相關知識來提升自己。而當理想我和真實我合而為一，人就會失去學習的動力。這也解釋了為什麼人在談戀愛的時候，每天都有動力把自己打扮得漂漂亮亮，而一旦結婚就漸漸發福、變得邋遢，因為理想我和真實我已經合而為一，失去了繼續打扮的動力。

　　有不少學生，尤其是男生，上大學後沉迷於線上遊戲，荒廢學業。這些學生並非一直如此，其中很多人可能在國高中階段非常用功讀書，

但是考上大學之後，就墮落成「學渣」。為什麼會出現這種轉變呢？從不同的角度分析可以找出不同的原因，此處我嘗試從「自我概念」的角度來看看問題可能出在哪裡。

在國高中階段，父母、老師甚至社會，常常向學生傳遞以下訊息：等你考上大學就輕鬆了。因此，學生在國高中階段的理想就是考上大學。等他考上大學，他的理想我和真實我就合而為一，他也就失去繼續學習的動力。所以，家長和老師最好不要用這樣的話來勸說孩子讀書，努力讀書的目的不只是為了考上大學，而是讓自己在未來有更多的選擇。有人會問，如果孩子已經出現這種現象，該怎麼辦？

有一種做法是建立新的「理想我」，找到繼續努力的方向。

對於建立新的理想我，在十多年的教學生涯中，有一個學生讓我印象尤為深刻。他是一個很高大的男生，入學沒多久就告訴我，當初他以為心理學很好玩，但是學習一段時間後發現，心理學並不像他想像的那樣有趣。他不想轉系，卻也不想每天無所事事。

了解之後，我沒有像一般老師通常會做的那樣——努力告訴他心理學多麼實用，而是直接問他一個問題：在你上大學之前，除了讀書以外，有沒有特別想做且不犯法、不傷害他人也不傷害自己的事情？他想了想，不好意思地和我說，他一直很想學琵琶。我沒有勸他放棄這個「荒謬」的想法，而是立刻鼓勵他去試試，並且熱心地幫他介紹了琵琶老師。這個學生行動力很強，立刻買琵琶來學，搞得他室友很崩潰——一個高大的男生抱著琵琶坐在陽臺上低頭彈挑，畫面太「美」，不敢看。

過了一陣子，這個學生又跑來對我說，他學不會琵琶，但是他在

學琵琶的過程中發現自己對音樂非常感興趣。後來他在學校創辦了一個音樂社團，每週舉辦一些音樂鑑賞活動。我聽他講起音樂有關的知識，可以感受到他對音樂的熱愛。

大學畢業後，他真的沒有從事心理學相關的工作，而是去一家歌舞劇院從事與音樂相關的工作，後來還去加拿大進修，拿到了音樂與心理學跨學科的學位。

從這個學生身上可以看到，理想不一定多麼遠大。如果你現在沒有動力，那麼不妨問問自己，有什麼是自己想做卻還沒做的，並且馬上行動。

由此可知，倘若理想我與真實我之間有一定的差距，便可給予人動力，但如果真實我、理想我或應該我之間的差距太大，大到無法改變，就可能引發一些負面情緒，如沮喪或憤怒。舉例來說，你現在的月薪是三萬五，但你希望自己一年內在市區買一個面積 30 坪、每坪價格 30 萬的房子，一般來說，這是很難實現的願望。在這種情況下，期望和現實之間的巨大差距會導致你陷入沮喪、焦慮甚至憤怒等負面情緒。怎麼辦呢？你可以嘗試調整兩者之間的距離，從一個相對容易實現的目標入手，比如從每月定存開始，或者提升自己的賺錢能力。

有些心理問題可能就來自三個「我」之間的差距。如果理想我和真實我合而為一，人就會失去生活的動力，可能變得生無可戀或了無生趣；但如果兩者差距過大，又可能讓人痛苦不堪。適當的自我差距，才能維持內在的驅動力。

為什麼現代年輕人會熱衷於成為「網紅」或成為某個明星的「忠實粉絲」？回答這個問題，首先必須考量青少年時期的心理發展特點。

你不妨回想一下自己國高中時期做過的瘋狂事，或者去看看那時候的日記，回想當時喜歡的書籍或影視作品，是不是多多少少都有些「瑪麗蘇」或「傑克蘇」[2]的味道，會幻想自己是各種故事中的主角；這就是青春期的理想我——成為眾人關注的焦點。

網路直播是成為他人關注焦點的捷徑，這種方式能實現青少年的理想我，因而年輕人比較熱衷於做網路直播。少數人為了博人眼球甚至會做出一些比較脫軌的事。

以網紅問題為基礎，再來思考追星問題，就能迎刃而解了。雖然青少年都想成為他人關注的焦點，但畢竟不是每個人都能實現這樣的理想我。事實上，很多明星偶像在爆紅前也只是普通人，可能是透過包裝、操作，加上運氣，才成為明星。青少年可能會把自己的理想我投射到這些明星身上，尤其是透過選秀節目從普通人一夕爆紅的偶像明星，幾乎就是青少年的理想我。與其說他們在追星，倒不如說他們在見證自己的理想我實現。所以，這些明星不只是他們本身，還是很多粉絲的理想寄託。這也是為什麼一旦某個明星出現不符合粉絲所期望的人設行為，有的粉絲會憤而「脫粉」甚至「轉黑」。

針對這兩種社會現象，只是批評年輕人思想不成熟不能解決問題，父母、學校和社會更需要思考的是，如何為年輕一代樹立更多合適的理想我榜樣。

當然，上述解釋只是從自我概念的角度來分析這些社會現象，進而得出的結論。這些社會現象並非只有這一種解釋，你不妨嘗試從其他角度思考這兩種社會現象。

---

2 「瑪麗蘇」或「傑克蘇」，網路流行語，泛指很完美、備受關注的主角形象。

(•••) 自我概念的作用
02 無法出門的學生

　　曾有一個學生在長假開學後二十多天都沒有回學校上課，我知道之後馬上聯繫他的家長，發現他就在家裡待著，也沒有去哪裡。大學四年間，他經常這樣做，即便他在學校，也總是待在宿舍，很少去上課，導致他曠課過多，甚至需要重修。後來，我與這個學生深入交談，他終於告訴我他的困擾——每次出去，只要別人稍微盯著他看，他就會感到非常不安，總覺得別人在看他臉上的缺陷。其實這個學生長得非常帥氣，只是臉上有一些小小的痘疤而已。後來因為這個問題，他的父母還送他去韓國整容。

　　本章會嘗試從自我概念的角度來解釋上述學生的心理困擾。

別人在意的不是你以為的

　　對自己的看法，即自我概念，對人有什麼作用呢？心理學家認為自我概念主要有三個方面的功能。

　　第一，保持內在的一致性。每個人都需要保持對自己看法的一致性。小張今天覺得自己很厲害，明天又覺得自己很差勁；後天覺得自己非常聰明，大後天又覺得自己非常笨。這樣的自我概念不一致，可能是患有邊緣型人格障礙。

第二，自我概念能解釋日常生活中的某些經驗如何形成。比如你今天遇到小高，我問你小高是一個什麼樣的人。你說小高這個人很好學。為什麼你會注意到小高好學這一點呢？有可能在你的自我概念中，學習是核心自我概念的重要組成之一。你用自己的自我概念來解釋在生活中遇到的人和事。我們在生活中在乎的事情，往往都與自我概念密切相關。

第三，自我概念會影響人對生活的期待。在社會心理學課堂上，有位女同學趁下課時間對我說：「陳老師，我的朋友說你的心理學講得很好，推薦我來上課，但是我聽了你的課，感覺很失望。」我很真誠地問她，我哪些內容講得不好。她說自己是開美容院的，她期望我在課堂上教她怎樣讓顧客盡快辦理會員卡。我很客氣地告訴她，不好意思，我也很想學這種課程，不然妳以後遇到這樣的課程也告訴我，我也去學習一下。

課後，介紹她來上課的朋友告訴我，她的這位朋友一心投入美容事業，導致夫妻和親子關係都很糟糕，之所以介紹她來上課，本來是期望她可以透過心理學逐漸處理好這些關係。那堂課的後半部主題恰恰就是親密關係和親子關係，可惜那位學員上完前半部就走了。

對這個學員來說，美容事業是她自我概念的重要組成，甚至家庭、伴侶和孩子都沒有這個部分重要，她的自我概念決定了她對我課程的期待。

人在生活中對於很多訊息的加工都是基於自我概念，每個人的自我概念關注的內容不同，如果不嘗試理解和接納這種差異，而要求他人必須與自己一致，就容易導致人際關係發生衝突。

其實沒有人在看你

　　自我概念在解釋經驗和決定期待上會產生一個很好玩的心理現象，叫做自我參照效應（Self-Reference Effect），亦即在加工一些訊息時，如果這些訊息和自我概念密切相關，人就會對這些訊息進行快速加工並形成深刻記憶。比如你去某個地方，那裡有很多陌生人，但是其中一個人跟你同名同姓，你很快就會記住這個人，因為這個人的名字跟你的自我概念密切相關；這就是自我參照效應。

　　生活中的某些社交焦慮或恐懼有可能是嚴重的自我參照效應引起的。假設你對自己身體的某個部位不滿意，比如覺得自己的腿太短或太粗，你每天出門前可能就會花很多時間來修飾這個部位，換了一條又一條褲子，試圖掩蓋這個缺點。如果路上有人盯著你的下半身稍久，你就疑心別人注意到這個缺點，其實別人十之八九並沒有看到。一旦對身體某部位不滿意的自我參照效應變得非常嚴重，就會引發社交焦慮或恐懼，導致你可能不敢去人多的地方，嚴重者甚至連門都不敢出。本章開頭提及的那個學生，就是非常明顯且嚴重的自我參照效應。為了確認，我還私下問過其他學生對這位同學的印象，結果幾乎沒人注意到他所擔憂的缺陷。

　　還有一個很有趣的故事。一個非常帥氣的男孩，有很多女孩追他，但都被他拒絕了。後來男孩終於接受一個女孩的告白，女孩很好奇他為什麼總是拒絕別人，男孩說，他有一個祕密。他把瀏海掀起來讓女孩看他的眉毛：「喏，這就是我的祕密。」女孩盯著他那條眉毛看了許久也沒發現異樣。最後在男孩的引導下才發現，男孩的眉毛處有一

條非常小的傷疤，如果不認真看根本看不出來。男孩說，從小別人都說他長得好看，有一次他不小心摔倒，撞到眉毛留下疤痕。從此，他每次照鏡子都能清楚看到這條疤痕。他覺得自己破相了，害怕別人看到這個缺陷，所以不敢接受別人的告白。

這時，女孩說，其實她也有一個祕密。女孩把披散的頭髮綁起來，告訴男孩：「這就是我的祕密。」男孩看了半天也沒看出究竟，最後在女孩的引導下發現原來她兩邊耳垂長得不太一樣。他們哈哈大笑，原來困擾他們十幾年的心病別人從來沒有發現。

如果你也存在類似的困擾，不知道男孩和女孩的故事能否帶給你一些啟發？下面這個有關自我概念的練習題，或許能多少幫助你解決問題。

練習題

首先，拿出一張紙，在紙上寫下能夠真實描述你的句子，以「我……」開頭。不要思考太多，憑第一直覺寫，這些描述可以是積極的，也可以是消極的，越多越好。

其次，找兩組人，一組是你認為對你比較了解的人，比如你的家人、朋友、同學、同事；一組是對你不了解的人，你需要先和他們稍微說明。請這兩組人寫下他們眼中的你，以「他……」開頭。

最後，把這兩組人對你的描述，和你對自己的描述做比較，統計一下，你對自己的描述有多少與別人對你的描述重疊；尤其是那些對你造成困擾的描述，有沒有出現在別人的描述中？我猜很可能沒有。如果你下次

又被這些缺點或缺陷困擾，你可以告訴自己，沒關係，這個缺點或缺陷只有我自己知道，別人沒有發現。

？ 思考題

做完這個練習題，請你思考一下，你對自己的描述和他人對你的描述，哪一個更符合真實的自己，你為什麼沒有留意到別人眼中（描述）的那個你？

●●● 社會文化對自我的影響
03 東西方人與南北方人

　　小麗是一個已婚八年的女性，最近剛升格當媽媽。本來很開心的生活，自從婆婆來幫忙帶孩子就變得雞飛狗跳。現在婆媳關係鬧得非常僵，夫妻關係也出現問題。為什麼婆媳問題在東方家庭比較普遍？

　　剛上大學的小張最近也非常心煩，他來自南部，而他的室友小李來自北部，小張發現他和小李好像來自不同星球，不管是生活習慣還是思考模式都差很大。小張很好奇，明明在同一個國家，南北部的差異真的這麼大嗎？

　　思考一下上述兩個問題，你的答案可能就隱藏在下面這個小遊戲裡。仔細觀察圖 1-3，你會怎麼對沒有見過這張圖的人描述這張圖？

圖 1-3　描述練習圖（一）

同樣的，也請你觀察圖 1-4，然後思考你會怎麼對沒有見過這張圖的人描述你看到的內容。

圖 1-4　描述練習圖（二）

「我」還是「我們」？

每個人都生活在某種社會文化之中，對自己的認識不可避免地受所處文化環境的影響。心理學家把受到社會文化影響的這套自我概念，稱為「社會我」（Social Self）或「集體認同」（Collective Identity）。其包括兩個方面：一是人際關係，比如「我是 XXX 的父母或者孩子」，也就是使用自己與孩子或父母的人際關係來定義自己；二是採用集體認同的方式來定義自己，比如「我是亞洲人」，就是用自己和亞洲人這個群體的關係來定義自己。

心理學家針對自我與文化的關係提出兩種自我定義，分別是個人主義和集體主義，也稱為「獨立我」（Independent Self）和「相依我」（Interdependent Self）。個人主義的自我強調個人的目標，用個人特質

來定義自己，比如，「我是一個很善良的人」、「我是一個很上進的人」，就是依據自己獨有的特質來定義自己；而集體主義的自我則注重個體所處群體的目標，依據群體的屬性來定義自己，比如，「我是某某公司的員工」。

　　個人主義的自我和集體主義的自我之間存在許多差異。如圖 1-5 所示，個人主義的自我強調每個人都是獨立的個體，因此自我是獨立的；而集體主義的自我更強調個體之間的互相依賴。兩者的認同也有差異，個人主義認同的是個人的標準，而集體主義認同的是社會或群體的標準。兩者關注的重點也不同，個人主義關注的是「我」，而集體主義關注的是「我們」。兩者所反對的也不同，個人主義可能比較反對從眾、和大家一樣，而集體主義則可能比較反對以自我為中心、和別人不一樣、鋒芒畢露。

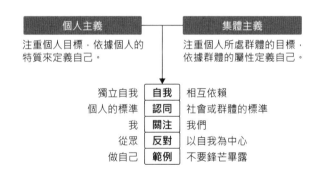

圖 1-5　個人主義和集體主義的差異

猴子與香蕉是一對嗎？

　　心理學家用了很多有趣的方法來檢驗不同社會文化下的自我概念差異。

　　理查‧尼茲彼（Richard E. Nisbett）分別給美國學生和日本學生看了類似圖 1-3 的圖片後，請他們回憶這張圖。他發現，日本學生和美國學生都對這張圖中比較突出的三條魚記憶深刻，但同時又有一些不同。日本學生的回憶中包含了更多的背景訊息，他們的描述以關係為主（如青蛙在植物旁邊），句子一般以「看起來像一個池塘（整體）」開頭；而美國學生把更多的注意力放到重點目標上，比如其中某條魚的特徵，句子一般以「有一條……大魚」開頭。

　　東方文化下個體的描述包含了很多關係的定義和整體的定義，而西方文化下個體的描述更傾向於突出特別屬性的定義。

　　心理學家把類似圖 1-4 的圖片給來自不同文化的受試者看，得出一個有趣的結論：個人主義文化下的個體會將圖片描述為「前面這條魚在引領後面的一群魚」；而集體主義取向的個體則更可能將圖片描述為「後面的一群魚在追趕前面的這條魚」。這兩種描述實質上差異很大，前者以前面這條魚的行為來定義這張圖，而後者是以後面那群魚的屬性來定義這張圖。

　　我教授心理學十幾年，每年都會對大一學生重複這個實驗。我也有一個有趣的發現，2014 年以前，大部分學生的描述都以「一群魚……」開頭，但從 2014 年起，1995 年以後出生的大學生進入校園，他們更樂於用「一條魚……」來描述這張圖。

這可能與社會變遷有關，出生在 1990 年代中期後的這批大學生，其自我概念中個人主義的傾向會更加明顯。

大家經常說「八年級生」比較自我主義，真的是這樣嗎？我認為與自我主義相比，他們的表現更像個人主義。他們更注重個人的目標，更強調個人屬性，而不像年長一輩那樣強調集體主義，這也解釋了為什麼現在的「八年級生」員工在職場上更強調個人的體驗和價值，不那麼願意受主管或部門管控。我認為，這就是社會現狀。作為管理者，不應該抱怨或批評年輕一代的不同，而是要思考如何根據他們的特點調整管理思想和方法。

如果要你從「熊貓」、「猴子」、「香蕉」中，任意選出兩個詞配對，你會選擇哪兩個？研究發現，東方人比西方人更可能把猴子和香蕉配對。實際上，猴子屬於動物，香蕉屬於植物，這兩種本不是一類，但是東方人更可能看到「猴子吃香蕉」或「香蕉被猴子吃」之間的關聯。

心理學家北山忍（Shinobu Kitayama）向大學生展示了圖 1-6 的 A 和 B 兩個正方形，並要求他們完成兩項任務：第一，在方框 B 裡畫一條和方框 A 裡那條線相同長度的線；第二，同樣是在方框 B 裡畫一條線，但是需要按照 A、B 兩個正方形的比例，畫一條等比的線。你可以自己嘗試看看，比較哪一項任務更困難。

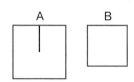

圖 1-6　北山忍的兩個正方形

　　對比美國學生和日本學生在這兩項任務的表現，心理學家發現，美國學生畫一條相同長度的線畫得更準，而日本學生畫等比的線更為準確。第一項任務要求無視正方形的比例關係，只考慮線段本身的長短，符合個人主義文化，所以美國學生的表現更好。第二項任務強調比例關係，符合集體主義文化關注關係和整體的特點，因此日本學生的表現更好。這也解釋了為什麼亞洲國家的學生在數學領域的成績相對優秀，因為在數學中要學會處理很多比例關係，而集體主義文化的特點可能會讓人更容易理解和掌握這些關係。

　　心理學家發現自我概念的文化差異甚至也體現在神經方面。研究者向中國和西方的受試者分別展示了「自己對比他人」以及「母親對比他人」的圖像，並要求他們判斷一些形容詞（如勇敢、吝嗇）是否足以描述自己、母親或他人，同時掃描他們受試當下的大腦活動。

　　研究者發現，中國人在判斷「自己對比他人」和「母親對比他人」時，大腦啟動的區域一致；而西方人在「自己對比他人」和「自己對比母親」時，大腦啟動的區域一致。也就是說，中國人把自己和母親歸為一類，而西方人把母親和他人歸為一類。

　　基於大量對東方人和西方人思想的研究，心理學家認為，東方人的思想更具整體性，會從人際關係和環境的角度來思考人和物。

　　現實生活中的一些案例也證實了這一觀點。對比東方人和西方人撰寫的心理學教材，會發現一些由東方人寫的教材內容平實，但是邏輯性強，只要堅持讀完，就會對這個領域有系統性的了解。而西方人寫的教材，內容有趣，但由於缺乏系統性，讀者在閱讀的過程中更容易產生困惑；這就是兩種文化思考方式差異的體現。

　　我一般會建議心理學入門者在接觸新的課程時，先找一本由東方人寫的、內容較少的教材快速讀完，搭建課程框架，再找一本西方人寫的教材仔細閱讀，將書中內容放到相應的框架裡，便可更系統性地掌握課程內容。

　　有人認為東方人缺乏創造力，但我認為這種觀點是出於對創造性或創造力的膚淺理解。我個人認為創造性包含兩個層面：一層是「無中生有」的原創性；另一層是「有中出新」，亦即在現有的基礎上推陳出新。結合前文提到的自我概念的文化差異，個人主義文化可能會催生更多的原創性，而集體主義文化可能在推陳出新方面表現得更為突出。

　　結合這一觀點並重新審視近二十年來中國的社會發展和科技進步，就會發現中國在推陳出新方面成果斐然，比如高鐵、網路購物、電子支付、智慧手機、物流體系等。思考方式賦予華人善於從關係和環境角度出發思考問題的能力，讓我們能看到一個新興事物帶來的更多可能，並且根據情境需要，對新興事物進行改造。這是文化帶來的優勢，我們應該引以為豪。

　　再來回顧本章開頭案例中小麗的困擾：為什麼婆媳問題在華人家庭中比較常見？我認為可能與華人的自我概念定義傾向有關。新一代年輕人的自我概念定義明顯更傾向個人主義，而老一輩的自我概念則更傾向集體主義，所以婆媳衝突的背後是更深層的、兩種不同自我概念的衝突，可能老一輩認為你我是不分的，而年輕一代則認為你我是獨立的。

種稻與種麥思想大不同

中國人言語間經常會提到南方人和北方人。同樣都是中國人，南方人和北方人的思考方式差異有那麼大嗎？

2014 年，美國的心理學家塔漢姆（Thomas Talhelm）在著名雜誌《科學》（*Science*）上發表了一篇關於中國南北方人思想差異的研究，並將這一研究成果取名為「稻米理論」（rice theory）。

他們研究了中國不同地區小麥和水稻的種植比例，把小麥種植比例較高的地方劃為北方，主要是黃河以北地區；把水稻種植比例較高的地方劃為南方，主要是在長江以南地區。基於這一劃分標準，他們做了一系列研究來觀察南方人和北方人的不同之處。

第一個實驗，他們分別提供南方人和北方人三個詞：火車、汽車和軌道。請他們從中選擇兩個詞配對。研究發現，南方人更容易把火車和軌道配對，而北方人更傾向於將火車和汽車配對。這與前文的「熊貓、猴子、香蕉」配對實驗有相似之處，南方人更傾向於整體思維。

第二個實驗，他們分別要來自這兩個區域的人畫圓圈，先畫一個圓圈代表自己，再畫一個圓圈代表朋友。研究結果顯示，南方人代表自己的圓圈較代表朋友的圓圈縮小了 0.03 公釐，而北方人代表自己的圓圈則較代表朋友的圓圈放大了 1.5 公釐。也就是說，南方人更傾向把自己畫得比他人小。

第三個實驗，他們研究了兩個區域的人對朋友的忠誠度是否有差異。他們請受試者想像自己與四類人進行交易，分別是誠實的朋友、

不誠實的朋友、誠實的陌生人和不誠實的陌生人。如果對方誠實則受試者能賺取更多的錢，反之則會損失金錢。受試者有機會用自己的錢去獎賞誠實的人或懲罰不誠實的人。研究人員把受試者用於獎賞和懲罰的金錢差值作為衡量受試者對朋友或陌生人忠誠度的標準。實驗結果發現，南方人對朋友表現得更為忠誠，但是南、北方人在對待陌生人的態度上沒有差異。

研究還分析了大型的社會調查資料，研究者分別收集了 1996 年、2000 年、2010 年南北方不同省分的離婚率，以及這兩個區域的專利發明數量。他們發現，在同樣的國內生產毛額（GDP）水準下，南方的離婚率要低於北方；南方申請專利的數量也少於北方。

這一系列的研究可以回答本章開頭案例中小張的疑惑，同樣是中國人，南方人在思想上比北方人更加突出整體性，他們更強調互相依賴以及對朋友的忠誠，也就是具有集體主義傾向。

為什麼南方人和北方人會存在這種差異呢？心理學家認為，因為兩個區域的農業種植方式不同，小麥的種植方式一般來說比較粗放，而水稻的種植方式更為精細，需要集全村之力一起協作，才能完成灌溉。因此心理學家認為，不同的種植文化會影響不同種植區域的人的思考方式。

以下附上一張心理學量表，可以幫你更直觀地了解自己是傾向個人主義或集體主義，感興趣的話不妨嘗試看看。

測驗題　獨立性與相依性量表

閱讀下方各題的描述，選擇你對這些描述的同意或反對程度，數值越小表示越反對，數值越大表示越贊成。

1. 我的快樂取決於周遭人的快樂。

　　強烈反對　　1　　2　　3　　4　　5　　6　　7　　強烈贊成

2. 我會為團體的利益而犧牲自己的利益。

　　強烈反對　　1　　2　　3　　4　　5　　6　　7　　強烈贊成

3. 對我來說，尊重團體的決定很重要。

　　強烈反對　　1　　2　　3　　4　　5　　6　　7　　強烈贊成

4. 要是我的兄弟姐妹失敗了，我會覺得自己也要負責。

　　強烈反對　　1　　2　　3　　4　　5　　6　　7　　強烈贊成

5. 即使我很不贊成團體成員的決定，我還是會避免和他們起爭執。

　　強烈反對　　1　　2　　3　　4　　5　　6　　7　　強烈贊成

6. 獲得稱讚或獎勵時，我可以坦然接受隨之而來的矚目。

　　強烈反對　　1　　2　　3　　4　　5　　6　　7　　強烈贊成

7. 能夠照顧自己，對我來說是第一要務。

　　強烈反對　　1　　2　　3　　4　　5　　6　　7　　強烈贊成

8. 我傾向以直接、坦白的態度，對待剛認識的人。

　　強烈反對　　1　　2　　3　　4　　5　　6　　7　　強烈贊成

9. 我喜歡當個獨特、在許多方面都與眾不同的人。

　　強烈反對　　1　　2　　3　　4　　5　　6　　7　　強烈贊成

10. 獨立於他人的自我認同，對我來說非常重要。

　　強烈反對　　1　　2　　3　　4　　5　　6　　7　　強烈贊成

【量表說明及計分方式】計算前五道題的平均得分，這個分數表示相依性的程度，也就是集體主義傾向；然後再計算後五道題的平均得分，這個分數表示獨立性的程度，也就是個人主義傾向。

(•••) 自尊及其形成

04「別人家的小孩」

　　小明是個中學生，最近一次考試他只考了 55 分，父母看到他的成績非常生氣，批評他說：「你為什麼不能向隔壁的小傑看齊，人家每次都考 95 分以上。」在成長過程中，小傑就是那個潛藏在親子關係裡的無形殺手——「別人家的孩子」。小明的父母認為，他們這麼做是在激勵小明，但這種做法真的能激勵小明進步嗎？

　　所謂的「見賢思齊」，也可能變成「相形見絀」。

　　人在什麼情況下會見賢思齊，在什麼情況下會相形見絀，其實取決於人對自己的情感評價，或者作為一個人的價值感受，也就是自我價值感。自信、自大、自戀、自卑，不過是自我評價的不同水準。自信是對自己有正確的高評價；自戀和自大是對自己有不切實際的高評價；而自卑是對自己的評價過低。這些都屬於自我評價，也就是自尊。

自尊不只高低之分

　　從不同的角度來看，自尊可以分為幾種不同的類型。

　　從整體和局部的角度來看，自尊可以分為整體自尊和領域自尊。整體自尊就是整體而言，你覺得自己有沒有價值，欣不欣賞自己；領域自尊是你在某個特定領域對自己的評價，比如你覺得自己數學好不

好，這是數學領域的自我評價。

從長期和短期的角度來看，自尊還可分為特質自尊和狀態自尊。特質自尊是對自己較穩定、長期性的評價；狀態自尊指的是在某些情況下對自己的評價，比如你最近出色地完成了一項工作，會覺得自己表現挺不錯。

自尊有高低之分，而高自尊和低自尊從何而來？想像一下，小李是你的朋友，最近他在公司部門升遷失敗而備受打擊，覺得自己很糟糕。如果你是小李的好朋友，你會怎麼安慰他？

人比人不一定氣死人

《道德經》中提到，長短相形，高下相傾。長短、高下是透過比較得出的結果。關於自尊高低的形成，有一個重要理論——社會比較理論（Social Comparison Theory）。社會比較理論認為人對自己的評價可以藉由與他人對比而形成。

但具有相同行為或相同特質的個體的自我評價也可能存在差異，這取決於他們將自己和誰比較。比如，有些成績好的學生有較高的自我評價，是因為他們將自己和成績差的同學比較。但有些成績好的學生可能自我評價較低，因為他們將自己和成績更好的同學比較。這體現了兩種社會比較方向：上行社會比較和下行社會比較。上行社會比較就是與比你好的人比較，而下行社會比較則是與比你差的人比較。

你覺得哪種社會比較能提升你的自我評價？哪種會降低你的自我評價？很多人的第一直覺認為，是下行社會比較能提高自尊，而上行

社會比較會降低自尊。事實上，社會比較的結果非常複雜，除了比較的方向之外，對比較對象的情感距離也會對社會比較的結果產生一定程度的影響。

「賢」人跟你不同掛？

　　根據與他人關係的親疏遠近可以將比較對象分為三類：第一類是陌生人；第二類是群體中的成員，比如同事、關係普通的朋友或同學；第三類是和你有親密關係的人，比如伴侶、孩子、父母或密友。和這三類人進行社會比較，對自尊的影響是不同的。（見圖1-7）

　　首先，與某方面比自己差的陌生人比較，會提升自我評價。比如，你參加一個聚會，在場大部分人你都不熟，而你發現自己是現場長得最好看、最有魅力的，這時你會瞬間感到自信爆棚，變得談笑風生，因為與陌生人進行下行比較，提升了你的自尊，而自尊提升則會賦予你表現自己的勇氣。

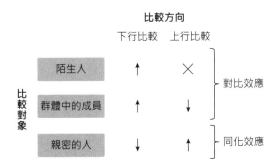

圖 1-7　社會比較對自尊的影響

這種比較有時會對改善心境有所幫助。我在大學期間曾經因為學業等方面的壓力過大而情緒低落，甚至一度對生活失去信心。當年我坐在學校教學大樓旁的花圃邊，突然想到街上的乞丐，他們有的沒機會上學，有的甚至身體有缺陷，但他們都堅強地活著，我怎麼就不行呢？我在那一瞬間振作起來。與街上的乞丐進行下行比較，讓我提升了自我價值感。如果你覺得生活難以堅持下去，可以想想那些比你境遇更糟糕的陌生人，他們都能堅持，你為什麼不能？這或許能給你繼續堅持下去的勇氣。

和比自己優秀的陌生人進行上行比較，對自尊的影響不大。想像一下，在大街上你看到別人開車的技術比你好，你會覺得自己很差勁嗎？一般不會，你可能只會覺得羨慕：哇，他怎麼這麼厲害！

再看與群體中的成員比較。和同事進行下行比較，一般來說，會提升自我評價。比如，今天你和同事吐苦水，說昨晚你和另一半去看電影，他不僅遲到了半小時，還在電影院裡睡著了，讓你非常鬱悶。這時，你的同事說：「你太不知足了，在電影院睡著有什麼大不了，我昨天晚上發現我另一半外遇。」聽到這個訊息，你可能會瞬間覺得自己其實也沒那麼慘，於是你的自我評價提高了，可能反過來安慰這個同事。

與群體中更優秀的成員進行上行比較，會降低自我評價。比如，和你同部門的同事升遷了，你和其他同事可能會對當事人說一些客套話，但實際上內心並不舒服，因為你的自我評價降低。

最後，來看看和自己親近的人進行社會比較的結果。先看下行比較，亦即親近的人比自己差。比如，你和另一半都是明星大學的畢業

生，但你的孩子卻是個「吊車尾」。這種情況會降低你的自我評價。反之，你們兩個是「吊車尾」，卻培養出一個「學霸」，你會嫉妒嗎？不會！你只會感到自豪，甚至向別人炫耀自己的孩子。

　　與親密的人進行社會比較，以及與其他兩類人進行社會比較，會呈現出相反的效果。因為關係親密的人實際上是屬於你的自我概念的一部分，所以，你與他進行比較，其實就是跟自己比較。

　　心理學家把人與陌生人及群體中成員的比較效果稱為「對比效應」（Contrast Effect），而把與親密之人的比較效果稱為「同化效應」（Assimilation Effect）。

　　社會比較理論還有一個有趣的應用，如果你把這個理論反過來，就可以區分出誰是真閨蜜，誰是「塑膠姐妹花」[3]。當你的朋友遇到好事，你會真心為他開心；當他遇到困難，你會為他感到難過。那這個人在你心裡一定是親密朋友。如果你沒有以上感覺，可能是因為你們的關係沒有那麼親密。

　　社會比較對人的自尊影響可以總結為：你與別人比較，可能會提高自尊，也可能降低自尊，比較對象和你的親疏遠近，對結果會造成很大影響。

　　回顧上述小李升遷失敗的案例，若要安慰小李，根據社會比較理論，可以選擇一個和他關係普通、甚至是競爭對手的人，作為比較對象，列舉對方哪些地方不如小李，比如，「他雖然晉升了，昨天卻被女朋友甩了，而你還有一個很愛你的女朋友」。這或許能幫助小李提

3　網路流行語，表示女生之間虛與委蛇的面子社交。

升自我價值感。

　　再看「別人家小孩」的例子。父母掛在嘴邊的那個「別人家的小孩」往往是全班考最好的，父母把你和他比較只會降低你的自尊，而無激勵的作用。相反的，如果爸媽找一個和你關係較好、成績略比你好一點的同學，鼓勵你向他看齊，你或許就能聽進去。

　　所以，見「賢」不一定思齊，也可能會相形見絀，主要取決於「賢人」與你是否為同類人。

　　以下是測量自尊的通用心理學量表 ── 羅森伯格自尊量表（Rosenberg Self-esteem Scale）。如果你對自己的自尊水準感興趣，可以測試看看。

測驗題　羅森伯格自尊量表

仔細閱讀下面的句子，選擇最符合你情況的選項。請注意，這裡要回答的是你實際上怎麼樣，而不是你認為自己應該怎麼樣。答案沒有對錯或是好壞之分，請按照真實情況描述自己。

1. 我覺得自己是一個有價值的人，至少與其他人水準相同。

　　④非常符合　　③符合　　②不符合　　①很不符合

2. 我覺得自己有許多好的特質。

　　④非常符合　　③符合　　②不符合　　①很不符合

3. 歸根結柢，我認為自己是一個失敗者。

　　①非常符合　　②符合　　③不符合　　④很不符合

4. 我能像大多數人一樣把事情做好。

④非常符合　　③符合　　②不符合　　①很不符合

5. 我覺得自己值得驕傲的地方不多。

①非常符合　　②符合　　③不符合　　④很不符合

6. 我對自己持肯定態度。

④非常符合　　③符合　　②不符合　　①很不符合

7. 總括來說，我對自己是滿意的。

④非常符合　　③符合　　②不符合　　①很不符合

8. 我希望能為自己贏得更多尊重。

①非常符合　　②符合　　③不符合　　④很不符合

9. 我確實時常感到自己毫無用處。

①非常符合　　②符合　　③不符合　　④很不符合

10. 我時常認為自己一無是處。

①非常符合　　②符合　　③不符合　　④很不符合

【量表說明及計分方式】把你選的選項前的分數加總，就是你的整體自尊水準，分數介於 10 ～ 40 分之間，分數越高代表你的自尊水準越高。

●●● 高自尊的陰暗面
05「魔鏡，魔鏡，告訴我」

　　大家應該都對童話故事《白雪公主》耳熟能詳。

　　白雪公主的後母每天問魔鏡：「魔鏡，魔鏡，告訴我！誰是世界上最美麗的女人？」每當魔鏡說她是世界上最美麗的女人，她便很開心。一天，魔鏡告訴她，世界上最美麗的女人是白雪公主，她很生氣並想方設法要害死白雪公主。白雪公主的後母為何會做出此一行為？本章會嘗試從心理學的角度來解釋。

如同易碎品的高自尊

　　早期，心理學家只關注自尊的高低問題，但近期，心理學家認為人不能僅僅把自尊簡單粗暴地按照高低劃分，還應該關注自尊的異質性，即自尊具有質的差異。心理學家將高自尊（High Self-Esteem, HSE）分為兩類：安全型高自尊（Secure HSE）和脆弱型高自尊（Fragile HSE）。

　　安全型高自尊個體的自我評價穩定、正面、不依賴外在評價。即使得到負面評價或遭遇失敗，也不會自我懷疑，而會認為這種失敗只體現在特定任務上。如果他們取得成功，則會認為這只是反映了他們的興趣或能力，而不會認為成功提高了自己的價值感。而脆弱型高自

尊的個體雖然對自我的評價也是正面的，但此一評價脆弱、不穩定，易受外部訊息影響。一旦他們的自尊受到威脅，就可能會啟動各種防禦機制應對。

脆弱型高自尊還可進一步細分為三種：第一種是不穩定型高自尊（Unstable HSE），這類個體的自我價值不穩定，會隨時間和情境變化而波動，比如，今天覺得自己很好，過幾天又覺得自己很糟糕；第二種是不一致型高自尊（Discrepant HSE），這類個體在意識裡，也就是外顯上，持有正面的自我評價，但是在潛意識裡，也就是內隱上，其實對自己持有負面的評價；第三種是條件型高自尊（Contingent HSE），這類個體的自我評價依賴於某種具體的標準或結果，比如考試取得好成績或者獲得他人肯定，會使他自我感覺良好。

研究表明，脆弱型高自尊個體，更可能表現出低於水準的心理幸福感和高於水準的壓力、憤怒、攻擊、人際關係問題、酗酒及飲食障礙，且更容易產生偏執、自戀、邊緣型人格障礙。

得不到就毀掉？

一旦脆弱型高自尊個體的自尊受到威脅，他們可能會以打壓他人、甚至暴力手段應對。白雪公主的後母就是脆弱型高自尊個體的典型，她每天都需要聽到魔鏡說她是世界上最美麗的女人才開心。她的高自我評價依賴於魔鏡的回饋，事實上，她的自尊很脆弱。因而有一天魔鏡告訴她白雪公主才是世界上最美麗的女人，她不僅打碎了魔鏡，還千方百計要害死白雪公主。你可能會在生活中遇到白雪公主後母式

的人，他們自我感覺良好，卻擁有「玻璃心」。倘若你要批評他，一定要注意說話方式，避免成為「魔鏡」，威脅到他的自我評價。

上文介紹了脆弱型高自尊的風險，而低自尊與許多不良行為或心理問題也有關聯，那麼不穩定的低自尊會怎麼樣？

在說答案之前，我想請你思考一個問題：以下兩類人誰更可能在失戀之後借酒澆愁？是高自我評價者還是低自我評價者？

心理學家研究發現，後者，具體而言，低自我評價的男性，失戀後更可能借酒澆愁。這個結果和你的預期一致嗎？

失戀後，不穩定的高自我評價者自尊受到威脅，他們可能會像白雪公主的後母一樣使用對外攻擊的方式來維護自我評價（我這麼好，你還看不上，是你瞎了眼）。相反的，對於低自我評價且不穩定的人，成功的戀愛關係無疑可以提升他們的自我評價（我還是有人愛的），但是失戀會為他們本來就低的自我評價雪上加霜。一旦他們的自我評價墜入谷底，他們的自我懷疑會更加嚴重。而人若不想面對不堪的自己，借酒澆愁來自我麻痺是一個解決辦法。

但是這個研究只發現低自我評價的男性會採取借酒澆愁的方式，那低自我評價的女性失戀後會做什麼呢？我猜應該是瘋狂購物或暴飲暴食。其實，酗酒暴食、購物成癮、賭博、物質成癮只是不同形式的自我攻擊，這些方法可以讓人暫時遠離不想面對的真實自己，倘若這些方式不奏效，結果可能就是自我毀滅。

結合上述例子和研究，不難得出以下結論：高自我評價且不穩定的人自尊受到威脅，他們可能會採取對外攻擊的方式來應對；而低自我評價且不穩定的人則更可能採用對內攻擊的方式來應對。

都是別人惹的禍

心理學家認為，高自尊還可能帶來「自利偏誤」（Self-Serving Bias）。意思是個體傾向於以有利於自身的方式進行自我覺察。自利偏誤可以幫助個體維持良好的自我評價，一般會表現在以下四個方面。

（一）對正面事件和負面事件的解釋

有些人傾向於把正面或成功的事情歸因於自己的才能和努力，而把負面或失敗的事情歸咎於外部或他人。比如公司利潤上漲，公司的管理者可能會將其認定為自己善於管理的結果，而當公司利潤下滑，他們可能會抱怨員工不配合管理或經濟不景氣。同樣的，在兩性關係中，如果你認為彼此的關係幸福美滿都是你努力經營的結果，一旦感情出現問題，你可能只會埋怨對方不夠用心，這就屬於自利偏誤，對正面事件和負面事件的解釋不同。這類人之所以採取此一解釋方式的主要目的是維持良好的自我評價，若是承認成功不是自己的功勞，而失敗是自己的責任，將會對其自尊產生威脅。

（二）認為自己比平均水準做得更好

在社會讚許性行為，即社會期望個體做出的行為方面，一些高自尊個體認為自己比平均水準做得更好。例如夫妻對自己承擔的家事比例估計，妻子抱怨老公很少做家事，老公卻反駁自己也做了很多家事，是妻子沒注意。職場上也存在這種現象，很多員工會認為自己比其他人為公司創造了更多價值，所以對績效分配不滿意，覺得自己比別人

做得多卻拿得少。

（三）盲目的樂觀主義

有些人篤信：「發生在別人身上的悲慘事情才不會發生在我身上，我是被神眷顧的孩子。」比如，很多夫妻結婚時相信兩人一定會白頭偕老，即使研究資料顯示有近四成的離婚率，他們也會說：「那是別人，這種事情才不會發生在我們身上！」此一現象在那些明知自己的某些生活方式不健康卻又不願意改變的人身上尤其明顯。

美國心理學家尼爾·溫斯坦（Neil Weinstein）等人做過一項研究，他們將 6,369 個老菸槍按照每天抽菸的數量分組（見圖 1-8），並讓這些老菸槍評估自己罹患肺癌的風險，然後將預期風險和實際罹患肺癌的風險做對比。

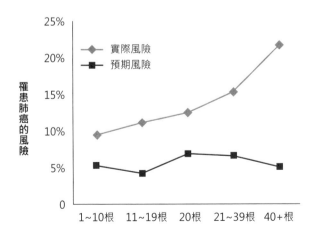

圖 1-8　老菸槍的預期與實際罹患肺炎的風險對比

不同抽菸量的老菸槍認為自己得肺癌的風險相差不大，而且他們的預期均明顯低於實際患病風險。但即使將研究結果告訴老菸槍，他們也不相信：「那是別人，我肯定不會！」

這種盲目的樂觀主義會讓人漠視潛在風險並疏於防範。比如在風險投資方面，盲目的樂觀主義可能會使人對收益過分樂觀而無視風險，投入大量的本金後血本無歸。

適當的樂觀是好事，但盲目的樂觀則是過猶不及。

（四）錯誤的共識性和獨特性

「錯誤共識效應」（False Consensus Effect，或錯誤的同意性效果）是指人高估自己的意見或失敗行為的普遍性。在生活中，人有時會以為別人也和自己有相同的看法。比如，你認為主管有問題，而且認為其他同事也持相同的觀點，這就是高估了其他人可能持有這個觀點的可能性，亦即錯誤共識效應。

錯誤共識效應還有另外一種表現形式，就是人在做了不應該做或失敗的行為後，有時會在潛意識裡告訴自己，別人也可能這麼做。比如你蹺課或怠工，你可能會認為很多同學或員工也這麼做；你打了孩子，你想其他父母也會這麼做。人之所以做出這些行為是因為高估了他人有相同行為的可能性。如果只有你一個人認為主管有問題，或者只有你一個人蹺課、怠工或懲罰孩子，會對你的自我評價產生威脅。

而「錯誤獨特效應」（False Uniqueness Effect，或錯誤的獨特性效果）是指低估了自己的能力、期望或成功行為的普遍性。也就是當人具有某方面的能力或成功完成某件事，會覺得別人沒有這種能力，或

者做不到這件事。比如你有早起運動的習慣，而你覺得其他人可能沒有你這麼自律，也就是低估了別人和你同樣自律的可能性。因為「只有你有這個能力」或「只有你能這麼做」的想法讓你感覺更加良好，如果大家都具備這個能力或者做得一樣好，那麼你就很普通了。

　　這些自利偏誤雖然多少有助於維持良好的自我評價，但也會帶來一些問題。第一，自利偏誤容易導致對他人的錯誤評價，過度將責任推給他人，無法清晰認識自己應該承擔的責任。第二，自利偏誤可能會導致對外部群體的偏見。

？思考題

你對自己的自我評價是基於哪些方面？是自己的能力、學業成績、工作表現、家庭、人際關係、他人對你的評價，還是其他？為什麼你看重這些？你覺得這種自我評價模式，在生活上對你帶來哪些正面影響，又帶來哪些負面影響？倘若你的自我評價受到威脅，你的應對方式是什麼？

推薦書單

· 《自尊的力量》（*Imparfaits, libres et heureux: Pratiques de l'estime de soi*），克里斯托夫·安德烈（Christophe André）著。
· 《恰如其分的自尊》（*L'estime de soi*），克里斯托夫·安德烈、弗朗索瓦·勒洛爾（François Lelord）著，繁體中文版由方舟文化出版。

（•••）自我設限

06「一把詭異的尺」

　　本章探討自我的另外一個主題 —— 自我展示，即自我在行為層面的體現。

　　有一個真實的故事，名為〈一把詭異的尺〉。我有一個非常優秀的學生，他準備考研究所。他的成績一直名列前茅，考上研究所的機會很大。然而，考試當天卻發生意外。原來，考研補習班的老師說，答題時可以用尺對齊，這樣試卷看起來比較工整。雖然這個學生的字非常漂亮工整，但他還是在考試前一天買了一把尺。

　　第二天早上，這個學生提前 45 分鐘到達考場，結果卻忘記帶尺。他沒有放棄這把尺，立刻坐計程車趕回住宿地點去拿。等他拿了尺，再坐計程車返回考場，竟意外遇到一個喝醉酒的司機。這個司機一直往反方向行駛，而且不管他怎麼勸說，就是不放他下車。等他終於趕回考場，已經錯過了進考場的時間，與那一年的研究所考試失之交臂。

　　司機違法危險駕駛是導致這個遺憾的主因，有人說他運氣不好，但僅僅是運氣不好嗎？本章將講述的「自我設限」，或許有助於理解這個學生的遭遇。

得了一種容易失敗的病

上文介紹了如何思考自己和感受、評價自己，接下來介紹一個維護自己外在良好形象的策略，心理學家稱之為「自我設限」（Self-handicapping Strategy）。這個術語最早由美國心理學家史蒂芬·柏格拉斯（Steven Berglas）和愛德華·瓊斯（Edward E. Jones）提出，用來描述個體為了迴避或降低不佳表現帶來的負面影響，而採取能將失敗原因外化的行動和選擇。簡而言之，若你預期未來某件事會失敗，你可能會提前準備好藉口或者行動，來解釋可能發生的失敗。

例如，你要參加部門主管職位的競選，在參選同事中你是最弱的一個。有些人聽說你要競選這個職位，就開玩笑地稱呼你「主管」，讓你非常尷尬，你會怎麼應對？你也許會羅列很多競選失敗的理由，告訴他你可能升遷無望，這種做法就是自我設限。

自我設限可分為兩種，一種是「自陳式的自我設限」（Self-reported Handicapping），如同上述，口頭解釋自己預期失敗的藉口，就屬於自陳式的自我設限；還有一種是「行為式的自我設限」（Acquired Self-handicapping），就是個體透過實際行動阻礙成功，比如故意拖延、酗酒或濫用藥物。

柏格拉斯做了一個經典的「藥丸選擇」實驗，用以驗證行為式的自我設限。他讓參與實驗的大學生先完成 20 道智力測驗的類比題，其中半數人完成的是比較容易的有解題，另外半數人完成的是較難的無解題。隨後研究者告知這兩組中各半數的人，他們答對 20 道題中的 16 道，其他人則不知道自己的測驗結果。如此一來就形成了四組人：

完成有解題且被告知成功解題的人、完成有解題但無結果回饋的人、完成無解題且被告知成功解題的人，以及完成無解題且無結果回饋的人。其中第三組——完成無解題且被告知成功解題的這組人，他們雖然知道自己成功解答了問題，但是這個成功並非出於努力或能力，而是靠運氣。

研究者隨後告訴所有受試者，在寫後續題目之前，他們需要服用兩種藥物中的一種，並向受試者說明兩種藥物的效用，其中一種是 A，另一種是 P。A 有助於提升受試者在智力方面的表現，屬於促進藥物；而 P 則會干擾受試者在智力方面的表現，屬於阻礙藥物。換句話說，假如受試者在這個實驗中選擇 P 藥物，他們實際上就是自我設限，利用藥物來干擾自己後續答題的表現。

實驗結果如圖 1-9 所示。有解題組中，只有 17～18% 的受試者選擇服用阻礙藥物。而在無解題組中，沒有獲得結果回饋的受試者選擇服用阻礙藥物的比例，和有解題的兩組無明顯差異；但無解題組中，被告知成功解題的受試者，選擇阻礙藥物的比例明顯高於其他組。

也就是說，這些人雖然被告知解題成功了，但是他們擔心自己在後續答題中可能失敗，所以選擇服用阻礙自己成功的藥物。如果他們後續表現糟糕，就可以將失敗歸咎於藥物，而非自己的能力有限，這樣就能維持自己的良好形象。

從這個實驗還可以得知，男人和女人在自我設限上有所差異。選擇服用阻礙藥物的男性居多，而四組中選擇服用阻礙藥物的女性數量接近。

心理學家發現，如果兩種自我設限的方式皆可以使用，男女都傾

向使用口頭式的自我設限，但男性更可能使用行為式的自我設限。

　　比如在生活中，追求一個很難追到的人，男人和女人對於這個可能失敗的行動採取的自我設限不同。男人比女人更可能做出行為式的自我設限，比如在沒有任何準備的情況下當眾告白，或者捉弄對方、故意激怒意中人，最終導致追求失敗。

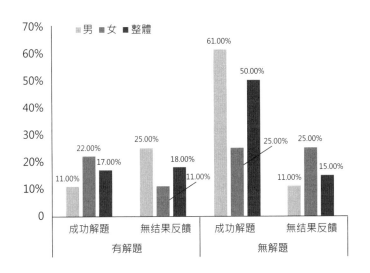

圖 1-9　各組測試者選擇使用阻礙藥物的比例

　　為什麼男女會在自我設限上有所差異？心理學家認為，可能是行為式的自我設限對男女有不同影響。大眾傾向把男性的失敗歸因於不夠努力等不穩定因素，而非能力問題。比如男性告白被拒，大家可能不會覺得是他能力不好，反而覺得他自信、勇敢，還可能被視為一種英勇。但是對女性來說，大眾傾向把女性的失敗歸因於缺乏能力等穩

定因素。如果女性告白失敗，大家不會佩服她的勇敢、自信，而是認為她的魅力不夠。也就是說，行為式的自我設限對於女人來說，可能是「吃力不討好」的策略，而對男人來說，雖然吃力但是「討好」。

丟什麼就是不能丟臉

心理學家認為人決定是否使用自我設限的一個很重要因素是：是否有他人在場？他人在場會對當事人的表現進行評價，因而在預期自己可能失敗的情況下，就會運用一些方法來改變自己留給他人的印象，也就是所謂的「挽尊」[4]。

第二個讓人使用自我設限的因素是任務的重要性。任務的結果如果非常重要，失敗可能嚴重影響自我評價，就會導致當事人使用自我設限。例如，比起平時小考失敗，大學或研究所入學考試失敗更可能促使人使用自我設限。

最後一個因素是和他人的表現比較。比如，其他人都成功完成某項任務，要是你失敗了，可能會帶來你的能力不如別人的自我評價。因此你如果不確定自己是否能成功完成這項任務，可能就會啟動自我設限。記得大學時期，有一次排球發球考試前，大家都在練習，其他同學輕鬆發球過網，只有我一球都沒過網。等到正式考試時，我就一直不自覺地碎碎念：「哎呀，剛才打得手痛死了，我的手好像受傷了。」後來我順利通過發球考試，那些碎碎念無非就是為自己可能失敗採取

4　網路流行語，指挽救自己的自尊。

的自我設限。

　　回顧那個因為忘記帶尺而錯失考研究所機會的學生，他因為大學四年成績名列前茅，所有人都相信他一定能考上研究所。這反而使他備感壓力，在複習期間一直擔心自己考不上會很丟臉。而這把尺就是他無意間為自己製造的自我設限，只是他自己沒有意識到。

　　若你鬼使神差地錯失良機或搞砸了本來很有把握的事情，可能是運氣不好使然，但也必須自問，是否有可能是因為你很害怕面對失敗的結果，而有意無意地自我設限。

　　在此提醒各位老師和家長，如果你喜歡拿孩子的學業成績和別人比較，孩子便會把自己的成績和排名看得很重要。有時候孩子本來可以學得更好，卻由於太在乎別人的評價、害怕面對失敗，而用自我設限策略來維護自己的形象，成績反而受到影響。心理學研究發現，如果老師和家長可以幫助孩子提高自我效能感（Self-efficacy），建立對學習的興趣，意識到學習對自我的重要性和價值感，孩子就不太會使用自我設限。

？ 思考題

你在生活中是否也曾經自我設限？你覺得有什麼方法可以幫助你減少自我設限？

測驗題　　自我設限量表

仔細閱讀下面 14 道題目，根據自己的情況選擇一個最符合的選項。答案沒有對錯之分，無須對每個句子過多考慮。

1. 每次我做錯事，都認為是環境不好造成的。

　①完全不同意　　②非常不同意　　③比較不同意

　④比較同意　　　⑤非常同意　　　⑥完全同意

2. 我習慣把事情拖延到最後再做。

　①完全不同意　　②非常不同意　　③比較不同意

　④比較同意　　　⑤非常同意　　　⑥完全同意

3. 我覺得我比大多數人更易受到環境影響。

　①完全不同意　　②非常不同意　　③比較不同意

　④比較同意　　　⑤非常同意　　　⑥完全同意

4. 無論什麼事情，我都會全力以赴。

　⑥完全不同意　　⑤非常不同意　　④比較不同意

　③比較同意　　　②非常同意　　　①完全同意

5. 我很容易受外界雜訊或自己天馬行空的想法干擾。

　①完全不同意　　②非常不同意　　③比較不同意

　④比較同意　　　⑤非常同意　　　⑥完全同意

6. 我盡量不要投入過多熱情在競賽性的活動，這樣即使失敗或表現很差，也不會受到太大的傷害。

　①完全不同意　　②非常不同意　　③比較不同意

④比較同意　　　⑤非常同意　　　⑥完全同意

7. 如果我再努力一點，會做得更好。

①完全不同意　　②非常不同意　　③比較不同意

④比較同意　　　⑤非常同意　　　⑥完全同意

8. 有時候我希望可以生一兩天病，好減少我的心理壓力。

①完全不同意　　②非常不同意　　③比較不同意

④比較同意　　　⑤非常同意　　　⑥完全同意

9. 如果不是情緒不好，我的成績會更好。

①完全不同意　　②非常不同意　　③比較不同意

④比較同意　　　⑤非常同意　　　⑥完全同意

10. 我承認，每當我辜負別人對我的期望，我往往會找藉口和理由來解釋
原因不在我。

①完全不同意　　②非常不同意　　③比較不同意

④比較同意　　　⑤非常同意　　　⑥完全同意

11. 我經常認為自己在運動方面成績不佳，是因為運氣比別人差。

①完全不同意　　②非常不同意　　③比較不同意

④比較同意　　　⑤非常同意　　　⑥完全同意

12. 我經常暴飲暴食。

①完全不同意　　②非常不同意　　③比較不同意

④比較同意　　　⑤非常同意　　　⑥完全同意

13. 我從來不會讓情緒問題干擾生活其他層面。

⑥完全不同意　　⑤非常不同意　　④比較不同意

③比較同意　　　②非常同意　　　①完全同意

14. **有時我會感到很沮喪，以至於很簡單的工作也難以完成。**

　　①完全不同意　　②非常不同意　　③比較不同意

　　④比較同意　　　⑤非常同意　　　⑥完全同意

【量表說明及計分方式】此一量表主要測量個體在面對評價的場合，以練習不足、生病、拖延或情緒波動等藉口，為自己表現不佳自我設限的傾向。請將你所選選項前的數字加起來，就是你自我設限傾向的程度。

●●● 自我控制
07 放不下的手機

　　你在生活中是否也曾遇到以下這些困難？

　　明知道今天上午需要完成某項工作，卻控制不住玩遊戲、追劇；明知道自己需要早睡，卻已經晚上 12 點多了還一直不停滑手機；明知道自己要勤加鍛鍊，維持健康飲食，卻總是擋不住懶惰和美食的誘惑；明知道自己要節省開銷，卻還是忍不住買一堆不必要的東西，甚至為此借貸。

　　這些問題看似各式各樣，但背後的深層原因可能都是自我控制失敗造成的。

有自制力卻沒有行動力

　　自我控制（Self-control）是自我的核心功能之一，意指人克服衝動、習慣或本能反應，有意識地掌控自己行為的能力。

　　成功的自我控制體現在三個方面：一是設定自我控制的標準，二是對行為進行監控，三是改變行為的能力。

　　自我控制的標準，是指你期望行為達到的目標，比如晚上 12 點以前睡覺、經常健身、節約開支。目標不明確是導致自我控制失敗的原因之一，比如經常健身和節約開支就屬於比較模糊的目標，而晚上 12

點以前睡覺則相對清晰。如果想成功自我控制，可以將目標設置得更具體一些。

那是不是把目標設置得越細越好？心理學家曾做過一個實驗，考察不同的目標設置對學生學業表現的影響。研究者將受試學生隨機分配到三個組：第一組制訂以「天」為單位的學習計畫，第二組制訂以「月」為單位的學習計畫，第三組不制訂任何學習計畫。研究者發現，制訂月計畫的學生在學習習慣和學習態度上均表現最好。即使在實驗結束一年後，月計畫組學生的平均成績仍然高於日計畫組與無計畫組，而大部分日計畫組學生在一年後均放棄了學習計畫。

與一般的直覺相反，研究結果顯示，雖然設置每日目標的計畫能讓人明確知道自己每天應該做什麼，但制訂這種計畫不僅耗費大量的時間和精力，且過於細瑣的目標缺乏靈活性和彈性。如果某天的目標沒有達成，你可能會大受打擊。而月計畫可以隨時進行適當調整，即使某日或幾日稍微拖延，計畫仍然可以達成。

成功的自我控制需要在目標明確的同時，留一些轉圜的餘地。

設定合適的目標只是成功自我控制的開始，你還需要隨時監控自己的行為是否符合標準，一旦行為偏離標準，就要及時糾正。有的人之所以會在喝醉後發酒瘋，就是因為酒精抑制了大腦負責自我控制的區域，導致自我控制失敗。「酒後吐真言」也是如此，人需要時刻控制自己的言行來保守祕密，但在酒精的麻痺下，大腦的控制機制失靈，不該說的話也脫口而出。

成功自我控制的最後一步，同時也是關鍵，就是掌握改變行為的能力。很多時候，你既不缺明確的目標，又能監控自己的行為，卻獨

獨缺少行動力。比如,明明知道自己要早睡,也知道已經深夜該休息了,卻仍不能停止玩手機。

為什麼自制力總是不夠用

心理學界對自我控制失敗的原因非常感興趣,心理學家羅伊‧鮑梅斯特(Roy F. Baumeister)和他的團隊提出了「自我控制有限資源理論」(Limited Resource Model of Self-control),用以解釋人為什麼會自我控制失敗。這個理論認為:第一,所有的自我控制行為都仰賴同一種內部資源或能量。比如,你抵擋購物誘惑和完成工作、保守祕密使用的都是同一種自我控制資源。第二,自我控制資源或能量是有限的。假使你在某一個領域使用了自我控制資源,那麼另一個領域可使用的資源就可能枯竭,從而造成自我控制失敗,又稱為「自我損耗」(Ego-depletion)。第三,自我控制資源可以恢復,且類似鍛鍊肌肉,規律的訓練可以增加自我控制資源。

換句話說,人需要能量進行自我控制,這個能量就像電池的電量,各種自我控制的活動都需要電池來供電才能進行,但電池的儲電量有限。如果已經使用較多的電量完成某項自我控制活動,那麼其他需要自我控制活動的可用電量就會減少,這些活動可能就無法正常進行,最終導致自我控制失敗。不過,人可以透過一些方法來恢復電力,還可以採取措施提高電池的容量。

鮑梅斯特團隊設計了一個非常巧妙的實驗來驗證自我控制有限資源理論。他們要求參與者完成兩項完全不相關的自我控制活動。研究

者將參與者分成三組,第一組要對著一些聞起來非常美味的餅乾,吃毫無味道的胡蘿蔔,隨後演算一些無解的幾何題;第二組和第三組也要做同樣的無解幾何題,但第二組參與者可以吃餅乾,第三組參與者則什麼也不吃。鮑梅斯特團隊觀察這些參與者在做無解幾何題上堅持的時間。

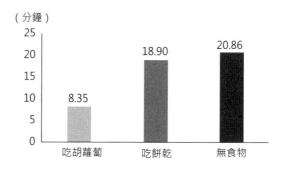

圖 1-10　各組參與者在無解幾何題上堅持的時間

　　研究結果如圖 1-10 所示,什麼也不吃的參與者和吃餅乾的參與者在無解幾何題上堅持的時間差不多,約 20 分鐘,而要抵擋餅乾誘惑吃胡蘿蔔的參與者只能堅持 8 分鐘。這說明他們的自我控制資源損耗在抵擋餅乾的誘惑上,導致他們在解幾何題上的控制資源不足。

　　後續許多類似實驗都證實,無論是抵擋誘惑,還是控制情緒、思緒,或是做太多的選擇,都會讓人在隨後的自我控制行為上失敗。

　　自我控制有限資源理論也體現在生活中,比如,你加班到晚上 10 點,回到家,明知道今天很累,需要早點休息,但往往越是如此,你越會躺在沙發上玩手機玩到 12 點多,才無比艱難地放下手機去洗澡睡

覺。因為加班已經把你的自我控制資源消耗殆盡，你沒有足夠資源來抵擋玩手機的誘惑。

又比如超級優惠、誘人手滑的「雙十一」，你不僅要熬到午夜搶購，還要計算連數學老師都很難計算的優惠組合。你的自我控制資源幾乎被熬夜＋緊張＋複雜的優惠計算完全耗盡，讓你更加無法控制自己的購物衝動。等你一覺醒來，自我控制資源有所恢復，很可能就會後悔過度消費並開始退貨。

正因為人的自我控制資源有限，所以最好不要同時進行兩項或多項需要自我控制資源的任務。比如一邊輔導孩子功課一邊忙工作，你可能會顧此失彼；或者同時減肥和戒菸，很容易兩者都以失敗告終。最有效的辦法是一件事一件事解決。

這一理論還有助於從新的角度來思考情感危機。婚姻治療師唐納德·鮑康（Donald Baucom）認為，很多婚姻之所以不幸，是因為長時間加班讓各自有工作的夫妻雙方筋疲力竭，下班回家後常常為一些雞毛蒜皮的事吵架。這就是為什麼婚姻往往在工作壓力最大的時候亮紅燈，因為夫妻在職場上用完了所有的自我控制資源，處理家庭關係上就失去自我控制。

美國心理學家芬克爾（Eli J. Finkel）和同事做了一項實驗。他們要求參加實驗的大學生及其交往對象在紙上照著圖片畫出五種物品，並告訴他們，交往對象會對這些畫作進行評價。

然後，他們讓這些受試者觀看一個女性的訪談影片，影片下方會出現一些字幕，一部分受試者在看字幕時會被要求重新把注意力轉移到影片上，導致他們需要努力克制看字幕的衝動，產生自我損耗；另

一部分受試者則是正常觀看影片。

　　隨後研究者向他們展示交往對象對其畫作的評價，有些人得到正面評價，而另一些人則被告知交往對象給予他們的畫作負評。

　　研究者提供受試者一個懲罰交往對象的機會──讓他們指導交往對象練習瑜伽，並由他們決定對方維持一個瑜伽動作的時間。研究者把這個時間長度視為受試者對交往對象的懲罰程度。

　　研究結果如圖 1-11，無損耗的受試者，不管交往對象給的是好評還是負評，他們對對方的懲罰程度皆沒有明顯差異。但經歷自我損耗的受試者，在得知交往對象的負評後，會用更為嚴厲的方式懲罰。不過，如果畫作獲得好評，他們對待交往對象的方式與無損耗組沒有明顯差異。

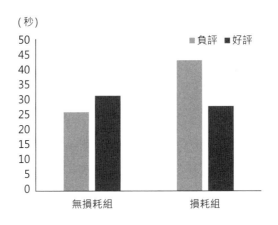

圖 1-11　不同受試者讓交往對象維持同一瑜伽動作的時間

　　如果你的交往對象最近正經歷很抓狂的事，你最好避免批評他，

否則他的自我控制資源不足以控制情緒，你很可能會引火燒身。相反的，你可以盡量給予對方正面的回饋。對方很累的時候，一個微笑、一句讚美，或一個擁抱，勝過任何指導和批評。

換手刷牙鍛鍊你的自制力

怎樣能恢復、甚至提高自我控制呢？

心理學家透過研究發現，睡眠或者放鬆，是恢復自我控制的重要途徑，正面積極的情緒也有助於緩解自我損耗。此外，鮑梅斯特團隊還發現一種更直接的方法，補充血糖，有助於迅速恢復自我控制。研究者給損耗自我控制資源的受試者喝含糖檸檬水後，其自我控制恢復的速度加快。因為甜點可以提供自我控制所需的能量。這也是為什麼人很累的時候，甜點看起來比平常更加誘人。不僅僅是由於抵擋甜點誘惑的自我控制資源所剩無幾，你的身體也一直在吶喊：吃它！吃它！吃它！所以，工作或學業越是繁忙，越不要餓肚子，不然到了晚上，你很可能會失去自我控制。你不妨準備一些小零食，適當補充能量。

女性在生理期會對甜食更著迷也可用這一理論解釋。研究發現，女性排卵後，身體會供給卵巢大量的能量和血糖來分泌雌激素。由於大部分能量都用來供給生殖系統抵抗疼痛，導致沒有足夠的能量運轉其他自我控制程式，因而女性在經期前後容易情緒化或行為失控。如果及時補充巧克力或含糖飲料，雖然無益於消除疼痛，但可以幫助女性恢復自我控制。

當然，吃糖不能解決一切自我控制資源損耗的問題。鮑梅斯特認

為，吃糖可以讓人在短時間內恢復自我控制，但升糖指數（GI）低的食物，如蔬菜、水果和堅果，才是長期保持穩定自我控制的更佳選擇。雖然 GI 高和 GI 低的食物都能補充自我控制所需的糖分，可是 GI 高的食物（比如糖果）會讓血糖迅速上升，刺激胰島素分泌，導致身體很快又缺乏血糖，進而缺乏自制力，難以抵擋再次補充糖分的衝動。

除此之外，還可以透過主動練習提升自我控制。鮑梅斯特團隊發現兩種有助於提升自我控制的簡單練習，即調整日常行為習慣，比如改變站姿或坐姿，以及調整語言習慣。

芬克爾團隊曾在實驗中檢驗，自我控制練習是否能降低對伴侶的攻擊性。

研究人員先讓參與者進行自我損耗，然後測量參與者對伴侶進行身體攻擊的機率。接著將參與者隨機分到三個組，其中兩組接受自我控制提升練習：第一組參與者須進行行為習慣破除練習，他們在兩週內，每隔一天就要盡量使用自己的非慣用手來生活自理，比如刷牙、開門、拿東西等；第二組參與者須進行語言習慣破除練習，在兩週內，每天白天盡量調整自己說話的習慣，比如只用「是」和「否」回答，避免用「我」開頭等；第三組參與者不需要進行任何練習。兩週後，三組人重新回到實驗室，研究者再次測量他們對伴侶的攻擊性高低。

研究結果如圖 1-12 所示，沒有進行自我控制練習的參與者對伴侶的攻擊性與此前的測量結果相比並沒有變化（差值接近 0），但無論是行為習慣破除練習的參與者，還是語言習慣破除練習的參與者，與此前相比，他們對伴侶的攻擊行為都有顯著降低。

回顧前文提出的問題，如果你有拖延症、無法堅持減肥計畫或 3C

上癮，試圖單靠制訂行動計畫改變現狀可能無濟於事，因為要完成這些事情，歸根結柢需要有足夠的自我控制資源，也就是說，想要解決拖延症等問題，需要提高自我控制能力。

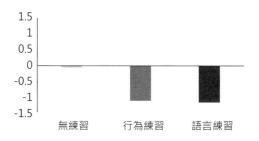

圖 1-12　自我控制練習對伴侶攻擊行為的影響
註：圖中的柱狀圖是兩週後的攻擊性減去兩週前的攻擊性，負值表示攻擊性下降。

　　最後，分享一個非常有效的提高自我控制能力的辦法——瑜伽。練習瑜伽需要長時間保持一個姿勢，並不斷把四處神遊的意識拉回當下，這是非常有效的提升自我控制的方法。如果能堅持一段時間，你可能會發現自己的工作效率大幅提升。

練習題

你不妨抽出一週的時間，每天早上起床後、中午午餐後和晚上睡覺前，用手機計時 10 分鐘。在這 10 分鐘裡，你什麼事都不用做，只需要數自己的呼吸次數，堅持練習一週之後，看看你有哪些變化。

推薦書單

· 《增強你的意志力：教你實現目標、抗拒誘惑的成功心理學》
（*Willpower: Rediscovering the Greatest Human Strength*），
羅伊・鮑梅斯特（Roy F. Baumeister）、約翰・堤爾尼（John
Tierney）著，繁體中文版由經濟新潮社出版。

(●●●) 自我應驗預言
08 吸引力法則的真相

　　十幾年前有一本非常暢銷的書，關於吸引力法則，名叫《祕密》（*The Secret*）。該書作者認為，如果對某件事情抱持積極的期待，只要不斷強化這個期待，最終可能會夢想成真。

　　作者將這種現象解釋為，倘若你有強烈的願景，就彷彿一座「人體發射塔」，會向宇宙發射某種頻率的腦電波。如果電波足夠強烈，就會產生所謂的「同質相吸，同頻共振」的效果，把那些能幫助你實現夢想的能量吸引過來。書中還羅列了一些聽起來非常離奇的成功案例。不過，這些案例後來被揭露不過是作者為讀者熬製的「心靈雞湯」。弘一法師李叔同在《晚晴集》中寫道：「念念不忘，必有迴響。」心誠則靈的說法真的準嗎？

　　在回答這個問題之前，我先講一個故事。二十世紀初，德國的一位退休中學教師馮・奧斯頓（Herr Wilhelm von Osten）養了一匹叫「漢斯」的馬。經過一段時間的訓練，這匹馬不僅能夠識字，還學會數學四則運算，能用馬蹄敲出問題的正確答案。科學家對這匹馬產生興趣，於是對這匹馬進行測試，結果發現馬的主人並沒有作弊。究竟漢斯是怎麼學會算術和識字的？

聰明老鼠與笨老鼠

　　自我應驗預言（Self-fulfilling Prophecy，或自我實現預言）是心理學中一個重要的心理效應。由美國心理學家羅伯特‧羅森塔爾（Robert Rosenthal）提出，所謂自我應驗預言就是指在接觸他人之前，先對對方有一個預期。注意，這個預期可能是正確的，也可能是錯誤的，比如你聽別人說某人很害羞或某人是什麼星座。然後，你對這個人的預期就會影響你隨後對待這個人的行為，想把他塑造成你當初預期的那個樣子。

　　1963 年，羅森塔爾研究團隊為學生分配了兩種老鼠，並告訴其中一半學生，他們拿到的是聰明的老鼠，而另一半學生則被告知拿到笨拙的老鼠。事實上，這些學生拿到的老鼠是隨機分配的，也就是說，兩者沒有差異。研究者給學生五天時間訓練這些老鼠走迷宮，並要他們每天記錄老鼠成功通過迷宮的次數和耗費的時間。結果如圖 1-13 所示，聰明老鼠成功通過迷宮的次數多於笨老鼠，所用時間也更短。

　　為什麼會出現這種差距？因為在實驗過程中，兩組學生對老鼠的預期有差異。學生得知自己拿到聰明的老鼠，便會對老鼠更有信心，也會更加努力訓練這些老鼠，這些老鼠的表現自然更好。而得知拿到笨老鼠的學生可能對老鼠缺乏信心，訓練起來敷衍了事，最終老鼠的表現自然沒有另一組好。學生對老鼠的預期影響他們對待老鼠的訓練行為，而他們的行為又應驗了他們當初的預期；這就是自我應驗預言。

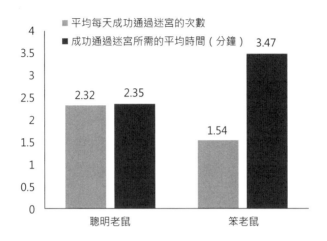

圖 1-13　不同老鼠訓練後通過迷宮的次數及所用時間

羅森塔爾還在 1966 年完成了一個著名的自我應驗預言實驗，我稱之為「未來大有可為」實驗。

羅森塔爾等人去一所小學，聲稱要進行「未來發展潛能測驗」。他們對學校一到六年級的學生進行語言和推理能力測驗，然後在每個年級隨機選出 20% 的學生，告訴他們的老師，測驗顯示這些孩子可能比其他學生更有發展潛力。八個月後，研究者再次造訪這所學校，再次測驗這些孩子的語言和推理能力，並將之與上一次測量結果對比。

如圖 1-14 所示，與其他學生相比，研究者挑選的期望組在八個月後能力增長顯著，且表現出更強的自信心。再仔細對比六個年級的情況，發現這種差異在一、二年級的孩子身上表現尤為明顯。

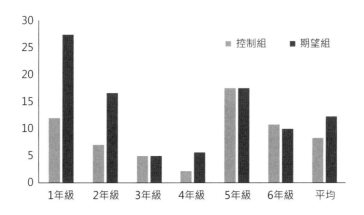

圖 1-14　兩組學生在兩次能力測試中的增長

　　羅森塔爾認為造成這種現象的原因有二。第一，從學生的角度來看，低年級小朋友的可塑性強、更易於接受暗示。他們的行為更容易受老師影響。第二，從老師的角度來看，低年級老師對學生還不夠了解，所以更容易受先入為主的看法影響。老師可能因此對這些學生態度更和藹，給予更多關注，激勵他們更加努力地學習。但對於高年級的學生，老師對他們已有一定的了解，測驗結果對老師對待學生的態度影響較小。

小心你的所思所想

　　自我應驗預言的研究帶來很多方面的啟發。

　　第一，在教育領域，老師如何期望和對待學生很重要。作為老師，應當做到有教無類，也就是不要為孩子貼標籤。每一個學生都有自己

獨特的一面，學習成績不好的學生也有亮點。只要你熱情積極地投入教學及與學生互動，你的熱情可能會增強學生的自信，甚至最終改變學生的人生軌跡。這對於幼兒園和小學低年級的老師來說尤為重要。

第二，在親密關係中，自我應驗預言具有塑造力。如果你總是認為孩子或伴侶不好，或總是對他們抱持負面評價，這些看法就會影響你對待他們的行為。比如，你經常莫名其妙地對家人擺臭臉、甚至發飆，你的家人可能也會給你負面的情緒回饋，最終促使他們變成你所預想的差勁形象，這也會為家庭關係帶來負面影響。所以，在抱怨孩子或伴侶之前，你或許需要反思一下自己是否扮演著促使他們「變壞」的幕後推手。如果你能嘗試去發掘他們的正面特質，他們就會變得越來越迷人、可愛。

第三，在職場上，需要注意自我應驗預言帶來的偏見。你在工作中會與不同的人打交道，有時會不自覺地帶入自己的偏見。由於偏見會影響你對待對方的行為，進而讓這些人也對你產生不滿，其結果不言而喻。比如，作為諮詢師，如果來訪者商談的是諮詢師感興趣的內容，諮詢師可能在無意間會對來訪者露出更多微笑或者其他鼓勵性的肢體語言；如果來訪者表達的是諮詢師不喜歡、甚至厭惡的內容，可能會在無意間透過表情或肢體流露出厭惡之情。諮詢師若無法對來訪者所表達的內容保持中立，最終會將來訪者塑造成諮詢師自己以為的那個人。

第四，在生活中，要注意流行文化裡的星座和性格測驗。如果事前知道某個人是巨蟹座，而巨蟹座往往被描述為溫柔的、情緒化的，你和這個人打交道時，就會更關注他性格中的這些面向。一旦他的表

現符合巨蟹座的特質，你也會積極回應。你的態度又在無意間強化這個人的行為模式，使他繼續表現出符合這個星座的特質。最後，這個人真的有可能變得溫柔又情緒化。

對於心理學研究，自我應驗預言也促使研究者重視實驗的雙盲設計。也就是說，進行實驗的人和參與實驗的人，最好都不要知道實驗的目的，如此可以盡量避免雙方先入為主的預期，影響實驗結果。

日本曾有一本引發爭議的書叫《生命的答案，水知道》。作者在書中宣稱，對水進行讚美或咒罵，會導致水凝結的花紋產生差異。被讚美的水凝結的冰花，比被咒罵的水凝結的冰花更好看；同樣的，對水播放不同的音樂也會產生類似的效果。這個作者獨立完成實驗觀察並得出此一結論，但後來不同的物理實驗室採用雙盲研究設計重複實驗，得到的研究結果與作者宣稱的結論並不相符；這種現象稱為實驗者效應（Experimenter Effects）。

本章開頭提到的那匹聰明的馬——漢斯，後續的研究者發現，如果牠的主人知道的答案是錯的，牠也會給出錯誤的答案；而假使在場的人都不知道答案，漢斯就會胡亂回答。也就是說，漢斯善於觀察周圍的人，研究者要牠計算 7 ＋ 2，牠就會一邊跺腳，一邊觀察周圍人的反應。牠的答案越接近 9，周圍的人就會越興奮或驚訝，而人的面部表情或肢體會傳遞出一些微妙的訊號，像是眉毛微微挑動等微表情，這種變化足以讓善於觀察的漢斯知道正確答案。倘若漢斯看不到提問者，比如提問者躲在隔板後面提問，漢斯就無法計算。所以，漢斯的聰明表現實際上是一種自我應驗預言。

而《祕密》中所講的吸引力法則，我個人認為並非向宇宙發送的

腦電波發揮作用，而是自我應驗預言。你日思夜想一樣東西或一件事，比如，你想完成某個專案，你期望有人投資這個專案。在與他人的互動過程中，只要談及與這個專案相關的訊息，你就會顯得更興奮，露出更多笑容。對方接收到你的訊息後也會對你更積極，表現出更大的興趣，心想「剛好最近有一筆資金，不如就投資你這個專案吧」。

所以，對生活保持積極正面的心態有時真的可能讓你夢想成真，念念不忘，真的可能有所迴響。

在古希臘神話中，有一位國王名叫畢馬龍（Pygmalion），他是一名出色的雕塑家。有一次他用大理石雕刻了一尊美女雕像，他夜以繼日地工作，漸漸愛上了這尊雕像，因此帶著豐盛的祭品去廟裡祈求愛神，賜給他一位這樣的妻子。愛神被他打動，賜予了雕像生命，讓他們結為夫妻。後來心理學就借用這個古希臘神話故事，將自我應驗預言稱為「畢馬龍效應」（Pygmalion Effect）。奧黛麗·赫本（Audrey Hepburn）主演的電影《窈窕淑女》（My Fair Lady）也屬畢馬龍效應，大家感興趣的話不妨找來看看。

練習題

請觀察你在生活中，尤其是和伴侶、孩子、父母或朋友之間，有沒有表現出自我應驗預言？是負面的自我應驗預言還是正面的自我應驗預言？如果是負面的，請嘗試在一段時間內要求自己，每每想到對方的不好或是對對方的不滿，就要找出對方身上你以往沒有注意到的兩個優點，並寫下來。經過一段時間的練習，你再看看你們之間的關係有沒有改變。

推薦書單

· 《畢馬龍效應》（*Playing Pygmalion: How People Create One Another*），朱瑟琳·喬塞爾森（Ruthellen Josselson）著。

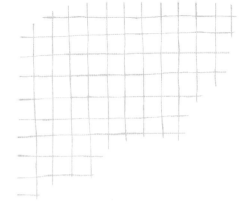

PART 2

探究行為

我們為什麼那樣做

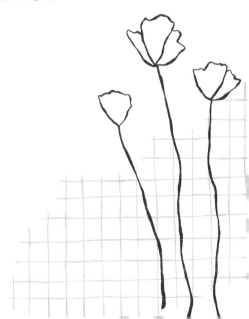

<!-- ●●● --> 內外歸因理論
09 人生中的一萬個為什麼

　　小麗和男朋友分手後非常傷心，向閨蜜傾訴：「為什麼他不要我？是我不夠溫柔體貼，還是太黏人……」而閨蜜則安慰她：「妳是一個好女孩，這個男人既沒有顏值，又沒有內涵，還不專一。他不要妳是他的損失！」

　　在這個案例中，面對同樣的分手事件，為什麼當事人小麗和她閨蜜的解讀有這麼大差異？在生活中，我們也經常遇到不同的人對同一件事有不同的解讀。即使說法天差地別，但他們都試圖回答同一個問題：「為什麼？」

為什麼要問「為什麼」？

　　人在回答「為什麼」的時候，其實就是在進行心理學家所說的「歸因」，亦即個體對自己和他人行為背後的原因進行推論和解釋的過程。那麼，人在什麼情況下會進行歸因？或者說，人在什麼情況下會問「為什麼」？

　　例如，你打開書，發現本章的內容與上一章一模一樣，你會感到疑惑：「為什麼這一章和上一章內容一樣？這本書是不是印錯了？」再假設你感情發展順利，婚姻幸福，你不會坐在那裡唉聲嘆氣地說「我

為什麼這麼幸福」，但如果你的伴侶劈腿，或者你「被分手」，你可能就會痛苦地問：「為什麼？為什麼這麼對我？」

上述兩種情境具備兩個共通點：第一，出乎你的意料；第二，讓你感到不爽。也就是說，人並不是每時每刻都對每件事情進行歸因，只有在意外發生或某件事情讓人不滿，或兩者兼具，才會進行歸因。

那些引發輿論的事件也具備這兩個特點。正是由於負面事件比正面事件更容易吸引大眾關注並進行歸因，所以才容易產生一種錯覺——這個社會怎麼了，為什麼這麼多負能量？其實生活中每天也發生很多正能量的事，只是大眾很少注意，也很少對這些事件進行歸因。

生活不可或缺的控制感

回到開頭的案例，如果被分手的是你，你也會想知道原因。可是既然分手已成既定事實，為什麼還要追問原因？你可能會說，知道原因，可以避免下一次再被分手。可是下一段感情還不知道在哪，為何要擔心未來不能預料的事？你可能會覺得我的追問無理取鬧，其實不然，這個問題的答案就是進行歸因的理由。

美國心理學家海德（Fritz Heider）認為，人之所以想知道行為背後的原因，是基於兩個很強烈的動機需要被滿足：第一個是需要對這個世界形成前後一致的理解；第二個是需要控制環境。

先看第一個：需要對這個世界形成前後一致的理解。這一需要若沒有被滿足，生活將陷入恐怖之中。比如，今天晚上你和伴侶去餐廳吃飯，吃飯過程甜蜜無比，回家的路上你們承諾要做彼此一輩子的天

使。可當你回到家中，上一秒你以為自己是世界上最幸福的人，下一秒你的伴侶就從門後抽出一根棍子狂打你一頓。

對於這個典型案例，很多人的第一個反應是恐怖，關門前伴侶還是那個非你不可、愛你的天使，關門後卻變成毫無徵兆就會虐打你的魔鬼。口口聲聲說愛你的人是不會莫名其妙打你的，倘若這個人在回家的路上就對你言語辱罵，回家之後還打你，你就會覺得這件事情毫不意外，甚至早有預料。

基於同樣的道理，人也無法接受那個口口聲聲說愛你的伴侶，其實早在多年前就背叛了你且另有所愛；或者口口聲聲說是你好姐妹的閨蜜，卻在背地裡到處說你壞話。傷害本身可能不是最痛苦的，最痛苦的是他們欺騙了你，打碎了你對世界一致的理解。

這個觀點也可以用來解釋一些社會現象。比如，現在越來越多年輕人罹患心理疾病，我認為背後的原因之一，就是現代的年輕人體驗到更多的不一致。他們踏入社會後，發現真實的世界和自己理解的世界不一致，社會上許多現象有悖於父母、老師的教導。有些年輕人可能因此自我懷疑，有些可能懷疑之前所接受的觀點，甚至有些年輕人會懷疑整個社會。

再看第二個：需要控制環境。注意，這個控制不一定是完全控制，而是覺得環境在自己可控制的範圍內。假設你的伴侶非常情緒化，你完全不知道對方何時會突然發脾氣，你可能得處處小心，內心總是處於不安狀態。但假設這個人固定在星期一、三、五發飆，二、四、六休戰，或許這樣的關係對你來說更容易接受，至少你知道他發飆的規律，只要避免在星期一、三、五招惹他即可，也就是你對兩人的關係

可以達到某種程度的控制。

在戀愛最初的曖昧期，盯著手機既期待又害怕收到對方訊息的感覺，是不是特別忐忑？為什麼會有這種感覺？因為你不確定對方到底是不是真的喜歡你，對方的感情不受你控制。無力控制這段關係的感受讓人抓狂，尤其是對不能缺少人際關係的人來說更是如此。

有些年輕人每個週末都奔波於不同的課程。我很好奇，他們真的這麼熱愛學習嗎？為什麼不趁週末多多休息？我問了一些同學，他們告訴我：「我周圍的朋友和同事都會利用週末上課，如果我不上課，就覺得自己落後了，內心很不安。」這背後的深層原因就在於年輕人對自己生活的控制感不高，所以選擇以投資自己的方式彌補缺失的控制感，覺得只要自己努力學習，未來還是可以控制的。換言之，執著於某件事或者對某件事投入大量時間精力，可能只是為了獲得控制感。

海德認為，為了滿足上述兩項動機，人必須預測未來他人如何行動，而要預測未來他人如何行動，就必須了解他人的行為原因。一旦能預測他人未來的行為，就能滿足自己對世界形成前後一致的理解和控制環境的需要。

我認為這兩個需要組成了你我常說的安全感。倘若你對世界形成前後一致的理解並且對環境有所控制，就會覺得安全；若你無法對世界形成前後一致的理解或者對環境缺乏控制，就會感覺受到威脅。

以買賣房子為例，如果你知道房價漲跌的原因，就可以預測某個地區的房價未來幾年的走勢，更進一步，就可以在適當的時機進行買賣，假如最後結果正如你所預料，你對世界形成一致理解和控制環境的需要就能得到滿足。

　　至於本章開頭的小麗，也可以用這兩個需要來解釋她為何執著於「被分手」的原因。因為如果知道男友提出分手的理由，在下一段關係中她就可以做出一些改變，避免再次遭遇感情挫折。而如果下一段感情的發展如她預期，就滿足了前後理解的一致性，也獲得了對關係的控制感。當然，很多行為的原因比我們以為的複雜得多，這也是需要學習歸因的理由。

幸福與不幸的歸因模式

　　海德認為，人對行為進行的歸因可以分為兩方面：內在歸因（Internal Attribution）和外在歸因（External Attribution）。內在歸因是指將行為歸因於個人，比如行為者的人格、特質、動機、態度、情緒等；而外在歸因則將行為歸因於外在條件，比如運氣、工作難度、他人影響等。

　　如何進行歸因？海德認為一般人會遵循以下兩個原則。

　　第一個是共變原則。意思是，假設某一個因素與某一個行為在不同情境下伴隨出現，且這個因素不出現，相應的行為也不會出現，那麼這個行為就可以被歸因於這個因素。比如，小張每次約會前都很焦慮，而且不約會他就不焦慮，那就可以認為是約會導致小張焦慮。

　　第二個是排除原則。海德認為在歸因過程中，如果外在歸因已經能解釋行為為何發生，人就不會去關注內在歸因，反之亦然。再以小張為例，假設小張已經發現每次約會前都很焦慮，認為焦慮是約會導致的，屬於外在歸因，如此一來，可能就不會再考慮內在歸因，也就

是小張自身的問題。

　　心理學家布萊伯利（Thomas N. Bradbury）和芬奇姆（Frank D. Fincham）曾經針對夫妻雙方的歸因方式與婚姻幸福感進行研究。他們對比那些婚姻幸福美滿和婚姻不幸的夫妻，發現兩者對伴侶行為的歸因有很大差別。

　　婚姻幸福的夫妻，會把伴侶的正面行為歸因於伴侶本身，也就是內在歸因。比如，伴侶幫自己做了某件事，是因為他善良，樂於助人。而婚姻不幸的夫妻恰恰相反，他們傾向於將伴侶的正面行為歸因於外在條件。同樣是伴侶幫自己做了某件事，他們會認為對方這麼做，是為了在朋友面前炫耀。而對於伴侶的負面行為，幸福的夫妻傾向歸因於外在。比如，伴侶對自己說了一些難聽的話，可能是因為他最近工作壓力比較大。而婚姻生活不幸福的夫妻，則傾向把伴侶的負面行為歸因於對方本身。同樣是伴侶對自己說了難聽的話，婚姻不幸的夫妻認為這是因為對方刻薄。研究者發現，倘若夫妻發生衝突，採用婚姻不幸的歸因模式，會使雙方關係惡化。

　　如果你與另一半的關係正陷入瓶頸，可以想想是不是和彼此的歸因模式有關，並參考上述研究，調整歸因方式，也許這段感情還能起死回生。

　　最後再回到小麗分手的案例。不難看出，對於分手這件事，當事人小麗進行了內在歸因，覺得是自己的緣故導致分手，而她的閨蜜則進行外在歸因，認為是小麗前男友的問題。

測驗題　制握信念量表

根據美國心理學家羅特（Julian B. Rotter）的理論編製的內外制握信念量表（I-E Scale），測量個人將其行為歸因於內在或外在因素的程度。下面每道題目都有兩種表述，選擇一種你認同或者與你相符的。

1 a 孩子出問題是因為家長過度責罰。

　b 如今大多數孩子出問題的原因在於家長太過放任。

2 a 生活中許多倒楣的事都或多或少與運氣不好有關。

　b 人的不幸源於自身所犯的錯誤。

3 a 引發戰爭的原因之一是大眾對政治不夠關心。

　b 不管怎樣努力阻止，戰爭總會發生。

4 a 人最終會得到他在這世界上應得的尊重。

　b 很不幸，不管一個人如何努力，他的價值多半不會得到認可。

5 a 教師不會公平對待學生根本是無稽之談。

　b 大多數學生都沒有意識到，他們的分數深受偶然因素的影響。

6 a 如果沒有合適的機遇，一個人不可能成為優秀的領導者。

　b 有能力的人不能成為領導者，是因為他們沒有抓住機會。

7 a 不管你怎麼努力，有些人就是不喜歡你。

　b 不能獲得他人好感，是因為不懂得如何與別人相處。

8 a 遺傳決定一個人的個性。

　b 一個人的生活經歷決定他是怎樣的人。

9 a 我經常覺得天意難違。

    b 對我來說，與其相信命運，不如自己好好努力。

10a 對於準備充分的學生來說，考試沒有什麼不公平的。

    b 大多數考試與講課內容毫不相干，複習功課一點用也沒有。

11a 努力才是成功之道，跟運氣幾乎（甚至完全）不相干。

    b 找到一份好工作需要天時地利。

12a 人民也可以影響政府的決策。

    b 這個世界主要由少數幾個掌權者操控，小人物做不了什麼。

13a 我對於自己制定的計畫，幾乎都有把握可以付諸實行。

    b 未雨綢繆不見得有用，因為很多事到頭來都是靠運氣。

14a 有些人根本一無是處。

    b 每個人都有好的一面。

15a 就我而言，能得到我想要的東西與運氣無關。

    b 很多時候，我寧可靠擲硬幣來做決定。

16a 誰能成功上位往往取決於誰有幸占得先機。

    b 領導眾人靠的是能力，和運氣沒有什麼關係。

17a 大多數人對於國際事務既不了解又無法控制。

    b 只要積極參與政治和社會事務，就能控制世界上許多事情。

18a 大多數人都沒有意識到，生活深受偶然因素的影響。

    b 根本沒有運氣這回事。

19a 一個人應該勇於承認錯誤。

    b 掩飾錯誤通常是最佳策略。

20a 想要知道一個人是否真的喜歡你很難。

    b 你有多少朋友取決於你是怎麼樣的人。

21a 生活中遇到壞事和好事的機會均等。

　b 大多數的不幸是源於無知、懶惰及缺乏才能。

22a 只要盡力，就能剷除政治腐敗。

　b 要想控制政治家關起門來的勾當太難了。

23a 有時候我實在不明白教師是如何決定學生的分數。

　b 成績好壞與用不用功有直接關聯。

24a 一位好的領導者會鼓勵屬下自己決定應該做什麼。

　b 一位好的領導者會為每個屬下做出明確的分工。

25a 我經常對自己的遭遇感到無能為力。

　b 我根本不相信機遇或運氣能左右我的生活。

26a 人之所以孤獨是因為不夠友善。

　b 盡力討好別人沒什麼用處，喜歡你的人自然會喜歡你。

27a 國高中教育太重視體育了。

　b 團隊運動有助於塑造性格。

28a 人生好壞都操之在我。

　b 有時候我覺得自己不能完全掌握生活的方向。

29a 我經常無法理解政治家的所作所為。

　b 從長遠來看，人民對中央及地方政府的失職負有責任。

【量表說明及計分方式】請按下面的計分表計算得分，如果你的選項和題號下的選項一致，計 1 分，如果不一致計 0 分。例如第二題，若你選 a 計 0 分，選 b 則計 1 分。其中有 6 道題不計分。

1	2	3	4	5	6	7	8	9	10
不計	b	a	a	a	a	b	不計	b	a
11	12	13	14	15	16	17	18	19	20
a	a	a	不計	a	b	b	b	不計	b
21	22	23	24	25	26	27	28	29	總分
b	a	b	不計	b	a	不計	a	b	

最高分為 23 分，屬於極端內在歸因者；最低分為 0 分，是極端外在歸因者。

平均分為 11 分，高於 11 分是偏內在歸因者，低於 11 分是偏外在歸因者。

（•••）成敗行為歸因
10 悲觀主義者的自助手冊

男生 A 是一名大二學生，自進入大學起他就對同班女生 B 有好感，但由於性格內向，他一直不敢與 B 主動接觸。在一次聚會後，他終於鼓起勇氣向 B 告白，但被 B 以認識不深為由拒絕。兩年時間累積的勇氣一擊即潰，導致 A 更加沒自信，大學四年再也不敢談戀愛，認為沒有人會喜歡自己。

如果你是 A 的好朋友，你該怎樣開導他，幫助他克服「愛情恐懼症」？

成功與失敗的三個屬性

美國心理學家懷納（Bernard Weiner）以海德歸因理論為基礎，提出了「成敗歸因理論」。海德認為導致行為的原因可以分為內在歸因和外在歸因兩類，而懷納認為，行為的原因除了內、外屬性，還有另外兩個屬性：穩定和不穩定與可控和不可控（見圖 2-1）。而決定成敗行為的主要原因有四個：能力、努力、任務難度和運氣。

第一個是能力，屬於內在歸因，人的能力相對比較穩定，且不受行為者控制。人可以在短時間內改變自己的智商嗎？顯然不行。總而言之，能力是一個內在、穩定且不可控的因素。

第二個是努力，努力是內在、不穩定且可控制的因素。

第三個是任務難度，屬於外在因素。對於具有相同能力和付出同等努力的不同個體而言，任務難度是穩定的；此處並非指同一個人多次完成同一任務所體驗到的難度。任務難度對於設置任務的人來說是可以控制的，但對於執行任務的人來說，是不可控制的因素。

第四個是運氣，這個比較好理解，運氣是外在、不穩定且不可控制的因素。

圖 2-1　決定行為成敗的屬性和原因

不要再說成功只是靠運氣

在生活中，每個人都會經歷無數次成功與失敗，而每一次成功或失敗後，可能都會對自己的行為進行解釋，慢慢的，就會形成一種穩定的歸因風格。歸因風格依據歸因後當事人對任務的趨近或迴避，分為積極歸因和消極歸因。積極歸因風格的人，不管是面對成功還是失敗，歸因後依然願意繼續做下去，也就是任務趨近。而消極歸因風格的人，不管是面對成功還是失敗，歸因後可能都不想再做下去，這就是任務迴避。

　　首先看看這兩種歸因風格的具體歸因過程。

　　積極歸因風格的人，通常會把成功歸因於自己的能力或不懈努力，進而提升自豪感，增強對成功的期望，使他們更願意繼續下去。

　　面對失敗，積極歸因風格的人會把失敗歸因於努力不足。假設一個積極歸因風格的人考試成績下滑，他可能會反思自己是不是學習不夠努力，於是積極轉變學習態度，爭取在下一次考試取得好成績。

　　失敗的積極歸因模式也可以應用在組織管理上。假設你在工作上搞砸了一項任務，應當怎樣解釋失敗的原因，才不會被上級嚴厲批評？其他同事的過失、這項任務太難等理由，可能讓上級覺得你的工作態度不佳。但如果你用積極歸因風格向上級解釋，你已經很努力辦這件事了，只是結果不理想，上級可能會覺得你積極總結教訓，願意再給你一次機會。

　　我在一堂心理課上，請學生分組報告，其中一組學生的報告 PPT 做得非常糟糕。我沒有直接批評他們，而是問：「你們坦白告訴我，這份作業你們花了多少時間準備，你們有沒有用心做？」學生心虛了，坦承沒有用心做。我說：「你們不用參與本週的報告了，回去修改後下週再報告。」第二週，他們重新修改後的報告是全班做得最好的。

　　不過，生活中有些事情不是光靠努力就能達成。一些父母在對待孩子的學業成績上，可能過度使用這個方法。假設孩子某一科成績不理想，父母可能不會說「寶貝，你沒有這個能力」或「這門課對你來說太難了」，他們更相信是因為孩子偷懶、不努力學習。然而，天賦在某些領域非常重要。對於孩子表現不好的領域，父母一定要先看清楚情況，不要武斷地把一切失敗都歸咎於不夠努力。

　　再看看消極的歸因模式如何解釋成功。消極歸因風格的人，更傾向將成功歸因於運氣，這種歸因方式讓他們對成功沒有太多成就感。畢竟誰也不能保證下一次運氣還會這麼好，所以對於是否繼續努力，他們感到無所謂。

　　現在有些年輕人在找對象上，過度相信星座或塔羅牌等，堅信「命中注定讓我們相遇」這樣的「毒雞湯」。沒有哪一段幸福感情是僅靠星座相配就能手到擒來的，僅僅用這些不可靠的訊息來解釋感情，便是過度將愛情的成功歸因於運氣。一旦感情出現問題，你可能不會願意花時間、精力修復裂痕，因為即使感情錯過了，你還可以用「緣分已盡」為藉口掩飾過失。

　　尤其需要注意的是，消極歸因模式對失敗的解釋。消極歸因風格的人往往更傾向把失敗歸因於能力不足。因為能力屬於穩定且不可控制的因素，所以這種歸因模式更容易讓人感到無能為力。人要是長期經歷這種無能感，可能會形成心理學上的「習得性無助」（Learned Helplessness）。

　　心理學家馬汀・塞利格曼（Martin E. P. Seligman）曾做過「習得性無助」的實驗，他在實驗室裡對狗進行電擊。起初，狗在感到電擊的不適感後盡力逃避，但當牠發現不管怎樣都無法躲過電擊，就不再嘗試逃避，甚至研究者打開籠子，牠也放棄逃跑的機會，只是絕望地躺在那裡任人電擊。

　　現實生活中有許多這樣的例子。在一段關係中，假設你非常努力地嘗試用不同的方法和對方溝通，但對方都沒有任何回應，慢慢地，你就會產生自己沒有能力解決這個問題的無能感。長此以往，你對這

段關係也漸漸絕望。

　　這個模式也可以用來解釋一些很詭異的施暴事件。首先我要申明，任何虐待和施暴行為都應該受譴責，此處不是為施暴行為開脫，而是藉由這個模式來解釋受害方心理機制的形成。

　　比如有些人受到家暴後，即使遍體鱗傷也不反抗或逃離。為什麼會這樣？其實在剛開始遭遇家暴時，受害者可能曾嘗試反抗，比如還擊，但這種方法卻換來更嚴重的暴虐對待。受害者發現反抗無用後，可能轉而採取討好對方的方式避免被家暴，或試圖結束婚姻關係，結果這些方法都沒有用。最終，受害者形成習得性無助，怪自己命不好，沒有能力改變現狀，只能接受。

　　對失敗的消極歸因模式在教育領域也有所啟發。假設孩子在某些方面表現不好，有的老師或家長會批評道：「你怎麼這麼笨！」這實際上是將孩子的失敗歸因於他自身能力不好。久而久之，孩子可能會形成習得性無助，即使他稍加努力就能取得更好的成績，也不願意去做。所以，經常罵孩子笨，孩子可能最終真的會變「笨」。

　　你屬於哪種歸因模式呢？（見圖 2-2）你可能會發現兩種模式自己都有，這很正常。你可以依據自己最重要的成功或失敗事件，對自己的歸因風格做一個判斷。

　　如果你發現自己的歸因模式是消極的，也不用太過擔心，你可以透過訓練改變歸因風格。當你再次陷入消極的歸因模式，可以提醒自己採用積極的歸因模式重新進行歸因，多多練習，你的歸因風格就會逐漸改變。

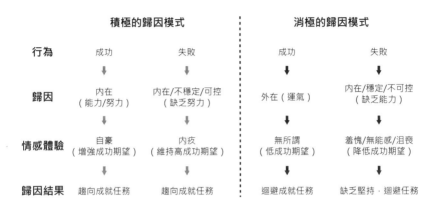

圖 2-2　兩種歸因模式的區別

　　史丹佛大學心理學家卡蘿・杜維克（Carol S. Dweck）曾做過一項
針對習得性無助兒童的歸因訓練研究。研究人員把 12 名診斷為習得
性無助的兒童隨機分成兩組，其中一組是失敗迴避組。這一組的兒童
每次都能在規定時間內完成研究者分配的數學功課，他們不需要面對
失敗。另外一組是積極歸因組，這組兒童在完成同樣的數學功課後，
還要額外完成 20% 超過其目前所學內容的題目。每當孩子無法完成功
課，研究者就教孩子將失敗歸因於努力不足。研究者在實驗前、中、
後，分別評估孩子在數學課業上的表現（見圖 2-3）和完成功課的努力
程度（見圖 2-4）。其中，在數學功課上的表現，以學生在一分鐘內解
答數學題的失敗率為統計標準，分數越低表示失敗率越低，數學課業
表現越好。

　　研究者發現，在實驗的三個階段，失敗迴避組學生的課業表現沒
有明顯變化；而積極歸因組學生的課業表現，隨著訓練得到顯著提升。
在完成功課的努力程度上，失敗迴避組學生的努力程度在研究前後同

樣沒有明顯變化；而積極歸因組學生隨著實驗進行變得更加努力。

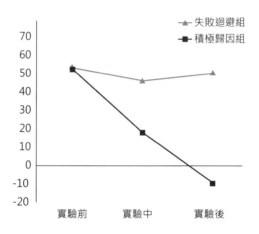

圖 2-3　兩組學生完成數學功課的表現

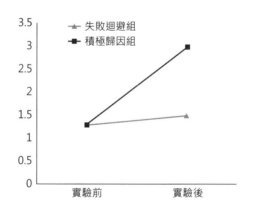

圖 2-4　兩組學生完成數學任務的努力程度

杜維克的實驗表明，歸因風格是可以藉由訓練改變的。

回顧本章開頭男生 A 的案例，告白失敗導致他對戀愛產生恐懼，

他將自己的失敗歸因於能力不足。旁人可以從歸因風格下手，幫他分析這次失敗可能主要是由於他在某些方面努力不足，比如沒有了解對方的愛好、對方喜歡的男生類型等，這樣他就更清楚自己可以進一步努力的方向。儘管這次失敗了，但下一次再遇到喜歡的女生，他可能會更有信心追求對方。

推薦書單

· 《心態致勝：全新成功心理學》（*Mindset：The New Psychology of Success*），卡蘿·杜維克（Carol S. Dweck）著，繁體中文版由天下文化出版。

測驗題 　**成就動機量表**

請判斷下面這些描述是否符合你自己的情況，並選擇相應選項。

1. 遇到沒有把握解決的問題，我喜歡堅持不懈地努力。
　（3）完全符合 （2）基本符合 （1）有點符合 （0）完全不符合
2. 我喜歡挑戰新奇、有難度的任務，甚至不惜冒險。
　（3）完全符合 （2）基本符合 （1）有點符合 （0）完全不符合
3. 即使有充裕的時間完成手中的任務，我也喜歡立刻開始進行。
　（3）完全符合 （2）基本符合 （1）有點符合 （0）完全不符合

4. 遇到沒有把握解決的難題，我會非常興奮、快樂。

（3）完全符合　（2）基本符合　（1）有點符合　（0）完全不符合

5. 我會被能了解自己才智高低的工作吸引。

（3）完全符合　（2）基本符合　（1）有點符合　（0）完全不符合

6. 我會被有困難的任務吸引。

（3）完全符合　（2）基本符合　（1）有點符合　（0）完全不符合

7. 面對能測試個人能力的機會，我感到的是鞭策和挑戰。

（3）完全符合　（2）基本符合　（1）有點符合　（0）完全不符合

8. 我在完成困難的任務時感到快樂。

（3）完全符合　（2）基本符合　（1）有點符合　（0）完全不符合

9. 面對困難的事務，即使沒有什麼意義，我也很容易投入。

（3）完全符合　（2）基本符合　（1）有點符合　（0）完全不符合

10. 能測試個人能力的機會，對我來說具有吸引力。

（3）完全符合　（2）基本符合　（1）有點符合　（0）完全不符合

11. 我希望被分配到有困難的工作。

（3）完全符合　（2）基本符合　（1）有點符合　（0）完全不符合

12. 我喜歡必須全力以赴完成的工作。

（3）完全符合　（2）基本符合　（1）有點符合　（0）完全不符合

13. 我對於不能立刻理解的事，會很快產生興趣。

（3）完全符合　（2）基本符合　（1）有點符合　（0）完全不符合

14. 我不確定能否成功的工作最吸引我。

（3）完全符合　（2）基本符合　（1）有點符合　（0）完全不符合

15. 對我來說，重要的是做有困難的事，即使無人知道也無關緊要。

（3）完全符合 （2）基本符合 （1）有點符合 （0）完全不符合

16. 我討厭在完全不確定是否會失敗的情境中工作。

（3）完全符合 （2）基本符合 （1）有點符合 （0）完全不符合

17. 在結果不明的情況下，我會擔心失敗。

（3）完全符合 （2）基本符合 （1）有點符合 （0）完全不符合

18. 面對我認為有困難的任務，我會擔心失敗。

（3）完全符合 （2）基本符合 （1）有點符合 （0）完全不符合

19. 一想到要去做那些新奇、困難的工作，我就感到不安。

（3）完全符合 （2）基本符合 （1）有點符合 （0）完全不符合

20. 我不喜歡測試我能力的情境。

（3）完全符合 （2）基本符合 （1）有點符合 （0）完全不符合

21. 我對於那些沒有把握勝任的工作感到憂慮。

（3）完全符合 （2）基本符合 （1）有點符合 （0）完全不符合

22. 我不喜歡做我不知道能否完成的事，即使別人不知道也一樣。

（3）完全符合 （2）基本符合 （1）有點符合 （0）完全不符合

23. 在測試我能力的情境中，我會感到不安。

（3）完全符合 （2）基本符合 （1）有點符合 （0）完全不符合

24. 對於需要特定機會才能解決的問題，我會害怕失敗。

（3）完全符合 （2）基本符合 （1）有點符合 （0）完全不符合

25. 做那些看起來相當困難的事讓我憂心忡忡。

（3）完全符合 （2）基本符合 （1）有點符合 （0）完全不符合

26. 我不喜歡在不熟悉的環境中工作。

（3）完全符合 （2）基本符合 （1）有點符合 （0）完全不符合

27. 我希望困難的工作不要分配給我。

　　（3）完全符合　（2）基本符合　（1）有點符合　（0）完全不符合

28. 我不希望做要發揮我能力的工作。

　　（3）完全符合　（2）基本符合　（1）有點符合　（0）完全不符合

29. 我不喜歡做我不知道能否勝任的事情。

　　（3）完全符合　（2）基本符合　（1）有點符合　（0）完全不符合

30. 遇到不能立即弄懂的問題，我會焦慮不安。

　　（3）完全符合　（2）基本符合　（1）有點符合　（0）完全不符合

【量表說明及計分方式】選項括弧內的數字為該題得分。1～15題的得分總和為追求成功（Ms）的分數，16～30題的得分總和為避免失敗（Mf）的分數。用追求成功的分數，減去避免失敗的分數，就是成就動機的分數。分數越低，成就動機越弱。這個測驗可以測量你對任務的趨近和迴避程度，也就是你希望成功的動機和迴避失敗的動機。前者關注的是如何獲得成功，而後者關注的是如何避免失敗。

【NOTE】研究顯示，在希望成功的動機影響下，人會主動去完成學業等重要任務，會選擇有利於高品質完成任務的策略，堅持努力，以求成功。而在迴避失敗的動機影響下，人面對重要任務可能會採取兩種方式：一種具有防禦性，亦即力圖逃避任務以避免失敗；另一種較為積極，也就是會非常努力以避免失敗。下面是一組大學生的常模資料，謹供參考：

★希望成功（Ms）男：44.73±6.22／女：44.59±5.87

★避免失敗（Mf）男：29.03±7.34／女：30.22±7.43

（•••）歸因的相對推論說
11「奇葩」的三個標準

　　小琳最近陷入「甜蜜的煩惱」，小李和小張同時追求她。兩人的顏值和人品都不錯，但小李的經濟條件不好；小張經濟條件優渥，名下有幾間房子。一番糾結之下，小琳選擇了小張。

　　有人可能會以為小琳是個見錢眼開的女人，或篤定小琳是因為小張有錢而選擇他。如果你也抱持這種想法，請思考看看自己是基於什麼做出這種判斷？

　　本章會針對這個故事進行不同版本的解讀，看看在不同版本中，小琳挑選男朋友行為歸因判斷的變化。

奇葩真的是奇葩嗎？

　　前文曾提及對行為進行的歸因可以分為兩方面：內在歸因和外在歸因。先來探討內在歸因。日常生活中我們經常脫口而出：「××可真奇葩」、「××有病」，這些都是內在歸因。但被你稱作「奇葩」或「有病」的那些人真的是奇葩或有病嗎？在什麼情況下可以把一個人的行為歸因於內在原因呢？

　　心理學家愛德華・瓊斯等人提出了「相對推論說」（Correspondent Inference Theory）。這個理論關注人如何尋找或推測對應行為者的行為

意圖，並把這個行為與其本人獨特、穩定的內在屬性建立相對推論的過程。換言之，在什麼情況下可以把一個人的行為歸因於內在特質？

　　這個理論認為，要把一個人的行為歸因於其內在特質需要完成兩個步驟。第一步，推斷行為者的行為意圖或目的，是不是由其內在特質決定的。行為的意圖會促使其做出某個行為，不同的行為可能會造成多種不同的結果，這些結果並不一定都能反映行為者的意圖。第二步，觀察行為結果，如果這些行為結果和行為者的最初意圖相關，則可以推斷，行為者的個性或人格特質導致他做出這種行為。

奇葩必備的行為訊息

　　在進行相對推論時，要著重考慮三個行為訊息（見圖 2-5）：社會讚許性、選擇自由性、非共同效應。

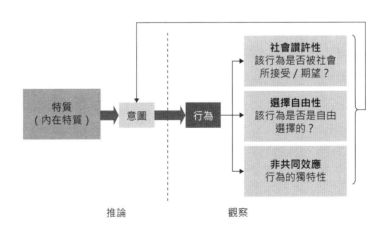

圖 2-5　相對推論的三個重要訊息

　　第一個重要訊息，社會讚許性，又稱非期望性，也就是該行為是否被社會所接受、期望。如果行為的社會讚許性低，或者行為者做出了社會不期望的行為，則該行為更有可能是出自其真實意圖。如此一來，行為者的行為就容易被歸因於個性本質。

　　社會讚許性越低，內在歸因的可能性越大，相對推論就越可靠。例如，一個母親將自己的孩子毆打致死，這是社會讚許性極低的行為，大眾更有可能認為這個母親非常殘忍，所以根據行為的社會讚許性，可將其行為推斷為內在歸因。

　　文章開頭小琳挑選男朋友的案例中，如果小張很有錢，但生活糜爛，人品很有問題，經常對小琳動粗，而小琳還是選擇嫁給他。那麼小琳更容易被視為「拜金女」，因為她的行為是社會不期望的。

　　但僅僅違背社會期望，並不能完全判斷行為結果是否緣於行為者本人，所以除了社會讚許性之外，還需要考量第二個重要訊息——選擇自由性。心理學家認為，如果行為是行為者自己發自內心的選擇，而不是受環境逼迫，那麼他的行為就能反映他的意圖，反之，如果行為並非行為者自由選擇，就很難推斷這個行為是否反映了行為者本身的意圖。

　　假設小張有錢，但人品有問題，小琳的父母極力反對兩人在一起，但小琳不顧父母苦心勸阻，還是選擇嫁給小張。在這種情況下，你可能會覺得小琳是「要錢不要命」。

　　倘若小張是個人品有問題的富人，但當時小琳的媽媽得了重病，沒錢醫治，小琳為了救治母親不得已嫁給小張。在這種情況下，有些人可能不僅不會覺得小琳拜金，還會覺得這個女孩子自我犧牲很偉大，

同時也為她感到難過。

　　對比上述兩種情形，背景相同，唯一不同的是小琳的行為是出於自願還是被迫，這一訊息差異就會明顯影響他人對小琳選擇嫁給小張的歸因。

　　不過這兩個訊息還不足以做出內在歸因的準確判斷，我們還要考量第三個訊息：非共同效應。所謂非共同效應，就是導致行為的相同因素不一定是行為的原因，不同的因素可能才是導致行為的原因。

　　在小琳的故事中，小張和小李的顏值和人品都不錯，這是共同的因素。兩人的不同點是，一個有錢，一個沒錢，這是不同的因素。在這種情況下，小琳選擇小張極有可能正是基於這個因素。這個選擇行為的原因就是非共同效應，也就是說，如果行為者的行為中有特定與他人不同的訊息，你會更傾向於認為行為反映出行為者的真實意圖。

　　假設小琳的父母知道小張是個人品不好的富人，卻仍然支持小琳嫁給小張。小琳父母的支持行為就是非共同效應，這會讓你更堅定地認為小琳就是一個見錢眼開的人。

　　我認為，除了以上三個因素外，還需要考量另一個因素──結果的嚴重程度。行為造成的結果越悲劇，你越可能將行為歸因於行為者。假設小琳選擇嫁給人品惡劣的富人小張，婚後被小張家暴致殘，但小琳仍堅持不肯離婚，你會不會覺得這個女人很「奇葩」？

　　值得注意的是，並非滿足上述幾個因素之一，就能判斷該行為是出自行為者的真實意圖，而是要對這些訊息進行綜合考量。也就是說，判斷一個人是不是「奇葩」，需要考量其行為是否違反社會讚許性？是否是自由選擇？是否有其獨特的原因，以及結果是否嚴重？如果都

符合，那這個人真的可能是奇葩；如果有一點不符合，判斷結果就可能出現偏差。

在現實生活中，人有時候只根據四個因素中的一個或某幾個，就做出內在歸因判斷。如網路上的人身攻擊，往往僅依據某一個訊息就立刻下定論，這種評判很可能存在偏差，甚至完全錯誤，對行為者是不公正的。

再補充一點，熟悉行為者的能力、性格和為人等各方面，有助於對其行為進行準確歸因。所以，你若要對他人的行為進行歸因，最好先盡可能地多了解這個人。

練習題

你對他人的行為做出內在歸因，認為對方性格不好、人品有問題的同時，請你反思自己依據哪些訊息做出這個判斷？是社會讚許性、選擇自由性還是非共同效應？請你收集完整訊息，並嘗試更了解行為者，再重新對其行為進行歸因。

●●● 三維歸因理論
12 主管為什麼批評我

你在工作中是否有被主管批評或責罵的經歷？主管為什麼罵你？

你是否與同事發生過衝突？你覺得是什麼原因導致衝突？

三維歸因理論可以幫助你分析上述這些行為。

觀察：主管的行為模式

三維歸因理論（Cube Theory）是由美國心理學家凱利（Harold Kelley）於 1967 年提出的，也稱為立方歸因理論。凱利認為，人對行為的解釋分為兩種：第一種是單線索歸因，即只依據一次觀察就做出的歸因；第二種是多線索歸因，即需要多次觀察同類行為或事件後才進行的歸因。

三維歸因理論就屬於多線索歸因。比如遭到主管責罵，你很難根據主管一次責罵就判斷出是主管有問題，還是自己有問題。與同事發生一次衝突，也很難因此判斷出自己與這個同事是否完全合不來。你需要多次觀察主管或同事的行為來獲得更多訊息進行判斷，這就是多線索歸因。

進行三維歸因的前提是，必須對行為者的行為進行多次觀察。這個理論適合在工作、學校和生活中對同事、主管、同學、朋友、伴侶

或家人的行為進行分析，因為你有條件對這些人的行為進行多次觀察。

分析：行為的三大因素

凱利認為導致行為的因素有三個：行為者（Actor），即做出這個行為的人；刺激物（Stimulating Objects），即這個行為針對的對象；情境（Context），即行為發生的背景。

舉個例子，你上班遲到被 A 主管批評了。在這個事件中，行為者、刺激物和情境分別是什麼？

首先，要確定分析的目標行為。在這個案例中，A 主管批評了你，所以要分析的目標行為就是批評。

其次，需要找出行為者，即誰做出「批評」這個行為。在案例中 A 主管批評你，所以 A 主管就是行為者。

再者，需要找出刺激物，即這個批評行為是針對誰？案例針對的是你（員工），所以在案例中，你（員工）就是刺激物。

最後，需要分辨情境，即批評行為是在什麼背景下發生的。而這個事件的情境是「你上班遲到」。

在整個事件中，批評行為完整包括了三個因素，那麼哪些因素導致 A 主管批評你？是行為者、刺激物或情境同時出現才導致的嗎？不然，在這個事件中，導致目標行為發生的原因也可能是其中一個或多個因素。換句話說，這三個因素的任意組合，都可能造成批評行為發生。這個事件包含三個單因素、三個雙因素、一個三因素、一個零因素，亦即 $3 + 3 + 1 + 1 = 8$，也就是說，造成 A 主管批評你的可能

原因總共有 8 種。

　　有鑑於行為發生的複雜性，對於具體行為發生的原因，需要透過行為的三種訊息來分析與判斷。

判斷：行為的三種屬性

　　前文提及，三維歸因理論需要對行為進行多次觀察。而多次觀察行為的目的在於獲取行為的三種屬性訊息：同意性（Consensus，或共識性）、一致性（Consistency）和區辨性（Distinctiveness）。了解這三種屬性的訊息，才能對行為原因做出準確判斷（見圖 2-6）。

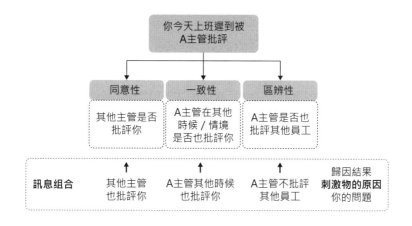

圖 2-6　行為三種屬性訊息的分析

　　行為的同意性是指其他人會不會對刺激物做出這個行為，也就是「行為是否與眾相同」。如果所有人都會對刺激物做出這個行為，代

表行為的同意性比較高；反之，如果其他人不做，只有行為者出現這種行為，那麼同意性就低。

在 A 主管批評你的案例中，同意性體現在其他主管會不會像 A 主管一樣批評你。如果其他主管也會批評你，代表 A 主管批評你的行為同意性比較高。如果除了 A 主管外，其他主管並不會批評你，代表 A 主管批評你的行為同意性比較低。

行為的一致性是指行為者除了這次以外，其他時間或場合有沒有對刺激物做出相同的行為，也就是說「行為者是否總是如此」。如果 A 主管不僅在你遲到批評你，在其他時候或場合也會批評你，那 A 主管的行為一致性就高，反之則低。

行為的區辨性是指行為者除了對刺激物做出這個行為外，對其他人是否也會做同樣的行為，也就是「行為是否因人而異」。如果他對其他人也做出這個行為，代表他行為的區辨性比較低；如果他不對其他人做出這個行為，代表他行為的區辨性高。在上述案例中，區辨性是指 A 主管有沒有批評其他遲到的員工。如果 A 主管也批評了其他遲到員工，A 主管這個行為的區辨性就低，反之則高。

結論：主管是針對你嗎？

獲取行為的三種屬性訊息後，可以根據凱利提出的訊息組合表（見圖 2-7）對行為進行歸因，判斷什麼原因導致了該行為。

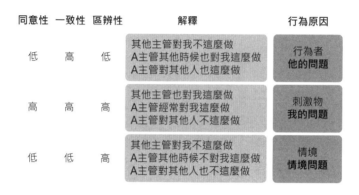

圖 2-7 訊息組合表

　　第一個組合是低同意性、高一致性、低區辨性。也就是別人不對你這麼做，行為者經常對你這麼做，行為者對別人也這麼做。在這種情況下，行為的原因基本上可以推斷為行為者的問題。在你遲到受主管批評的例子中，低同意性代表其他主管不批評你，只有 A 主管批評你；高一致性代表 A 主管經常批評你；低區辨性代表 A 主管也經常批評其他員工。藉由訊息組合，可以推斷出 A 主管的行為是他個人的原因，他喜歡批評員工。

　　第二個組合是高同意性、高一致性、高區辨性。也就是別人也對你這麼做，行為者經常對你這麼做，行為者對別人不這麼做。在這種情況下，行為的原因基本上可以推斷為是刺激物的問題。在上述例子中，高同意性是指其他主管也批評你；高一致性是指 A 主管經常批評你；高區辨性是指 A 主管不批評其他員工。也就是說，不僅 A 主管經常批評你，其他主管也會批評你，而且 A 主管並不批評別人。在這種情況下，問題最有可能出在你身上，可能你是不稱職的員工。

　　第三個組合是低同意性、低一致性和高區辨性。也就是別人不會對你這麼做，行為者也不經常對你這麼做，他對其他人也不這麼做。換句話說，行為的發生不是行為者、也不是刺激物的問題，更可能是情境使然。對應上述例子，低同意性代表其他主管不會批評你；低一致性代表 A 主管只在你遲到時批評你，其他時候不批評你；高區辨性代表 A 主管不批評其他員工。在這種情況下，最有可能導致批評行為發生的原因是情境，也就是「上班遲到」導致主管批評。

　　以上三種組合分析出行為發生的單一原因。但在現實生活中，大部分行為都不是由單一原因造成的。所以，假使你用這個理論進行行為分析，卻發現事實並非這三個組合中的任何一個，就代表這一行為可能由多個原因造成，切記，不應該把過錯歸罪到某個人身上。

　　我的一個學生剛入學沒多久就換了好幾次宿舍寢室，到後來宿舍管理中心甚至拒絕他再次更換寢室的要求。

　　這個學生向我哭訴，聲稱他的室友都排擠他。

　　為了解決他的問題，我找舍監了解情況。擔任舍監的老師告訴我，這個學生購買了電磁爐和鍋子放在寢室，每天都自己在寢室做飯，卻要求其他室友平攤電費，幾次換寢室遇到的室友都無法忍受他的行為。

　　這個學生數次更換寢室，滿足了多次觀察行為的條件。對他所說「自己被排擠」的行為，可以用三維歸因理論進行分析。首先，他住過不同寢室，每個寢室的室友都和他鬧翻，這符合高同意性。其次，只要他在某個寢室住上一段時間，就會和那個寢室的室友發生衝突，這符合高一致性。最後，他所在的寢室，其他室友之間並沒有不合，只和他發生衝突，這符合高區辨性。因此可以明顯看出，是這個學生

自身的問題導致他被排擠。

　　了解具體情況後，我教他用三維歸因理論自己分析被排擠的原因，並告誡他，如果他不改變生活習慣，再換寢室也依然會被排擠。

　　在生活中經常聽到有人說：「某某老是怎樣怎樣，他真是奇葩。」如果一個人總是重複某個行為，他人很容易片面地僅憑藉高一致性對其行為進行推斷。但實際上，某人總是這樣做的原因可能有兩種：其一，行為者自身的原因，也可以說行為者確實是奇葩；其二，刺激物的原因，例如在上述例子中，該學生的問題就出在刺激物上，也就是他自己的問題導致室友無法與他相處。所以，在你說別人奇葩之前，最好先進行三維歸因分析。

●●● 三維歸因理論的應用

13 他遲到是因為不愛我嗎

小明和小紅是一對情侶，他們打算聖誕節一起去看新上映的電影。結果當天，小明遲到了半個小時，錯過了電影。兩人在電影院門口吵了起來。小紅很生氣，認為小明約會遲到是因為他不重視自己。而小明也很委屈，自己為了約會還向公司請假，但無奈路上塞車。一個本該開心度過的節日，最後以兩人吵架告終。

假設你是小明和小紅的好朋友，他們找你幫忙評評理，你應該怎樣勸他們？你可以用三維歸因理論來幫助他們分析。

圖 2-8　三維歸因的四個步驟

如果你是初次使用三維歸因理論進行分析，建議你拿出筆和紙，按照圖 2-8 的三維歸因步驟，一步一步進行。等你熟練之後，就可以

直接用訊息組合進行推斷了。

問題：他為什麼遲到？

三維歸因分析的第一步是確定要進行歸因的行為。一個事件裡可能同時存在多個行為，一定要瞄準一個行為進行分析，千萬不能同時分析多個行為。比如小明和小紅的案例中就有兩個比較明顯的行為：一是遲到，二是吵架。這兩個行為的行為者、刺激物和情境都不同，首先須確定自己要對哪個行為進行分析。

小明和小紅衝突的焦點不在於吵架，而在於引發吵架的遲到行為。女方認為男方不重視自己才怠慢、遲到，而男方認為是情境因素——塞車，導致自己遲到。所以，可以把遲到這個行為當作分析對象，並總結成一句話：小明在聖誕節和小紅約會遲到。

原因：他不愛我嗎？

確定要分析的行為之後，第二步需要找出導致行為的三個因素：行為者、刺激物和情境。本案例中，遲到行為的行為者和刺激物都很明顯，遲到者小明是行為者；被遲到的小紅是刺激物；遲到行為發生在聖誕節約會當天，所以聖誕節約會是情境。

訊息：他常常遲到？

第三步，獲取行為的同意性、一致性和區辨性訊息，這一步決定後續分析的準確性。

在本案例中，需要獲取的同意性訊息為「其他朋友和小紅約會是否會遲到」；一致性為「小明在其他時候和小紅約會是否遲到」；區辨性為「小明和其他朋友約會是否遲到」。

結論：其實是塞車惹的禍？

接下來，根據三維歸因理論中的三個有效組合來進行分析（見圖2-9）。本案例雖然沒有提供遲到行為的充足訊息，但是結合現實中情侶雙方約會往往不僅一次的常規，假設小紅和小明在此之前約會過許多次，可以獲得充足的訊息來進行三維歸因分析。

假設遲到是小明的問題，也就是行為者的原因，那麼根據三維歸因理論，訊息組合應該符合：低同意性、高一致性和低區辨性的訊息組合。低同意性：其他人和小紅約會不遲到；高一致性：小明和小紅其他時候約會也經常遲到；低區辨性：小明和其他人約會也遲到。這種情況下，可以明顯看出聖誕節約會遲到是小明的問題，可能他這個人遲到成性。

假設遲到是小紅的問題，即刺激物的原因，那麼根據三維歸因理論，訊息組合應該符合：高同意性、高一致性和高區辨性的訊息組合。高同意性：其他人和小紅約會也遲到；高一致性：小明和小紅其他時

候約會也遲到；高區辨性：小明和其他人約會不遲到。這種情況下，可以明顯看出小明在聖誕節約會遲到是小紅的問題，她可能不是一個很有吸引力的約會對象。

假設遲到是情境的問題，根據三維歸因理論，訊息組合應該符合：低同意性、低一致性、高區辨性。低同意性：其他人和小紅約會不遲到；低一致性：小明其他時候和小紅約會不遲到；高區辨性：小明和其他人約會不遲到。這種情況下，可以看出這次聖誕節約會遲到行為的責任不在男女雙方，很可能在聖誕節約會不是一個很好的時機。

A行為者 小明	S刺激物 小紅	C情境 聖誕節約會	
同意性	**一致性**	**區辨性**	**原因**
↓低：其他人和小紅約會不遲到	↑高：小明和小紅其他時候約會也遲到	↓低：小明和其他人約會也遲到	A行為者小明的問題「遲到成性」
↑高：其他人和小紅約會也遲到	↑高：小明和小紅其他時候約會也遲到	↑高：小明和其他人約會不遲到	S刺激物小紅的問題「小紅作為約會對象魅力不夠」
↓低：其他人和小紅約會不遲到	↓低：小明和小紅其他時候約會不遲到	↑高：小明和其他人約會不遲到	C情境聖誕節約會看電影不是很好的選擇

圖 2-9　**小明在聖誕節和小紅約會遲到的三維歸因分析**

上述任何一個訊息組合中的任何一個屬性方向修改，可能就無法推導出行為的具體原因，這代表導致行為發生的原因可能有許多個。

三維歸因理論在解決人際衝突方面非常實用。你可以把三維歸因組合做成圖表，貼在家中最顯眼的地方，比如冰箱門上，並和你的伴

侶約好：以後兩人再發生爭執，不要爭論誰對誰錯，而是一起玩三維歸因遊戲。學習三維歸因理論，可以讓你和伴侶都成為「講道理」的伴侶。

三維歸因理論是一個理性的歸因理論，但其分析方法建立在大量認知資源的基礎上。而實際生活中，很多歸因都發生在訊息不完整的情況下。人往往尚未對發生的事件進行多方觀察、未收集足夠訊息，就利用生活經驗等有限訊息，快速對行為進行歸因，這可能會導致歸因結果錯誤。

練習題

要熟練掌握三維歸因理論的應用需要反覆練習。建議大家找一兩件最近發生在你和同學、同事、主管、朋友、伴侶或家人之間的事，用三維歸因理論進行分析。你可以把分析結果，和自己在沒有學習三維歸因理論之前，對這件事的解讀比較，看看分析結果有什麼不同，你從中得到哪些啟發。

【TIP】這個理論非常複雜，對新手來說只在腦中演練有些困難，建議使用紙和筆把整個過程寫下來。

⬤⬤⬤ 基本歸因謬誤
14 憑什麼你可以插隊

　　假設你正在排隊，隊伍很長，而你還有其他重要事情急著處理。這時你發現一個關係很好的同事在隊伍前方向你示意可以插隊到他前面。你趕時間，便接受了他的建議。你注意到其他排隊的人用氣憤和鄙夷的眼神盯著你，你該怎麼解釋自己插隊的行為？可能你會辯解自己有不得已的苦衷，並不是品性惡劣故意插隊。

　　同樣是插隊，如果你是被插隊的一方，你會怎麼看待插隊的人？你的第一個反應可能是「這個人怎麼這麼沒品」。為什麼人對自己與他人同樣的插隊行為感受卻有所差異？

　　假如你是陪審團成員，觀看審訊犯罪嫌疑人的錄影帶。審訊過程由兩臺攝影機記錄，其中一臺攝影機大部分時間都對著嫌疑人，而另一臺攝影機大部分時間都對著審訊人員。你只能選擇觀看其中一臺攝影機的錄像，哪一個更容易讓你判定這個嫌疑人有罪？

　　基本歸因謬誤（Fundamental Attribution Error）可以幫助我們解答上述兩個案例中的疑惑。

只許州官點火

　　基本歸因謬誤，也叫基本歸因偏誤，是指人對他人的行為進行歸

因，往往將行為歸因於他人內在人格或態度，低估了情境的作用。也就是說，解釋他人行為的原因時，往往容易忽略情境的影響，直接將行為歸結為個人的內在因素。比如本章案例中，把別人插隊行為直接歸因於插隊者品格有問題，而沒有考慮情境的因素，就是典型的基本歸因謬誤。家庭生活中也常出現這種歸因謬誤。比如你和伴侶發生爭執，你很容易把爭執的原因歸咎於伴侶不可理喻，而忽視引發吵架的其他情境因素。

心理學家李‧羅斯（Lee Ross）和他的同事透過實驗證明，人在解釋他人行為時很容易產生基本歸因謬誤。

心理學家把實驗參與者隨機分成三組，並讓這三組參與者各自扮演一種角色，共同完成一個問答遊戲：第一組是主考官，負責提問；第二組是考生，負責回答主考官提出的問題；第三組是觀眾，圍觀前兩組人怎麼玩這個遊戲。

研究者告訴主考官，對考生的提問盡量刁鑽，比如「歐洲和非洲海岸線哪個更長」、「班布里奇島（Bainbridge Island）在哪裡」等，連主考官本人也未必知道答案的問題。遊戲結束後，主考官、考生和觀眾分別評估考生與主考官的智力水準。

研究者發現，主考官傾向認為自己和考生的智力水準接近，但是考生和觀眾都認為主考官比考生聰明很多。為什麼出現這種差異？原因在於三組參與者對主考官出難題的行為歸因不同。主考官自己知道提出難題是研究者要求，而非自己聰明、博學，所以他們把提出難題這個行為歸因於「研究者要求他們」這個情境因素；但考生和觀眾看到主考官提出難題，便認為主考官很聰明，才會提出這麼難的問題。

　　心理學家發現有許多方面的因素導致人出現基本歸因謬誤，下文將重點介紹其中兩個因素。

你不知道我知道的

　　心理學家瓊斯和尼茲彼認為行動者（做出行為的人）和觀察者（觀察行為的人）對行為的歸因有所不同。行動者傾向對自己的行為做外在歸因，而觀察者傾向對他人的行為做內在歸因，他們把這種現象稱為「行動者—觀察者效應」（Actor-observer Effect）。比如在插隊事件中，若你是插隊的人，你是行動者，別人是你行為的觀察者；而當你看到別人插隊，你就變成觀察者。與伴侶吵架的時候，你既是行動者，又是對方的觀察者。

　　為什麼行動者和觀察者對同一行為的歸因有所不同？心理學家認為主要是由於兩者對行為訊息的掌握不對等（見圖 2-10）。如前文所述，在進行歸因之前需要掌握行為的三方面訊息：同意性、一致性和區辨性。而行動者與觀察者雙方所掌握的三方面訊息可能有差異。

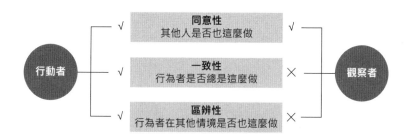

圖 2-10　行動者與觀察者掌握的行為訊息有所差異

　　以插隊事件為例，結合三維歸因理論，在插隊當下，你是行動者。首先，你知道當時別人沒插隊，只有你插隊，所以你掌握了行為的同意性訊息；其次，你知道自己平時不會插隊，只有這次，代表你也掌握了行為的一致性訊息；最後，你知道你在其他需要排隊的場合沒有插過隊，這是行為的區辨性訊息。作為行為者，你可以根據完整的三方面訊息進行歸因判斷。

　　然而當你看到有人插隊，你是觀察者。你知道別人都沒插隊，只有這個人插隊，所以你掌握了行為的同意性訊息；但你並不知道這個人以前是否經常插隊，所以你沒有掌握行為的一致性訊息；此外，你也不知道這個人在其他需要排隊的場合有沒有插隊，代表你沒掌握行為的區辨性訊息。作為行為的觀察者，你只能根據行為的同意性訊息做出判斷。正是這種訊息的不對等，導致行為的觀察者很容易出現歸因謬誤。在生活中，作為行為的觀察者，只有盡量收集行為的其他訊息再做判斷，才能避免歸因謬誤。

　　有趣的是，假如你變成自己行為的觀察者，比如將你插隊的行為偷拍下來，播放給自己看，你可能也會產生歸因謬誤，覺得自己滿沒教養。

　　很多關係發生衝突，最大的問題在於人只看到對方的行為，看不到自己的行為。回到伴侶吵架的例子，在吵架過程中你們都是行動者，同時又是對方行為的觀察者，假如你也變成自己行為的觀察者，情況會怎樣？你可以嘗試用攝影機將吵架的過程拍攝下來，並在吵完之後兩人一起重看吵架的過程。或許看到自己的行為，你對衝突的看法會有所轉變。這個原理也同樣適用於同事、親子的衝突。

如果你能看見自己吵架的樣子

　　同為觀察者，每個人對行為的歸因解釋也不一定相同。心理學家認為即使同是觀察者，但由於每個人關注的焦點不同，會傾向於認為自己的知覺訊息更重要，因而導致歸因謬誤。心理學家把這種現象稱為「知覺顯著性」（Perceptual Salience）。

　　圖 2-11 是心理學家雪莉・泰勒（Shelley E. Taylor）和蘇珊・費斯克（Susan Fiske）做過的知覺顯著性實驗。在實驗中演員 A 和演員 B 面對面進行一段「互相熟悉」的對話，另有六個人圍坐在這兩個演員周圍六個不同的位置。其中兩個人能看到 A 的正面，但只能看到 B 的背面；兩個人能看到 B 的正面，但只能看到 A 的背面；兩個人可以同時看到 A 和 B 的側面。觀看完對話後，研究員要六個人評估在對話中，A 和 B 誰更有發言權。六個人觀看的是同一場對話，唯一的差異是他們的視覺焦點不同。

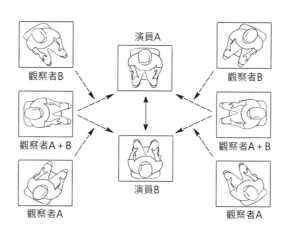

圖 2-11　泰勒和費斯克的知覺顯著性實驗

　　結果發現，面對 A 的觀察者傾向於認為 A 在對話中更有影響力，而面對 B 的觀察者傾向於認為 B 更有影響力，同時面對 A 和 B 的觀察者認為，雙方的影響力相差不大。實驗說明，知覺的焦點，會影響人對感知訊息的重要性的判斷。

　　回顧本章開頭所說的陪審員看審訊錄影帶的案例，根據知覺顯著性理論，觀看嫌疑人的錄影，更容易讓陪審團做出有罪論斷。這是因為如果鏡頭一直對著嫌疑人，知覺焦點可能會更集中在嫌疑人身上，比如看到他低下頭，可能會判斷這人內心有鬼；看到他眼神飄忽，可能會判斷這人心術不正。相反的，如果鏡頭一直對著審訊人員，陪審員可能會更感知他們審問的過程，覺得他們逼迫嫌疑人認罪。

　　知覺顯著性也不禁讓人反思公眾媒體報導的視角。觀眾往往不是事件的當事人，僅僅透過媒體或者網路獲得訊息。然而在某些情況下，媒體作為訊息傳播者，其報導可能只反映事件的一個視角。如果訊息傳播者有意扭曲，就能輕易地操控公眾輿論。

　　知覺顯著性也可能引發婚姻危機。我的一位朋友某次為一間公司做「員工協助方案」（Employee Assistance Program, EAPs），在諮詢過程中先接待了一位女性來訪者，這位來訪者向他傾訴自己婚姻生活的苦悶。送走這位女性後，朋友又接待了一位男性來訪者。這位男性向他訴苦，自己的老婆多麼不講道理。

　　我朋友先後接待的這兩位來訪者其實是夫妻，夫妻兩人講述的是同一件事，僅聽女方訴說時，我的朋友深覺她遇人不淑，對她非常同情；而僅聽男方講述時，他也覺得這個男人非常可憐，遇到這麼蠻橫不講理的老婆。在許多個人諮詢案例中，諮詢師只能聽到來訪者以自

己的視角描述事件、問題，這可能導致諮詢師對事情的判斷出現偏誤。優秀的諮詢師需要時刻注意，避免被來訪者「牽著鼻子走」。

　　生活中也時常出現與他人發生衝突的情況，一般人應該怎樣處理？一方面，要多提醒自己，對行為的解釋僅僅是自己的視角；另一方面，要嘗試從別人的視角理解問題。比如你可以邀請他人與你分享他們對這件事情的看法和感受。《資治通鑑》中寫到「兼聽則明，偏信則暗」，就是為了降低知覺顯著性對歸因的影響。很多衝突之所以發生並不是因為問題本身，而是因為人太執著於從自己的角度解讀和判斷事情。

練習題

回想你和伴侶或其他家人之間經常發生的爭執，先思考自己對事件的歸因模式，然後邀請你的伴侶或家人分享他們對這件事的看法。學習用心傾聽，並和他們一起探討各自對此事歸因的差異。

●●● 定錨效應
15 買它！買它！買它

幾年前為了裝修，我在商場看中一套實木沙發，原價是三萬多，我覺得太貴就沒有買。

過了一陣子，銷售人員打電話告訴我，中秋節舉辦促銷活動，我看中的那套沙發打折後才一萬多，我聽了立即衝進商場下單。我在購買沙發時發現沙發前的茶几看起來也很不錯，銷售人員告訴我，茶几也有促銷，原價兩萬的茶几打折後只要七千多。我心想：「太划算了，買！」隨後，我又看中配套的邊桌，並在打折的誘惑下花費五千多元買了。

等我回到家中，心滿意足地拿出訂單，才發覺有些不對勁。去之前，我只計畫花費一萬多元買下那套沙發，但那天我總共花費近三萬元，很大一部分消費並不在購物計畫中，我甚至還花費五千多元買了一個放在沙發旁邊、用處不大的邊桌。平時我絕對不會做這種事。我很好奇當下自己為何會做出這樣的舉動？

有時候，厲害的銷售員比心理學家更懂你的心。有時候，你認為自己是精明的消費者，做正確的決定，但最新的心理學研究顯示，你可能早已落入商家甚至是你自己為自己設下的圈套。這是一個很有趣的決策心理現象，稱為「定錨效應」（Anchoring Effect）。

心理學家發現，人在做某些定量估測，比如對商品價格的估測，

如果在估測之前，先接觸了一些無關的數值，那這些數值隨後會變成估測的初始值。這些初始值就像「錨」一樣把估值錨住了。一旦這些「錨」定的方向有誤，估測就極易產生偏差。先來看看幾個有關定錨效應的實驗。

買東西之前，記得不要消耗腦力

　　我曾在課堂上和學生做過一個實驗。我用實物和 PPT 為學生展示了七種他們不熟悉的產品：一張古琴 CD、一張進口的莫札特雙鋼琴奏鳴曲 CD、一支鐳射筆、兩本書《Inquisit 教程》和《考古發現曾侯乙墓》、一瓶嬰兒潤膚乳、一個負離子 USB。

　　然後我告訴學生，將自己學號的最後兩位數，當作這些物品的標價，比如學號末兩碼是 01，那麼所有物品都是一元──錨。接著我問他們是否願意用這個價格來買我的物品，如果願意就在調查表中打勾，不願意就打叉。最後，我請他們重新出價，要他們把能夠接受的價格寫在表格相應的位置。

　　問卷中還包括了一些問題設置，例如：學號尾數是否會影響你對物品的出價？參與實驗的學生中有 51.6% 的學生表示不會，30.6% 的學生表示會。

　　我在另外一個班也做了同樣的實驗。不同的是，在學生估價之前，我要求學生用五分鐘的時間記住我指定的十個非常難的英文單字及其中文意思，用以觀察學生做了耗費腦力的事情後，估價是否會更容易出現定錨效應。

　　我把學生學號尾數的 01 ～ 20 和 81 ～ 99 單獨挑出來分別組成低錨點組（Min）和高錨點組（Max）。在沒有背單字的學生（無條件組）中，除了嬰兒潤膚乳外，高錨點組對所有產品的出價都高於低錨點組，平均出價高了 36%。而在背單字的學生（認知消耗組）中，高錨點組的出價比低錨點組高了 59%（見表 2-1）。這個實驗顯示，不要一邊做需要耗費腦力的事，一邊買東西，不然定錨效應會更嚴重。

表 2-1 不同條件下估價的差異

物品	無條件組			認知消耗組		
	低錨組（13）	高錨組（8）	（Ma-Mi）/Mi	低錨組（13）	高錨組（10）	（Ma-Mi）/Mi
莫札特 CD	40.77	58.75	44%	21.23	45.00	112%
古琴 CD	30.62	54.75	79%	18.00	30.50	69%
鐳射筆	58.46	61.63	5%	25.85	48.00	86%
《Inquisit 教程》	33.46	51.25	53%	17.92	24.70	37%
嬰兒潤膚乳	52.31	39.38	-25%	29.54	46.00	56%
《考古發現曾侯乙墓》	23.46	40.38	72%	17.38	21.78	25%
負離子 USB	76.92	93.50	22%	41.15	52.50	28%
差值平均值			36%			59%

隨著電梯樓層上下的捐款數字

　　我和我的學生還做過另外一項定錨效應實驗。我的學生「潛伏」在學校圖書館一樓和五樓的電梯門口（學校的圖書館總共只有五層

樓），如果有人進入電梯學生就尾隨其後，一旦他按下一樓或五樓，這個人就成為目標受試者。待受試者離開電梯，我的學生就會上前告訴他，我們準備與另外一所大學合作發起一場為育幼院兒童捐款的愛心活動，需要提前調查同學們的捐款意願，請他們幫忙填寫自己願意捐款的數額。為了讓受試者盡可能真實地填寫自己願意承擔的捐款數額，我們要求他們留下聯絡方式，假稱第二天會找他們捐款。

我們猜想按下的電梯樓層數會影響他們捐款的數字，也就是按一樓的，認捐數額可能更傾向以一開頭，而按五樓的，認捐數額可能更傾向以五開頭。如果不然，那去往這兩層樓的受試者認捐數額的第一個數字在一、五和一、五以外數字的比例應該一樣。結果實驗表明，按下一樓按鍵的受試者中，有 57.1% 的人認捐數額以一開頭，而按下五樓按鍵的受試者中，有 62.5% 的人認捐數額以五開頭。一個毫無關係的數字，竟然能在無形中影響後續對認捐數額的決策。

「初戀」總是讓人念念不忘

相比前兩個實驗，行為經濟學家丹・艾瑞利（Dan Ariely）做了一個更嚴謹的實驗，展現了定錨效應的強大。

研究人員邀請參與者來到實驗室，隨機將他們分為兩組。這兩組人面前的電腦螢幕上都顯示一段話：「你們很快會在耳機中聽到一段令人不愉快的錄音，我們想了解你們對它的討厭程度。」事實上，這個錄音就是雜訊。錄音播放完畢後，一組受試者面前的電腦螢幕顯示：「如果我們付你 10 美分讓你再聽一遍，你是否願意？」這組受試者是

為 10 美分組。另外一組受試者面前的電腦螢幕顯示：「如果我們付你90 美分讓你再聽一遍，你是否願意？」這組受試者是為 90 美分組。在為兩組人又播放了 30 秒的雜訊後，受試者面前的電腦螢幕顯示出一行文字：「如果再讓你聽一次，你最低可以接受多少錢？」並要求受試者輸入自己能夠接受的最低價格。

實驗結果顯示，10 美分組的人平均出價 33 美分，而 90 美分組的人平均出價 73 美分。

受試者準備離開的時候，研究者請受試者留下來接受另一個實驗。第二個實驗和第一個實驗一樣，只是聽完雜訊後，電腦螢幕上顯示的話變成：「假設給你 50 美分，你願意再聽一遍嗎？」這時每組人都接受了兩個錨點，分別是第一個實驗的 10 美分與 90 美分，以及這次的 50 美分。他們第二次出價會受到哪一個錨點的影響？

艾瑞利的實驗發現，儘管兩組人接受的新錨點都是 50 美分，但是 10 美分組受試者的出價仍然比 90 美分組低很多，第一個錨點仍然發揮主導作用。

接著，研究者又告訴受試者需要參與第三個實驗。在第三個實驗中，聽完一段雜訊後，研究者詢問 10 美分組是否願意接受 90 美分再聽一次，而對 90 美分組則問是否願意接受 10 美分再聽一次。至此，兩組受試者已經分別經歷三個錨點：10 美分、50 美分、90 美分和 90 美分、50 美分、10 美分。

他們第三次出價會更受哪個錨點的影響呢？結果顯示，10 美分組的出價仍然比 90 美分組低很多，第一個錨點仍然發揮主導作用。

這個實驗表明，美好「初戀」的力量很強大，你可能會對「初戀」

念念不忘，甚至以「初戀」為範本去尋找往後的「戀人」。以上實驗在在驗證了定錨效應的力量。

如今，網購非常普遍，比如你在專櫃看中了一款運動服，標價600元，你可能會上網路商店尋找。這時你能接受的價格範圍是多少？你大概不會接受600元或以上，也不太可能會選擇200元以下，你最可能接受的價格會落在300～500元之間，這代表你被錨定了。

有一次，我在商場看到一個心儀的雙肩包，標價1,200元。從商場回家後，我上網路商店，最後花費950元開心地買下包包。如果要我直接花費950元買一個雙肩包，我會覺得簡直要「割我的肉」，但在1,200元的錨定下，我覺得950元滿划算的。

不僅如此，在網購平臺搜索某類產品時，價格從低到高排序或從高到低排序，也會導致錨定的區間不同。那麼，假設你是商家要做促銷活動，你應該怎樣設計產品展示頁面以吸引消費者？是把高價位放在前面，還是把免費贈品放在前面？

回想我買家具的經歷，我當時之所以覺得茶几、邊桌等家具很便宜，是因為沙發的原價太高，再加上銷售人員告訴我其他家具的原價也動輒上萬，我的心理預期已經被錨定在一個很高的價格，導致隨後覺得標價七千多、五千多的家具很便宜。

怎樣破解定錨效應呢？有時候人之所以被錨定是由於對某樣東西太過痴迷，而無法理智地分析其絕對價值，輕易落入定錨效應的陷阱。所以，你可以在做決策前先冷靜一段時間，並將這個產品可能為你帶來的價值和你需要付出的成本，做一個分析比較，說不定就能消除定錨效應的影響。

推薦書單

· 《誰說人是理性的！消費高手與行銷達人都要懂的行為經濟學》
 （*Predictably Irrational: The Hidden Forces That Shape Our
 Decisions*），丹·艾瑞利（Dan Ariely）著。繁體中文版由天下文
 化出版。

（•••）框架效應
16 圈套！圈套！全是圈套

請設想以下兩種情境。

情境一：你計畫買一本筆記本，發現這款筆記本在你家樓下超商的售價是 15 元，而在離你家 20 分鐘路程的另一家文具店，同款筆記本只需 5 元。你會不會願意多花 20 分鐘去那家便宜的文具店買？

情境二：你計畫買一臺電腦，發現這款電腦在你目前所在的商城售價是 8,000 元，而離你 20 分鐘路程的另一家商城，同款電腦的售價是 7,990 元。你會不會願意多花 20 分鐘去那家便宜的商城買？

我在課堂上問過學生，很多人願意多花 20 分鐘去買一本便宜 10 元的筆記本，卻很少有人願意多花 20 分鐘去買一臺便宜 10 元的電腦。人在現實生活中都期望自己是精明的消費者，比如計算今天樓下賣的白菜是不是又貴了一元，網路商店買二送一的活動很划算，買東西湊滿額還可以折價兼免運。但很多時候，這種「精打細算」反而可能落入商家的圈套。本章要介紹的是「框架效應」（Framing Effects），又稱為「誘餌效應」（Decoy Effect）。

200 人存活和 400 人死亡的抉擇

人在現實生活中是以獲得的訊息為基礎做出決策。在進行判斷

時，會考量哪個選擇能帶來最大收益，哪個選擇能將損失降到最低。但是人對收益或者損失的感知往往不是基於完全理性的判斷，而是受到所獲訊息的影響，這些決策訊息組成了決策「框架」（Frame）。

行為經濟學家丹尼爾‧康納曼（Daniel Kahneman）做過一個非常經典的框架效應實驗。

假設出現罕見的疾病，不採取任何措施將導致 600 人死亡。為了有效對抗這種疾病，相關部門經科學計算研究出了 A 方案和 B 方案（見圖 2-12）。

獲益框架	損失框架
如果選擇A方案，則有200人肯定存活；如果選擇B方案，則有三分之一的機率全部存活，三分之二的機率無一人存活。	如果採用A方案，則有400人死亡；如果採用B方案，則有三分之一的機率全部存活，三分之二的機率無一人存活。

圖 2-12 丹尼爾‧康納曼框架效應實驗

這兩種表述中，B 方案的描述相同，不同的是 A 方案的表述。第一個表述中強調 A 方案有多少人能活下來，符合獲益框架的表述；而第二個表述中強調A方案會造成多少人死亡，以符合損失框架的表述。兩者的結果在本質上相同，只是一個關注獲益，另一個關注損失。

對比 A 方案和 B 方案，你會發現 A 方案不管獲益還是損失都非常明確，是保守的方案；而 B 方案只提供了機率，具有一定風險，是冒險的方案。

兩種不同框架是否會影響人的決策呢？理論上來說，A 方案結果明確，不同的描述並不會改變其性質，如果決策者夠理智，選擇 A、B

方案的比例應該相差無幾。

　　但研究人員發現（見圖 2-13），在獲益（強調存活人數）框架下，大部分人會選擇 A 這個保守方案；但在損失（強調死亡人數）框架下，大部分人會選擇冒險的 B 方案。

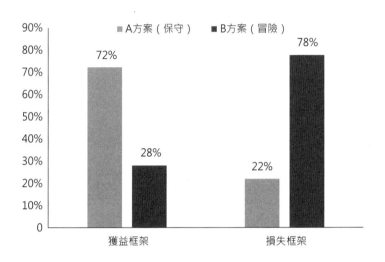

圖 2-13　在不同框架下，兩種方案的選擇比例

　　實驗結果表明，對問題表述形式不同，會導致人的決策出現顯著差異。康納曼發現，決策者在正面（獲益）框架下，更傾向於風險趨避（Risk Aversion），即保留已經得到的利益。而在負面（損失）框架下，則更傾向於風險趨向（Risk Seeking），即更願意冒險。

3% 存活率與 97% 死亡率的差距

在一個實驗中，肺癌患者需要在手術和放射治療兩種方案中做出選擇。對於這兩種治療方案，在不同的框架下有兩種不同的表述（見圖 2-14）。

	存活率框架	死亡率框架
手術	在100個做過手術的人中，90個活過術後期，68個活過第一年年底，34個活過第五年年底。	在100個做過手術的人中，10個在手術期間或術後死亡，32個在第一年年底死亡，66個在第五年年底死亡。
放療	在100個接受放療的人中，所有人都活過治療期，77個活過第一年年底，22個活過第五年年底。	在100個接受放療的人中，沒有一個人在治療期間死亡，23個在第一年年底死亡，78個在第五年年底死亡。

你選擇手術還是放療？

圖 2-14　肺癌患者兩種治療方案的兩種描述

可以看出，兩種框架中，無論手術或是放療，存活率和死亡率資料皆相同，唯一不同的是，表述關注存活率還是死亡率。研究者發現，在關注存活率的框架下，只有 18% 的人會選擇放療；但在關注死亡率的框架下，有 44% 的人會選擇放療。

說一個〈聰明的醫生〉的故事。有個人生了重病，醫生為他做了詳細檢查。病人家屬問醫生：「這個病還能治嗎？」醫生說：「這個病很棘手，只有3%的希望存活，不過我們會努力救治。」經過治療後，這個病人依然不幸病故，但病人家屬認為，這個醫生非常負責，在那

麼低的存活率下依然不放棄、努力醫治病人。在同樣的情況下，另一個醫生告訴病人家屬：「這個病很棘手，有 97% 的機率可能死亡，不過我們還是會努力救治。」最後這個病人在治療後不幸病故，可是病人家屬對醫生的用心並不領情，甚至還覺得醫生缺乏醫德。

商家的圈套

日常生活中許多決策都受到框架效應的影響。心理學家艾瑞利提供大學生兩個《經濟學人》（*The Economist*）雜誌的訂閱方案。

第一個訂閱方案：（1）訂閱電子版：59 美元／年。（2）訂閱電子版＋實體書：125 美元／年。

第二個訂閱方案：（1）訂閱電子版：59 美元／年。（2）訂閱實體書：125 美元／年。（3）訂閱電子版＋實體書：125 美元／年。

結果，在第一個方案中，大部分學生都選擇只訂閱電子版，僅有約三分之一的人選擇訂閱電子版＋實體書。但在第二個方案中，僅僅是增加了一個與訂閱電子版＋實體書同樣價格的實體書，選擇訂閱電子版＋實體書的人數比例就從 32% 增至 84%。

其實，商家真正想要推銷的是訂閱電子版＋實體書的組合餐。但如果只提供這個組合餐，消費者不一定會心動，而有了同樣價格的「僅訂閱實體書」的選擇做比較，消費者立刻就會覺得組合餐太划算了。

回到本書前言中那個買電視機的例子。

你打算買一臺電視機，發現商場裡同一個品牌的電視機有三種價位可以選擇：低價位的功能配置比較少，大概很快就會被淘汰；中價

位的基本功能配置皆可滿足需求；高價位的配置了很多不一定用得上的功能。你會選擇購買哪一個價位的電視機？

我在課堂上問學生，很多人傾向購買中價位電視機；但若沒有低價位和高價位電視機做比較，很多人就會猶豫要不要買中價位電視機。所以說，中價位款是商場的「主打商品」，低價位款和高價位款存在的意義，是讓消費者經過對比之後，覺得中價位款是最好的選擇。假如你預算不足或者追求尖端產品，希望選擇低價位款或高價位款，也許銷售員會告訴你那款沒有現貨，你需要等待調貨或者只能購買展示機。

應該帶誰去相親

艾瑞利還做過一個很有趣的實驗：相親時，帶一個什麼樣的朋友可能會提高成功的機率。

在實驗中，他找了三對公認長得最相似的男生和女生的照片，並用電腦對這些照片進行修圖，把其中一人（以下稱為 A）的照片醜化，然後把這張醜化過的照片與 A 的原始照片，以及另一個與 A 長相相似之人的照片，一起拿給相親對象看，問對方最想與哪張照片上的人約會。結果 75% 會選擇 A 的原始照片，而不是另外一個人。

艾瑞利認為這是因為醜化過的照片發揮了「誘餌」作用——這個稍欠完美的人，給選擇者一個參照，導致他們選擇較完美的那個人。

艾瑞利的約會建議是，你要帶上一個外表和你基本相似（相似的皮膚、體型、面貌），但比你稍微差一些的同伴，這樣就能為相親對

象提供參照，對方會在無意間比較你和你的同伴，作為「參照」的同伴有助於提升你的形象。我個人認為，或許還有更簡單的方法，就是找一張拍得不如你本人好看的照片，先讓對方看到你這張照片，等見到本尊之後，也許對方更容易心動。反之，如果先讓對方看到美化過的照片，等對方見到你本人，可能就會產生相反的效果。

艾瑞利補充，這種比較並非只針對外表，如果你的優點是妙語如珠，那就帶一個沒有你能言善辯、反應機敏的朋友去相親，也會顯得你出類拔萃。

為什麼會產生框架效應？

心理學上有所謂的錯覺現象，艾賓浩斯錯覺（Ebbinghaus Illusion）就是其一。

圖 2-15 中，左邊的淺色圓圈看起來比右邊的淺色圓圈小很多，但實際上兩者大小相同，是周圍不同大小的圓圈導致視覺上的錯覺。這與框架效應一樣，人在做決策時往往需要進行很多比較，然後決定選 A 還是選 B。在這種情況下，人所選擇的參照點非常重要，即使是同樣的選項，參照點不同也會導致決策產生很大差異。

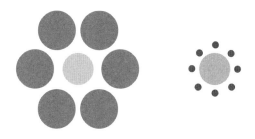

圖 2-15　艾賓浩斯錯覺圖

　　回顧本章開頭「是否多走 20 分鐘買筆記本或電腦」的例子，就能理解為什麼同樣省 10 元，在買筆記本和電腦上會產生差異。買筆記本的參照點是 15 元，所以省 10 元會讓人覺得很賺；但買電腦的參照點是 8,000 元，所以節省 10 元根本可有可無。

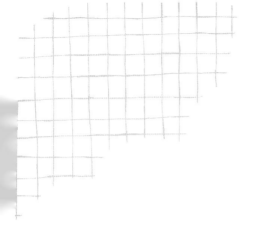

PART 3

改變態度

我們能不能換個角度想

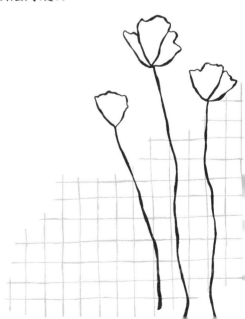

（•••）態度能否決定行為
17「剩女」的抉擇

　　來看一個案例。

　　小欣是個白領 OL，外表出色，能力一流，收入也不錯。她已 30 多歲了還沒結婚，她的父母想起此事就著急，多次為她介紹相親對象，但小欣與對方接觸後覺得都不合適。眼看小欣就要成為大眾口中的「剩女」，父母和友人經常在言語間流露出對她未來的擔憂。最近父母又為她介紹了一個對象——小安。

　　小欣只是現代千千萬萬優秀女性的縮影，這群女性經常被調侃為「剩女」。是她們不想步入婚姻嗎？不見得。本章我們藉由小欣這個案例來探討態度與行為之間的關係。

　　我們經常說：態度決定行為，態度決定一切！但態度真的能夠決定行為嗎？很多時候，想和做之間的關係並不如想像中那麼簡單。心理學家發現態度有時候的確能決定人的行為，但有時候又無法完全決定人的行為。而態度是否能決定行為，取決於一個重要因素：態度所決定的是經過深思熟慮、有計畫的行為，還是自發的、不假思索的行為？心理學家用兩個理論來解釋這兩種態度與行為之間的關係。

想不想做 ≠ 能不能做

生活中很多行為需要經過深思熟慮和嚴謹的計畫，比如要不要和某人結婚或離婚、要不要生第二胎、選擇哪個大學、選擇哪份工作等。這些行為對個人而言比較重要，做出這些行為前通常需要經過一定的籌劃，這類行為可稱為有意行為。當然，對不同的人來說，同一行為的重要性可能有所不同。

態度與有意行為之間的關係，心理學家愛斯克‧賈澤恩（Icek Ajzen）和他的同事提出了「計畫行為理論」（Theory of Planned Behavior）。賈澤恩認為決定行為的最重要因素是行為意圖（Behavior Intention），即你想要採取某一特定行為的意願，行為意圖直接決定行為。

本章開頭的例子中，如果小欣的父母為她介紹了老家的小安為相親對象，小欣是否會嫁給小安呢？這取決於小欣嫁給小安的意願強烈程度。

賈澤恩認為個體的行為意圖會受三方面因素影響：對行為的態度（Attitude toward the Behavior, AB）、主觀規範（Subject Norm, SN）、知覺行為控制（Perceived Behavior Control, PBC）。

如圖 3-1 所示，「對行為的態度」就是個體對將要執行之行為的看法和感受，可能是正向的，也可能是負向的，可以概括為「想不想做」。「想不想做」會受到兩個方面的制約：第一個是做了這個行為會得到什麼結果；第二個是怎麼看待這些行為的結果。

在小欣是否嫁給小安的案例中，對行為的態度就是小欣如何看待嫁給小安這件事，其中包括嫁給小安後她可能得到什麼，是獲得幸福的婚姻生活，還是陷入難以掙脫的困境。第二個是她怎麼看待這些結果，如果她覺得這些結果對她不重要，那她對行為的態度就是負向態度；如果她認為這些結果很重要，那她對行為的態度就是正向態度。但這只是決定行為的因素之一，她不會立刻嫁給小安。

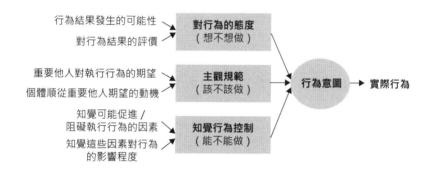

圖 3-1　影響個體行為意圖的三要素

行為意圖的第二個重要決定因素是「主觀規範」，即那些對個人而言非常重要的人（如父母），他們如何看待這個行為，也就是「該不該做」。該不該做也受兩個方面的制約：重要他人是否期望我們做出這個行為，以及我們要不要順從他們的期待。

在小欣是否嫁給小安的例子中，主觀規範就是對她來說非常重要的人，比如她的父母和好友是否期望她嫁給小安，以及她要不要順從他們的期待。

決定行為意圖的第三個因素是「知覺行為控制」，就是在做出某

個行為前,感覺自己對行為的控制(或掌握)程度,也就是自己有沒有能力或條件完成這個行為,這個行為對個人而言難不難,換言之就是「能不能做」,其中也包含兩個方面:第一,哪些因素可能促進或阻礙自己將要採取的行為;第二,這些因素對行為的影響程度。

在上述案例中,對小欣來說,第三個因素就是嫁給小安有沒有阻礙因素。比如小安要求小欣婚後和他回老家,而不是留在目前的城市;或是小欣期望婚後有自己的房子,但是小安不具備這樣的條件。這些因素對行為的影響程度,取決於小欣是否將回老家發展或者有無房子,視為結婚這個行為的重要影響因素。

一個人如果認為某個行為是自己想做的、應該做的且能夠做到的,那他做出這個行為的意願即非常強烈,做出這個行為的可能性也比較大。所以,是否做出某個行為,喜不喜歡或想不想做只是其中一個影響因素。也就是說,態度只是行為的決定因素之一。

這個理論可以解釋很多實際生活中的行為決定,比如是否生第二胎、是否買房子、是否出國,或者選擇某份工作,也可以解釋為什麼會有與態度不一致的行為,比如你不喜歡某份工作,卻還是堅持下去。這可能是因為你的父母很期望你從事這份工作,主觀規範促使你繼續做下去;又或者是重新找工作很難,你目前需要這份工作養家糊口,知覺行為控制決定了你的選擇。

在小欣是否嫁給小安這個例子中,小欣想不想嫁只是決定因素之一,此外還有主觀規範和知覺行為控制等方面的因素。所以,幸福美滿的愛情婚姻真的不是兩情相悅就萬事大吉。

那些所謂的「剩女」想結婚(對結婚的態度沒有問題),她們的

父母和朋友也期望她們結婚（主觀規範也滿足），但問題往往在於這些優秀的女性難以找到匹配的伴侶（缺少知覺行為控制）。

不假思索才是真正的態度？

對於那些很重要或者需要慎重思考的行為，計畫行為理論是成立的。但是生活中還有另外一類行為 —— 自發行為（Automatic Activation）。這類行為的特點是自動的，或者沒有經過太多思考。原因可能是沒有足夠的時間，或者這個行為並不特別重要。比如同事在飯後遞來口香糖，問你要不要吃一顆，或者在超市買礦泉水，選擇哪一個品牌等。

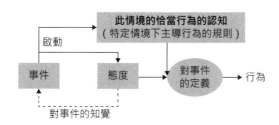

圖 3-2　態度—行為加工過程模式

對於這類無法用計畫行為理論來解釋的自發行為，心理學家法齊奧（Russell H. Fazio）提出了「態度—行為加工過程模式」（Attitude - to - Behavior Process Model）的理論（見圖 3-2）。法齊奧認為，某些事件發生之後，會啟動態度。態度啟動後，會反過來影響人對該事件的

知覺。與此同時，人對某一特定情境下什麼行為是恰當的，亦即對各種社會規範的認知（主導行為的規則）也啟動了。態度與這些事先儲存的訊息，共同形成了對事件的定義，進而影響行為。

例如，同事問你要不要吃口香糖，會啟動你對吃口香糖這個行為的態度——你是否喜歡飯後吃口香糖？飯後吃口香糖有何利弊？同時，你也知道別人給你東西時，他人或社會期望你如何表現。這兩個因素會影響你的決定，你可能會想到「飯後吃口香糖有助於口腔健康」或者「別人遞東西給你，最好不要當面拒絕」。這些定義會決定你隨後的行為——接受同事的口香糖。

哪些態度會決定人的行為？法齊奧認為其中一個很重要的因素是「態度可接近性」（Attitude Accessibility），也就是說，那些快速出現在腦海的態度最有可能導致自發行為。而對於行為的經驗，決定了哪種態度會快速出現在腦海。一些是來自直接經驗，比如對於口香糖的態度，就是由直接經驗形成；還有一些態度並非透過經驗累積形成，比如心理治療，我們可能只是藉由讀書或者聽課獲得間接經驗。人對行為的經驗越直接，態度可接近性就越高，自發行為與態度之間的一致性也越高。所以，同事遞過來一顆口香糖，而你以前也吃過口香糖，你一般無須多想就會接受。但如果同事問你要不要一起去做心理諮詢，儘管你可能對此很好奇，你對心理諮詢卻沒有直接經驗，對心理諮詢的好奇態度也無法決定行為，導致你不會立刻做出去或不去的決定。

透過以上兩個理論，可以看出態度與行為之間的關係遠比想像中複雜得多。如果行為茲事體大，或者有時間認真思考，人會權衡各種因素並謹慎做出行為決定，這時候，態度只是決定行為的因素之一。

但如果行為不重要，或者沒有足夠的時間認真思考，最先進入腦海的
態度就會影響你對事物的感知，並決定隨後的行為。

練習題

在生活中，需要做出非常重要的行為決定時，你可以利用計畫行為理論分
析自己的決策因素。

？ 思考題

這兩個關於態度與行為關係的理論，對你理解人類行為的複雜性，有什麼
啟發？

●●● 平衡理論

18「魚」與「熊掌」左右為難

先來做一個測試。

你和你的伴侶一起去看某部電影，你覺得這部電影內容無聊、邏輯混亂，演員毫無演技可言。而你的伴侶對這部電影評價很高，說這是他看過最感人的電影，希望你陪他二刷。你會怎樣選擇？

在現實生活中，我們不可避免地會與伴侶、家人、朋友在某些事情上看法不同。這些事情大至金錢觀、教育孩子的理念、扶養父母的看法，小到對電影的評價、晚餐吃什麼、幾點鐘睡覺等。一旦雙方看法不一致，你就會面臨兩難的選擇，聽我的還是聽他的，面對這種「魚」與「熊掌」左右為難的困局，該怎麼做？心理學家海德的平衡理論（Balanced Theory）解釋了這個問題。

世上最痛苦的，莫過於我不愛你

海德的平衡理論從人際關係的協調性，解釋了態度的改變。海德指出，人生活在社會上，與他人及其他事物緊密聯繫，所以你所體驗的情緒狀態不可避免地會受到自身以外的各種因素及其關係的影響。

海德認為兩種因素之間可能存在兩種關係：單元關係（關聯性）和情感關係。所謂的單元關係就是在特定情境下，不同的因素被感知

為一個整體，比如你和你的戀人容易被感知為情侶關係，你和父母或孩子容易被感知為親子關係，這些都是單元關係。關係平衡的前提是存在單元關係。

在單元關係之上還有另外一種情感關係，即對事物的評價、態度存在喜歡與不喜歡兩種關係。

所謂關係平衡的狀態，是指在單元關係中，情感關係是和諧共存的。如果情感關係出現不一致，就會引發緊張焦慮，這種情緒會促使個體改變認知組織，調整態度，重新恢復平衡狀態。在態度調整的過程中，個體會遵循知覺上的最小付出方式。

假設小傑和姍姍兩人是追求者與被追求者的單元關係。那他們兩人之間的情感關係有四種可能的模式：兩人互相喜歡，兩人互相討厭，以及兩人中分別有一人喜歡對方、一人不喜歡對方。在四種狀態中，兩人互相喜歡或者互相討厭都是平衡狀態，他們沒有任何壓力去改變這種關係模式。世上最痛苦的事情莫過於兩人之間出現一人喜歡對方，而另一人不喜歡對方的關係，這是不平衡狀態。

假設小傑喜歡姍姍，但是姍姍不喜歡小傑，這個狀態會讓他們兩人都感到痛苦。所以他們都要付出一些努力，把這個狀態從不平衡調整為平衡。

對小傑來說，他有兩條路：第一條是改變自己對姍姍的態度，從喜歡變成不喜歡，這樣他們的單元關係就平衡了；第二種是改變姍姍對自己的態度，讓她喜歡上自己，這樣也能平衡單元關係。

根據「在調整過程中遵循心理上覺得代價最小的方式」的理論，這個情境對於小傑來說，選擇讓姍姍喜歡上自己的代價更小。因為他

既能保持自己對姍姍原有的態度，還可能獲得姍姍這個潛在伴侶，這是雙贏。正所謂「得不到的一方永遠在騷動」，人一旦愛上不愛自己的人，便會採用各式各樣的方式打動對方。反之，這也可以驗證你對對方是不是真心喜歡，如果你選擇立刻放棄，改變自己的態度，代表在你內心深處，也未將對方當作「真愛」。

同樣的，姍姍也面臨兩種調整方式，按照上述理論，姍姍的最佳選擇是讓小傑不要喜歡自己。按照平衡理論，不管喜歡的一方，還是被喜歡的一方，都面臨相同的痛苦，也就是說，有時被愛的人也不一定就「有恃無恐」。

平衡與不平衡的三角關係

更麻煩的是，兩人之間的單元關係中還夾著協力廠商。在經典的 P—O—X 模式中（見圖 3-3），P 和 O 分別代表關係雙方，X 是與他們有關的事物或第三者，他們之間形成一個三角形的單元關係。圖中用正負號來表示他們之間的情感關係，「＋」代表喜歡，而「－」代表不喜歡，每一條邊都有兩種可能。

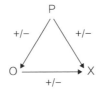

圖 3-3 「P—O—X」模式

　　在這個圖中，P和O之間原本應該是雙向箭頭，分別代表一方對另一方的態度，而P—X和O—X之間是單向箭頭，代表兩人對X的態度。但此處分析是從頂點P的角度出發，所以僅保留P對O的態度。

四種平衡結構

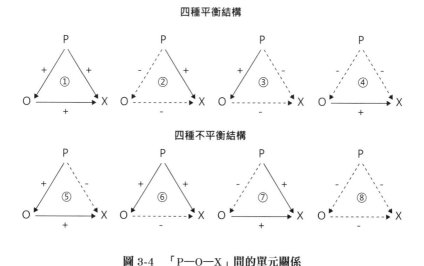

圖 3-4　「P—O—X」間的單元關係

　　這個三角形P—O—X之間總共可能有八種狀態（見圖3-4），分為平衡和不平衡兩大類，大家可以觀察一下，嘗試找出平衡和不平衡的規律。

　　其實判斷平衡或不平衡很簡單，如果所有邊相乘是正的，就是平衡，相乘為負則是不平衡。

　　假設P是你，O是你的伴侶，X是錢。

　　先來看四種平衡狀態。第一種是你喜歡他，你們都喜歡錢，你們夫妻最幸福的事莫過於晚上一起躺在床上數今天賺了多少錢，那麼生

活會非常和諧。第二種是你不喜歡對方，對方視錢如糞土，而你嗜錢如命，這也平衡。第三種是你喜歡對方，你們雙方都視錢如糞土，這樣的生活也很和諧。第四種是你不喜歡對方，也不愛錢，但是對方愛錢。在這四種關係中，無論哪一種，你們都沒有調整這個模式的壓力。

再來看八種單元關係中不平衡的狀態。第五種是你喜歡他，你視錢如糞土，而對方嗜錢如命，可以預料你們未來的生活應該會有金錢觀上的衝突。第六種是你喜歡他，你也愛錢，但是對方不愛錢，這種情況在本質上和第五種是一樣的。第七種是你不喜歡他，但你嗜錢如命，他也如此，你可以理解為你和對方喜歡上同一樣東西。第八種三個方向全都是負的，海德認為這種模式的結果不明，便排除在分析範圍之外。

本章開頭關於看電影的案例就屬於第五種狀態。P 是你，O 是你的伴侶，X 是電影。你喜歡對方，你不喜歡這部電影，對方喜歡這部電影。這時候你們之間的關係並不平衡，需要進行調整。而將不平衡狀態調整到平衡狀態，只需要改變其中一條邊的關係，把一個正的改為負的，或把一個負的改為正的，就能恢復平衡。

也就是說，在看電影這個情境中，你總共有三個解決辦法，第一個是改變對對方的感情，由喜歡變成不喜歡。生活中確實有些伴侶因為對一部電影的分歧等小問題而感情破裂，但一般人很少選擇第一個改變方式。還有兩個解決辦法：改變自己對這部電影的看法，從不喜歡變成喜歡，或讓對方不喜歡這部電影。而對你來說，讓對方改變對這部電影的看法是最划算的。但是同樣的，對於 O 來說，改變你對這部電影的看法才是最划算的。這可能會導致你們在電影院門口花上一

段時間試圖說服對方改變態度，而你們誰越看重彼此的關係，誰就越可能退讓，放棄自己對 X 的立場。

　　如果你二話不說直接再買兩張票陪對方進去二刷，表示你真的很愛他，因為你甚至不嘗試改變對方的態度，就直接改變了自己對 X 的態度，這不是真愛又是什麼？

　　這個模式中的 X 可能是各式各樣的東西，比如吃飯的口味，一個無辣不歡，另一個完全不吃辣；也可能是生活習慣，一個喜歡早睡，另一個喜歡熬夜；或者是育兒、扶養父母、工作選擇等。這個理論可以幫助你理解，為什麼有些愛情一開始很美好，最後卻走向破滅。很多時候不是不愛，而是兩人經常處在這個模式中的第五種或第六種狀態。面對生活中雞毛蒜皮的小事或者人生重大抉擇，如果你們之間存在許多不一致，感情可能就會被這些三角形慢慢消磨殆盡。

　　戀愛初期，一定要多留意第五種或第六種不平衡狀態中的 X 是什麼。如果這個 X 很重要，或者經常出現，又或者你們兩人對 X 的態度差異太大，那麼你們未來的感情走勢可能不容樂觀。這也是為什麼在長久而穩定的親密關係中，伴侶雙方的相似性，尤其是「價值觀」的相似性往往很高。

　　當然，海德的平衡理論也有不足之處，比如其中並未說明不平衡體驗強度是否會影響態度的改變。比如在看電影這個例子中，假設 O 是你深愛的伴侶，還是你第一次戀愛的對象，相較於其他人，你與他對同一部電影的態度不一致，對你造成的不平衡體驗強度是不一樣的，但海德的理論並未對這種差異如何影響你的態度調整做過多說明。

練習題

在生活中，你和伴侶、家人或者朋友容易產生衝突的事件或情境是什麼？請你利用海德的平衡理論分析你們的關係，看看你們屬於哪一種三角形狀態。同時請你思考，這些衝突可以透過哪些途徑解決或改善。

（•••）認知失調
19 小王子與玫瑰花

　　認知失調是社會心理學領域中最具代表性的主題之一，在很多領域都有體現。

　　什麼是認知失調？心理學家為什麼會研究認知失調？

　　先來看看經典文學《小王子》（*Le Petit Prince*）中的小王子與他的玫瑰。小王子居住的星球很小，一天星球上飄來一顆種子並長出一朵玫瑰，這朵玫瑰告訴小王子，自己是宇宙中獨一無二的玫瑰，小王子對此深信不疑。後來小王子離開了他的星球去星際旅行。有一天他走進一座花園，看見花園裡盛開著五千朵和他星球上那朵花一樣的玫瑰，小王子非常傷心。

　　如果小王子是一個理智的人，他可能會接受自己的玫瑰其實和這些玫瑰一樣的這個事實。但小王子並沒有接受，他對花園裡那些玫瑰說：「你們一點都不像我的那朵玫瑰，你們是空虛的……我的那朵玫瑰和你們不一樣，因為它是我灌溉的，照顧的，我為它除蟲，傾聽它的怨艾和自詡……因為它就是我的玫瑰。」

　　小王子的這種想法源自於狐狸的話：「你為你的玫瑰耗費了時間，讓你的玫瑰變得如此重要。」

　　狐狸的表述隱含了一個因果邏輯：因為你為你的玫瑰付出了這麼多時間，所以你的玫瑰變得很重要。而正常來說，這句話的邏輯應該

顛倒過來：因為你的玫瑰如此重要，你才為它耗費時間。

狐狸的話體現的就是認知失調。

對一件事情投入很多時間、精力，這件事情就會變得很重要嗎？網路上有個流行語——儀式感。當你把一件很小的事當作非常重要的事，比如每天早上都要認真地拍照 PO 上社群，再配上一段心靈雞湯。反覆做幾次後，你會覺得這件事很有意義，自己都快被自己的精神感動。這也可能只是認知失調而已。

認知失調的麻煩之處在於當事人往往意識不到自己認知失調。

一個上過我心理學課程的女孩告訴我，她的閨蜜和男友已經戀愛近八年，但男友遲遲不願意結婚。閨蜜經常為此和男友吵架，卻又始終不肯和男友分手。

可能你身邊也有這樣一個令人「恨其不爭」的閨蜜，如果你勸她分手，她會擦擦眼淚告訴你：「我們是真愛。」其實她自己也知道那個人不適合自己，但她就是放不下。

在這些感情例子中，如果放不下的一方就像「小王子」，那麼，不合適的一方就是「玫瑰」。

其實這些人的內心也很糾結，他們也會自問：「我為什麼要在這種不值得的人身上耗費如此多時間和資源？」但他們沒辦法回答，尤其是自尊心強的人。最後只能洗腦自己：「我對他是『真愛』。」他們沒有意識到自己其實已陷入認知失調。

認知失調理論（Cognitive Dissonance Theory）由美國心理學家費斯汀格（Leon Festinger）提出，其核心觀點是，每個人對這個世界都有很多看法，但看法與行為以及各種看法之間都可能不一致。當人覺察

到這種不一致時，內心會產生不舒服的緊張感，這種緊張感就是認知失調。比如，你今天早上原本應該工作，卻看了一早上的美劇，你內心的焦灼就是認知失調。

費斯汀格將認知失調理論解釋為，讓你對世界的看法與你的所感所為保持一致。一般認為態度決定行為，而費斯汀格卻說：你的行為反過來會改變你的態度。這也是認知失調的重要觀點之一，與狐狸告訴小王子的話有異曲同工之妙。

認知失調在現實生活中有四種不同的表現形式：不恰當理由與認知失調、自由選擇與認知失調、努力與認知失調、決策後認知失調。在接下來的幾章，我將結合生活案例，分別介紹這幾種認知失調以及心理學家如何藉由實驗來驗證這些失調。

練習題

思考看看，你在生活中，是否曾經歷或者見過認知失調的例子？請嘗試分析可能導致這種認知失調的原因。或者思考本章舉例的那個女孩的閨蜜經歷的感情問題，想想可以怎麼幫助她解決這個問題。

⬤⬤⬤ 找不到藉口的認知失調
20 一塊錢的力量

　　我曾在一個職場經歷分享的廣播節目中聽到一個故事。Call in 的男人說，他的第一份工作是銷售員，當時他工作非常努力，在季度評比中，他拿到公司銷售業績第一名，主管給他一張類似悠遊卡的 IC 卡作為獎勵，他查了這張 IC 卡的餘額，發現裡面只有一元。

　　但他不僅沒有生氣，反而很感謝他的主管。後來他離開這家公司，但那張 IC 卡一直放在他的錢包裡，卡裡的一元也一直沒花。他覺得這一元比一大筆獎金更能讓他明白工作的真正意義。

　　我聽完這個故事，心裡忍不住想：這人是嚴重的認知失調啊！

　　為什麼在這個案例中，一元會有這麼大的「魔力」？

　　本章要講的第一種重要認知失調的表現，就是「不恰當理由與認知失調」。這種失調是指，如果一個人做出與自己的態度相違背的行為，但又找不到這個行為的理由，他就會改變自己對行為的態度，使其態度與行為保持一致來減少失調。

　　這是最典型也最難理解的一種認知失調表現，因為是反直覺的。

找不到說謊的理由

　　如果想讓一個人喜歡上他的工作，是不是獎勵越多越好？

　　按照行為主義心理學的觀點，強化物（比如公司獎金）會增加個體行為隨後出現的頻率。獎勵越多，後續相關行為發生的頻率越高，這和一般人的直覺是一致的——獎勵越多，對員工越有吸引力，那他們就應該越喜歡工作。但事實上真是如此嗎？費斯汀格的認知失調實驗可以回答這個問題。

　　實驗的第一步，受試者到達實驗室，研究者告訴受試者，這個研究的目的是判斷一個人做某項工作之前，如果有人先告訴他這項工作好不好玩，會不會影響他隨後的工作效率。事實上這不是真的，研究者這麼說是為了不讓受試者知道實驗的真正目的。

　　實驗的第二步是要求受試者完成兩項無聊的任務。第一項任務是把一根線纏繞到一根棍子上，纏好後再解開，就這樣反覆纏繞、解開，纏繞、解開，持續做 30 分鐘。第二項任務是用鑷子把放在一塊木板上的 48 顆釘子逐一夾起來，並將釘子旋轉四分之一圈之後再放回去，反覆做 30 分鐘。

　　實驗的第三步，將受試者隨機分成三組：第一組是控制組，受試者不需要經歷其他實驗操控，研究者把他們帶到另一個房間裡，直接接受實驗後的訪談。另外兩組受試者被告知後面還有一個人要來完成剛才這兩項任務。研究者付給這兩組受試者一定的報酬，請他們告訴後面來參加實驗的那個人，他們剛才參加的任務很有趣。其中一組（稱為第二組）的報酬為每人一美元，另一組（稱為第三組）的報酬為每人 20 美元。

　　實驗的第四步，研究者把受試者帶到另一個房間，由另外一位研究者進行實驗後的訪談。訪談涉及兩個核心問題：一是你覺得這個實

驗有趣嗎？二是以後你是否願意參加類似實驗？

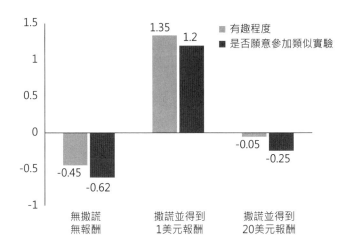

圖 3-5　不恰當理由與認知失調實驗結果

註：圖中的負值表示這個實驗不好玩和不願意繼續參加，
而正值表示好玩和願意繼續參加類似的實驗。

　　這三個組中，第一組沒有說謊也沒有報酬，第二組說謊並得到一美元報酬，第三組說謊並得到 20 美元報酬。你覺得哪一組的人會覺得這個實驗有趣，並且還願意繼續參加類似實驗？在課堂上，大部分學生都選擇 20 美元那組。這個選擇符合上述行為主義觀點的預測，但費斯汀格實驗的結果，和人的直覺預測相反（見圖 3-5），沒有拿到報酬的人和拿了 20 美元報酬的人都認為這個實驗無趣也不願意再參加類似實驗，而只拿了一美元報酬的人，卻認為這個實驗有趣並且還想繼續參加。

　　該怎樣解釋這個反直覺的結果？

　　接受報酬的受試者做了一項很無聊的工作，他們的態度是這項工作很無聊，但他們在隨後的行為中，卻欺騙別人這項工作有趣。這時他們的行為和態度無法保持一致，亦即產生了認知失調。在這種情況下，他們可能會採取不同的辦法來平衡這種失調。

　　第一個辦法是改變騙人這個行為，坦白告訴別人這項任務很無聊，如此一來，行為和態度就一致了，不會再發生認知失調。但對於這個實驗裡已經騙人的受試者而言，這個方法不可行。

　　第二個辦法是找到一個理由來解釋為什麼自己騙人，亦即增加一個藉口來解釋自己的認知失調。

　　第三個辦法是直接改變原來的態度，把原本認為工作無聊的態度，改成認為工作有趣，這樣行為和態度就一致了。

　　實驗發現，20 美元組對工作無趣的態度並沒有改變，他們採用增加藉口的辦法——說謊可以得到 20 美元。20 美元成為解決他們態度與行為不一致的理由。

　　一美元組也同樣面臨認知失調，但他們採取的辦法是改變態度來平衡認知失調。一美元的價值太小，無法成為他們騙人的理由，因此從外在找理由來解決失調的辦法行不通，他們只能改變自己原本對工作的態度。在事後訪談中，一美元組受試者說：「這項工作真的很有趣，我從中發現很多跟自己有關的趣事，比如……嗯……我很擅長旋轉釘子。」

　　其實，這就是強行說服自己。

　　如果你依然覺得這個實驗結果很難理解也無可厚非，因為它反直覺、反理性，你不能用理性去理解這件事。

　　回顧本章開頭「魔力的一元獎金」的故事，就不難理解這一元的力量。這個員工非常努力工作，按照正常邏輯他應該獲得一大筆獎金，但最後他只獲得一元，這無法用正常的認知解釋。如果主管給他一萬元獎金，他就會把自己努力工作的動力解釋成為了獲得獎金，後續也不見得會多喜歡這份工作。但是一元獎金無法成為他努力工作的理由，所以他改變了對工作的看法，認為他真的喜歡這份工作，這份工作非常有意義。

　　從費斯汀格的認知失調實驗可知，豐厚的獎金不一定能提高員工的工作熱情。他們可能會把努力工作歸因於想獲得獎金，一旦沒有獎金，他們可能就不再努力工作。

找不到放棄的理由

　　上述實驗發現，小獎勵可以激發人對不喜歡工作的興趣。同樣的，小懲罰也能促使人放棄原來喜歡做的事。

　　心理學家費里德曼（Jonathan L. Freedman）做過一個實驗。研究者給參與實驗的小朋友看一些玩具，然後指著小孩子最喜歡的一個玩具，告訴他不能再玩這個玩具。接著把參與實驗的小朋友隨機分成兩組：一組是嚴重威脅組，研究者警告這些小朋友，如果再玩這個玩具就會受到重重懲罰；而另一組是輕微威脅組，研究者只是告訴他們，不希望他們玩這個玩具，如果繼續玩這個玩具，研究者會對他們感到失望。幾週後這些小朋友重新回到實驗室，實驗室裡散落著與數週前相同的玩具。研究者把小朋友單獨留在房間裡，並告訴他們可以隨便

玩任何喜歡的玩具。

　　研究者統計了玩之前不允許他們玩的那個玩具的小朋友比例。你覺得哪一組小朋友更可能不再去玩那個玩具？行為主義心理學的觀點是，懲罰越重，後續發生該行為的次數越少。按照這個觀點，受到嚴重威脅的那組小朋友更可能不再去玩之前不准玩的玩具。

　　但研究者發現，受到嚴重威脅的那組小朋友中，有 77.8% 還是去玩那個玩具，而受到輕微威脅的那組，只有 33.3% 的小朋友去玩那個玩具。這個實驗結果與行為主義觀點預測的恰恰相反，輕微懲罰的小朋友玩這個玩具的比例反而更少。

　　如何解釋這個結果？

　　可以參照上段費斯汀格的獎勵實驗來理解這個結果。首先，這兩組小朋友起初都喜歡這個玩具，這是初始態度；但都沒有玩這個玩具，這是行為。這個情況下，小朋友對玩具的態度與行為是不一致的。他們會問自己：這麼好玩的玩具我為什麼不玩？受到嚴重威脅的那組小朋友找到一個外在藉口：因為別人要懲罰我，所以我不敢玩。但是他本身依然想要玩這個玩具，所以幾週後，一有機會，他就會去玩這個玩具。而受到輕微威脅的那組小朋友也會問自己同樣的問題，別人對他感到失望並不能成為他不玩這個玩具的充分理由，他們無法找到不玩的外在理由，只好改變自己的態度，從原來認為這個玩具好玩，改變為認為這個玩具不好玩。

　　那些喜歡用恐嚇方式教育孩子的父母，這個實驗是否能為你們帶來啟發？

　　只要給孩子一個不構成大威脅的小懲罰，孩子就找不到理由不做

自己喜歡做的事,他就會改變態度,從喜歡變成不喜歡。

以青春期孩子談戀愛為例,對比看看兩個家長的不同處理效果。

第一個家長恐嚇孩子:「如果我發現你談戀愛,我就打斷你的腿。」《羅密歐與茱麗葉》告訴我們,越是禁止他們做某件事,他們對某件事的好奇心就越大,他也更可能偷偷背著你去做這件事。

第二個家長對孩子說:「你現在長大了,已經懂得分辨是非,我相信你會做出正確的選擇,我不會反對你談戀愛,但是如果談戀愛影響你的課業,我可能會有點失望。」這裡用的是「有點失望」,而不是「非常失望」。如果你是孩子,聽到父母說出這番話,你內心有什麼感受?你可能會想:我父母這麼開明、對我這麼信任,如果我還背著他們去談戀愛,會非常愧疚。結果是,你反過來否定談戀愛這件事。

以下是我自己的親身體驗,我曾參加一個組織的活動。在正式加入這個組織之前,他們舉辦了一場團康活動,活動很簡單,就是要求大家一起做一些簡單的蹦蹦跳跳動作,同時喊兩句口號。我還沒搞清楚狀況就跟著大家一起做,幾遍之後大家的步調就非常整齊,現場的氣氛也熱絡起來,我突然有一種非常奇妙的感覺,彷彿有一股神奇的力量貫穿全身,整個人感覺亢奮。

我立刻停下來思考,為什麼我會有這種感覺?然後我恍然大悟,這不就是我經常和學生講的認知失調嗎?我找不到任何在這裡和大家一起做這種幼稚動作的理由。即使我是心理學老師,也教學生何謂認知失調,但身處其中的我也難逃認知失調的影響,而且這種失調感竟然變成如神附體一般的感覺。

？ 思考題

請思考看看，我們可以怎麼做來避免產生找不到藉口的認知失調？

(●●●) 三類認知失調
21 為什麼改變主意

這一節將介紹另外三類認知失調：自由選擇與認知失調、努力與認知失調和決策後認知失調。

我自願的，絕不後悔

前文探討海德平衡理論，以看電影為例，假設你認真看完第二遍電影，也許會發現其實這部電影還不錯。

為什麼你看完二刷，會改變對這部電影的看法，由原先的不喜歡變成喜歡？這種行為屬於第二類認知失調的表現：自由選擇與認知失調。這種認知失調指的是，如果一個人自願選擇做了某個違背自己信念的行為，他隨後也會改變自己原有的看法。

心理學家林德（Darwyn Linder）等人做了一個實驗來驗證這種自由選擇與認知失調（見圖 3-6）。

當時林德所在的州議會正在討論推行一項法案，學校裡大部分學生都表示反對，但研究者要求部分參與實驗的學生寫一篇支持這項法案的辯護短文，這與學生原來所持的態度相違背。

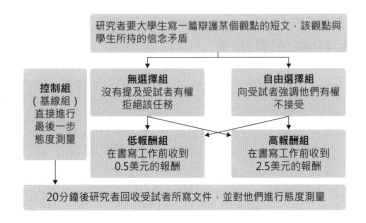

圖 3-6 林德的認知失調實驗

　　在實驗開始前，研究者把受試者隨機分成不同組。第一組是控制組，也稱為基線（Baseline）組，這個組的學生不需要完成短文寫作，研究者會直接測量他們的原始態度，用來和其他組受試者的態度比較。

　　其他受試者隨機分為兩組：無選擇組和自由選擇組。無選擇組的受試者無權拒絕這項任務，也就是說，他們被強制要求寫這篇與自己態度相違背的短文。而自由選擇組的受試者在事前被告知他們有權不接受這項任務，亦即他們寫這篇與自己原始態度相違背的短文，是他們自由選擇的結果。

　　後兩組受試者同時還接受另外一個實驗條件操控：他們其中一些人在寫短文之前被告知完成這項任務可以獲得 0.5 美元的報酬，這是低報酬組；而另外一組則被告知可以獲得 2.5 美元的報酬，這是高報酬組。所有人都是先拿到錢才開始寫文章。

　20 分鐘後，研究者回收他們寫的短文，並測量他們對這項法案的態度。

　控制組的受試者態度代表大學生對這項法案的原始態度，也就是基線，我們可以將其他組的結果和這個組對比。研究者發現（見圖3-7）：在無選擇的情況下，低報酬組的態度與控制組一致，也就是說，在沒有選擇和低報酬的條件下，受試者的態度並沒有發生變化。

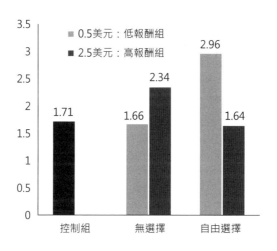

圖 3-7　三組受試者對實驗中法案的態度

　但是在無選擇的高報酬組中，他們的態度發生了改變，變得比原來更支持這項法案。無選擇高報酬組的結果符合行為主義的觀點，給的錢越多越喜歡。但是自由選擇組的兩組結果和無選擇組剛好相反，高報酬組的受試者態度沒有發生改變。反而是低報酬組的受試者態度發生了很大變化，他們變得更支持這項法案。這一結果同時也驗證了

上一章的不恰當理由與認知失調。

　　生活中這樣的例子比比皆是。假設你是一個不喜歡打掃的人，今天爸媽也沒有要求你打掃，你自己卻主動把家裡打掃乾淨，這種自由選擇不會讓你獲得什麼好處。但當你打掃完後，你可能會覺得把家裡打掃得乾乾淨淨是一件很美妙的事情，這時候你就是陷入認知失調。你自己選擇做了一件原本不喜歡做的事，然後你改變了對這件事的看法，覺得這件事還不錯。

　　前文所述看電影的案例也是這種認知失調，你本來不喜歡這部電影，但你仍然主動選擇二刷，這就產生了認知失調。你可能會選擇改變自己對這部電影的態度來解決這個失調，認為這部電影也沒有你想的那麼差，並在看第二遍時找到支持的證據，比如發現某個主角的演技很細膩。然而，如果是你的伴侶逼迫你和他一起二刷，你就不會產生認知失調，因為你沒有選擇權，你就不會改變原有的態度。當然，即便你自願進去看第二遍並產生認知失調，你也可能不會改變原有的態度，你可能會嘗試找其他藉口為自己的行為辯解。比如你正好無事可做，或因為你太愛自己的伴侶，你僅僅是為了陪他才又看一遍，你還是不喜歡這部電影。

　　此處教你幾個小訣竅，你下次帶另一半去看他不喜歡的電影，可以幫助他降低認知失調。比如向他承諾滿足他未被滿足的某個需要，像是答應下次陪他做他喜歡的事，或者看完電影後帶他去吃好吃的。或者在電影開場前為他準備好飲料和超大桶爆米花。為什麼買這些東西？因為認知失調導致的不舒服可能會轉變為滿肚子的不爽，他可能一進放映廳就開啟抱怨模式：「這個放映廳怎麼這麼破」、「這個椅

子怎麼這麼不舒服」、「前面那個人怎麼長得這麼醜」……為了保障你的觀影感受，你提前買好的飲料和爆米花就可以派上用場——堵住他的嘴。或者，你乾脆讓他在電影院裡睡覺，千萬不要強迫他和你一起認真看，除非你想和他在電影院吵架。

辛苦得來的果實最甜美

再來要說明的認知失調是努力與認知失調。如果一個人花費很大力氣完成一件毫無價值的事，就可能傾向於提高自己對這件事的喜愛程度來減少失調，亦即「努力辯證」（Justification of Effort），將自己的努力合理化。

社會心理學家艾略特・亞隆森（Elliot Aronson）和他的同事設計了一個關於努力與認知失調的實驗。他們招募了一些女大學生來參加一個小組，並告訴她們這個小組會定期討論性心理學方面的內容。對這些大學生來說充滿了吸引力，但研究者告訴她們，進入這個小組需要經過篩選。

他們把學生隨機分為三組，讓她們接受不同嚴苛程度的篩選。第一組是未受苦組，她們不需要經過篩選，直接進入小組，也就是努力程度為零；第二組是中等受苦組，篩選過程有一定程度的不愉快，研究者要求這些受試者大聲念出五個和性有關、但不是髒話的單字；第三組是嚴重受苦組，她們經歷的篩選過程非常尷尬，令人不適。這些女大學生被要求大聲念出 12 個和性有關的髒話，不僅如此，還要再朗讀兩段選自當代小說、有關性行為的生動描述。當時是 1950 年代末期，

做這種事情對女大學生來說滿為難的。

　　接著，研究者讓這三組受試者試聽她們即將進入小組的其他組員的討論內容。這些內容由研究者事前錄好，非常空洞且無聊，與實驗開始前受試者對這個小組活動的預期不一致。最後，研究者請受試者評估她們對於試聽內容的喜歡程度。

　　研究結果顯示，只有嚴重受苦組的受試者對這個小組討論內容的喜歡程度較高。為什麼會這樣？因為這組人經歷了非常尷尬的考驗才獲得進入這個小組的資格，卻發現這個小組討論的東西並不如她們預期的那麼有趣。這時候她們陷入了認知失調，為了平衡失調，她們改變了對這個小組的看法，覺得討論的內容很有趣。

　　小王子與玫瑰的故事，跟這個實驗很像。小王子為他的玫瑰花了很多時間和精力，亦即他付出很大的努力，最後卻發現自己照顧的只不過是一朵普通玫瑰。但是與其他玫瑰相比，他更喜歡自己的玫瑰，覺得它很重要，這就是努力與認知失調的體現。而那個愛上不合適的人並深陷其中的女孩也是如此。在一段關係中，你付出的時間和資源越多，就越看重這段關係，一旦這段關係結束，付出更多的那一方的痛苦也越強烈。

選你所愛，愛你所選

　　還有一種認知失調叫決策後認知失調。如果一個人在兩種選擇中做出決策，他可能會透過高度肯定自己的選擇、貶低自己放棄的選項來解決失調。

心理學家布雷姆（Jack W. Brehm）做過一項實驗。他讓女大學生看八件物品（烤麵包機、攜帶式收音機、自動咖啡機、檯燈等），請她們評價這些物品的吸引力和受歡迎的程度。然後研究者拿出兩件受試者評價非常接近的物品，告訴她們可以帶走其中一樣。20分鐘後，研究者邀請受試者重新評估這八件物品。

研究者發現，女大學生更喜歡自己選擇帶走的那樣物品，並貶低自己沒有選擇的那一個，證明了決策後認知失調的存在。

日常生活中這類案例也屢見不鮮，比如你上網買東西，有兩個東西供你選擇，你都喜歡，但你的錢包只允許你買一個。最後你對自己選擇的那個東西，可能會越看越滿意。

不過，要提醒大家，在現實生活中，你遇到的認知失調體驗可能不僅限於一種，而是同時出現幾種。下一章我會以實際案例講解認知失調如何在生活中體現，以及怎樣應用認知失調。

? 思考題

回想你曾經歷過哪種認知失調？是什麼原因導致你產生這種失調？後來你解決這個失調了嗎？如果解決了，你是怎麼解決的？

(•••) 認知失調的應用
22「母夜叉」與「小白兔」

　　前面的章節介紹了認知失調理論及其四種表現，這一章會以故事的形式介紹認知失調在生活中的不同體現和應用。

　　先來看一個案例。

　　小霏和老公阿茂結婚幾年，最近她發現阿茂出軌，但是阿茂還不知道小霏已經知道這件事。小霏非常痛苦，下面是她面臨的兩種選擇。

　　選擇一：和阿茂大鬧一場，並威脅阿茂如果不切斷與第三者的關係，就搞臭阿茂和小三的名聲，讓他們不得安寧。

　　選擇二：假裝不知道，對阿茂比之前更好，喚起他的道德感，浪子回頭。

　　如果你是案例中的小霏，直覺上你會做出哪種選擇？為什麼？

　　在這一章裡，我會介紹如何運用認知失調來處理伴侶出軌的問題，分析上述兩種不同的選擇可能帶來的不同效果。

「鬼」拿多少錢才願意幫你推磨

　　俗話說「有錢能使鬼推磨」，那麼需要給「鬼」多少錢，「鬼」才願意推磨？我和學生針對這個問題做過一個實驗。在實驗前進行了兩種推測：如果這個「鬼」樂於助人，那他應該會無私助人，不需要

什麼報酬；但如果這個「鬼」像葛朗台（Eugénie Grandet）[5]，那就是錢越多越好。

我們邀請大學生來完成一項「手眼協調任務」，要求他們在五分鐘內盡可能快速地用滑鼠把電腦螢幕左邊的一個圓圈拖到右邊的方框裡（見圖 3-8）。

圖 3-8　手眼協調任務

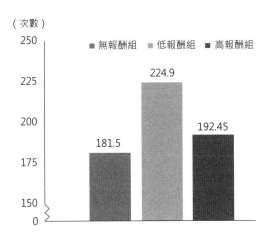

圖 3-9　手眼協調任務實驗第一階段結果

---

5 法國現實主義作家巴爾札克（Honore de Balzac, 1799-1850）筆下的虛構人物，葛朗台代表的是貪婪、狡黠、吝嗇、金錢至上的人物典型。

　　在任務開始之前，我們將受試者隨機分成三組：無報酬組，沒有任何報酬；低報酬組，只能得到 0.5 元的報酬；高報酬組，可以得到 5元的報酬。此外，電腦的後臺系統會同步記錄他們在五分鐘內拖圓圈的次數。

　　根據推測，拖得最多的應該是無報酬組或高報酬組。但結果恰恰相反（見圖 3-9），低報酬組的平均完成次數遠遠超過其他兩組，這個實驗結果讓我的學生非常為難。

　　問題出在哪裡？我問學生那些受試者拿到錢之後的反應。學生告訴我，大部分高報酬組的人都很爽快地拿了 5 元，低報酬組則有不少人看起來很尷尬，也有人明確表示不要錢，但我們要求他們必須拿這0.5 元。事實上，在拿錢的過程中，受試者已經產生認知失調，就像費斯汀格的實驗，0.5 元不能成為他們幫助我們實驗的理由，所以他們更認可拖圓圈這項任務是好玩的，或者幫助我們做這件事是有意義的。而無報酬組參與實驗是出於幫忙的心態，能幫多少算多少；對高報酬組而言，這個實驗更像是工作，能做多「少」做多「少」。

　　實驗到此還沒結束，正當受試者準備離開的時候，我的學生叫住他們，告知下面還有一個實驗，期望他們留下來繼續幫忙。還是和前面一樣拖圓圈，但這次沒有限定時間，而是在螢幕下方設置一個停止的按鍵，他們不想做了就隨時按這個鍵停止。電腦同樣在後臺記錄他們這次拖圓圈的次數。

　　而這一次，三組人完成拖圓圈的次數與報酬成正比（見圖 3-10），無報酬組平均只完成 10 餘次；而上一階段完成次數最多的低報酬組這次只完成 130 多次；高報酬組這次完成了接近 300 次。

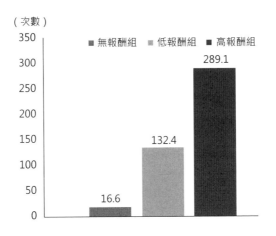

圖 3-10 手眼協調任務實驗第二階段結果

　　這兩個階段的實驗驗證了認知失調理論和行為主義。第一階段的結果印證認知失調理論的觀點：小回報會讓別人更願意幫助你；而第二階段印證行為主義的觀點：如果還要麻煩別人第二次，就需要拿出實質報酬了。

　　根據這個發現，該怎樣做更容易獲得別人的幫助呢？首先，不回報是不行的，但也不是越多越好。如果你第一次請朋友幫忙就給他高額報酬，你可能不僅得不到他的幫助，還會失去朋友：「我們的交情就值這些錢嗎？」相反的，如果你想請他幫忙，你可以給他一個不算回報的小回報，比如請他吃飯，這頓飯無法成為他幫你做事的理由，他反而可能更盡力幫你。這也是為什麼很多人創業初期的情誼，都是在熱炒店吃宵夜以及便宜的啤酒杯中醞釀出來的。不過這個實驗也告訴我們，這種事情不要常做，如果你還有下一次，就要考慮付出實質性的回報。

「母夜叉」與「小白兔」之戰

回到本章開頭阿茂出軌的案例，到底哪種選擇更有效？按照認知失調理論，裝「小白兔」來喚起他的道德感更有效。為什麼呢？首先需要了解阿茂出軌的心路歷程。

該怎樣看待出軌這個問題呢？如果阿茂的價值觀很有問題，把出軌視為理所當然，不會產生認知失調，那小霏再怎麼努力挽回都是白搭。所以，無論哪一種解決辦法皆必須具備一個前提，即阿茂至少要有廉恥心。

假如阿茂是有良知的人，出軌後產生認知失調，讓他如坐針氈，迫使他急切地想要找到解釋自己出軌的藉口。這時小霏採用嚴厲責罵的策略對待他，他就可以從小霏身上找到自己出軌的理由——因為小霏蠻不講理，他沒辦法，才投入小三懷抱。

相反的，如果小霏假裝不知道，對阿茂更好，但時不時又對他進行一些道德勸說。比如為他做一頓美味的飯菜，吃完後叫他陪自己看幾部講述因為出軌而付出沉重代價的電影。看完後小霏可以假裝隨意地發表評論：「這世上的男人除了你以外沒有一個是好東西，你才不會做這種天打雷劈的事，對嗎？」小霏一方面對阿茂好，一方面又有意無意提醒他出軌的嚴重後果，如此一來就加劇了阿茂的認知失調程度。假如小三受到刺激來折磨阿茂，他就更可能認為導致他出軌的理由是受到小三「勾引」。

這就是所謂的「母夜叉」和「小白兔」，如果小霏對阿茂粗暴攻擊，小霏可能就會化身「母夜叉」，成為阿茂出軌的理由。

　　我的學生針對這個主題做過一項很有趣的實驗。他們發給參與實驗的男性一份文件，其中描述道：

　　你有一個和你談了五年戀愛的女朋友 A，雖然偶爾吵架，但感情尚可。另外一個女孩 B 一直很喜歡你，最近你在一次聚會喝醉後與 B 發生了關係，並且 B 發現自己懷孕了。這件事被 A 知道，她和你大鬧一場，以死相逼，要你澈底和 B 斷絕關係。而 B 對你說：「我是真心愛你，真心愛你的女人不會為難她的男人，為了你的幸福，我願意退出，好好撫養我們的孩子，你答應我，你和她一定要幸福……」

　　讀完描述後，我的學生問受試者，如果你是這個故事的男主角，你會選擇 A 還是 B？大部分男性選擇了 B。可見，這種精於認知失調之道的「聖母級小三」才是婚姻裡真正恐怖的「殺手」。

　　當然，我只是用感情中出現第三者為例，來解釋認知失調，現實生活中如果兩人的感情或婚姻觸礁，一定要尋求專業婚姻心理治療師，這種事情不是原諒和回歸家庭這麼簡單，嚴重的傷口需要專業人士的協助，妥善包紮。

❓ 思考題

近幾年，網路上盛行一種叫 PUA 的思想控制術。請你結合認知失調理論分析這種思想控制術是如何洗腦受害者，你覺得有什麼方法可以抵制這種思想控制？

【NOTE】PUA 是 Pick-up Artist 的縮寫，原意是指「搭訕藝術家」，泛指很會吸引異性、讓異性著迷的人及其相關行為。

⦗•••⦘ 認知失調的局限性
23 詐騙集團眼中的肥羊

　　幾年前我為心理學系的學生上社會心理學的課程，講完認知失調理論後，一個來旁聽的同學找我諮詢，他懷疑自己的朋友加入了一個關於成功學的詐騙組織。

　　趁著連假，他的朋友坐飛機去三亞，參加一個所謂成功學大師的課程。在課程中，大師表示自己很多年沒有收徒弟，但看他的朋友骨骼清奇，是可造之才，想收他做關門弟子，不過學費很貴，要好幾十萬元。介紹他去參加這個課程的老闆說，這麼多年我們想做大師的弟子，大師都沒開金口，今天大師主動要收你，機會難得，我幫你出一半的學費。可即使老闆幫忙出一半，他朋友依然無法負擔剩下的部分，也就錯過了成為大師關門弟子的機會。

　　那位旁聽生說，他的朋友當天晚上一個人哭著走到機場，覺得上天很不公平，為什麼自己出生在這樣的家庭？為什麼父母沒有能力為他提供這筆費用？很多人都看出這是詐騙，但他為什麼信以為真？

　　現實生活中這樣的例子不少，明明很容易識破的網路金融詐騙、保健品推銷，卻總是有人上當受騙。其實，人之所以陷入這種騙局可能是因為產生認知失調。

全天下人都會犯的錯

先來看上一章的例子：阿茂出軌了，他就一定會產生認知失調嗎？不一定。

前文說過，如果阿茂這個人沒有道德良知，出軌這種事情對他來說是家常便飯，那他不會產生認知失調。假如阿茂是有良知的人，他確實可能產生認知失調，但他未必會改變態度來平衡認知失調，也可能從其他途徑來解釋這種態度與行為的不一致，比如他只是「犯了全天下男人都會犯的錯」，降低自己出軌行為的嚴重性。他也可能會這樣開脫，「男人出軌一次沒什麼大不了的」，藉由這種方式降低對伴侶保持忠誠的重要性，避免產生認知失調。或者他會透過承諾未來的行為來避免失調，比如發誓從今往後一輩子只對小霏好，不再出軌，這也能解決認知失調。阿茂還可能認為，他之所以出軌，都是因為那一夜的夜色太美或小三主動勾引，他雖然出軌了，但本質上還是好男人。他減少他在出軌行為中的選擇自由性，也解決了認知失調。

從阿茂出軌的例子可以看出，人在做出與態度不一致的行為後，有時會產生認知失調，有時不會。即使產生認知失調，也不一定會直接改變態度。

那麼，人在什麼情況下會產生認知失調並改變態度？

美國心理學家班姆（Daryl Bem）認為，人的態度與行為不一致時，會先從外在找行為的原因，找不到，才把問題歸於態度。這一過程由理性決定，並不一定有認知失調產生。在前文「基本歸因謬誤」的段落中曾分析過插隊事件的歸因。當你插隊時，你做出與態度不一致的

行為，便把自己插隊的行為解釋為有急事，這就是從外在尋找行為的原因。

在什麼情況下，人會在認知失調時從外在尋找理由？

心理學家亞隆森認為，倘若一個人自由選擇的行為，與自我概念中的核心內容不一致，用認知失調理論去預測更準確；但若是問題與自我關係不大，或者態度與行為之間的差距較小，班姆的理論預測更準確。由此可知，產生認知失調有兩個重要前提：第一，行為是行為者主動選擇去做的；第二，這個行為必須與行為者的核心自我概念不一致。不過，這個行為若是和他的核心自我概念關係不大，或者行為與態度的差距較小，就更可能從外在尋找行為的藉口，不一定會產生認知失調。

從這個角度來分析阿茂出軌的案例，唯有阿茂認為對伴侶保持忠誠是他的核心自我概念，且出軌是他自己的選擇而沒有其他外力逼迫，他才會產生認知失調。或者即使他認為對伴侶保持忠誠很重要，但他只是和對方搞曖昧，沒有發生實質行為，他也不會產生認知失調，因為行為與態度之間的差距比較小。當然，阿茂的伴侶不一定這麼認為。所以有些男性與伴侶以外的異性搞曖昧，他自己覺得沒什麼大不了，但他的伴侶卻無法接受，這與兩人核心自我概念中對於忠誠的定義不同有關。

與約會對象確認戀人關係之前，建議大家先做一項重要的工作，核對彼此對忠誠的看法。建立親密關係的前提是「伴侶的價值觀」，也就是一個人的核心自我概念，如果對方價值觀很有問題，未來他做出任何對不起你的不道德行為，可能都不會感到內疚。

什麼樣的人更容易被洗腦

同樣面對所謂成功學課程或者傳銷組織，哪些人更容易被洗腦？

根據亞隆森的觀點，有兩個關鍵因素：第一，是否自願參加；第二，組織所傳遞的訊息是不是跟參與者的自我概念密切相關。如果是，參與者容易被洗腦；如果不是，被洗腦的可能性不大。

開頭那個學生參加大師成功學課程的案例，該學生是自己主動參加這個課程的，符合自願選擇的因素。而核心自我概念如何體現呢？

根據我多年的教學經驗，少數學生可能會錯把成功等同於有錢，在這類人的心目中，有錢就是重要的核心自我概念，所以，快速致富的方法對他們來說極具吸引力。

那些容易洗腦我們的訊息，往往都和個人內心的核心自我概念非常重視的東西有關。比如，你對容貌很在意，就比較容易陷入醫美相關的騙局；如果你很注重健康，就比較容易陷入保健品的騙局。所以老年人更容易陷入保健品騙局，因為他們最看重的就是健康。如果你現在經濟困頓，那你一定要小心那些教你迅速賺大錢的人或組織，這也是為什麼經濟越不景氣，金融詐騙發生率越高。

我才不會被騙！

我認為產生認知失調更為核心的原因之一是，人往往很難接受一個事實：只要是人，就可能犯錯，會做愚蠢的決定。自尊心越強的人，越難接受。有時候人為了「要面子」，寧願選擇自我洗腦，也不願意

面對自己的錯誤和愚蠢。

前面章節講到那個無法甩掉渣男的女孩，為什麼會選擇和一個不合適的人在一起那麼長時間，還認為是真愛？其實這和那個男孩是不是她的真愛沒有太大關係，而是她無法接受自己看走眼。假如她能接受事實，重新審視這個人，那種所謂「真愛」的感覺就會煙消雲散。能夠勇敢直視內心、承認自己的愚蠢並真正接納自己的不完美，才是真正強大的人。他們能及時止損，從認知失調中脫身。

時時對自己的內心覺察，是預防思維陷入惡性循環的第一道關卡。做任何事之前，一定要先問自己：我為什麼要做這件事？在你不清楚做這件事的原因之前，不要貿然投入過多的精力或時間，否則等你完成之後才發現結果不是你想要的，就可能產生認知失調。

後來，那個旁聽的學生隔年繼續來旁聽我的課。我再一次講到認知失調這個主題時，邀請他上臺跟其他同學分享去年他朋友的案例。這個學生講完後，請我再給他幾分鐘，他講了後來發生在他自己身上的事。

當時他聽了我的勸告，與這個朋友保持距離。有一次這個朋友找上他，說他們正在學校做一個實習專案，機會難得，推薦這個旁聽學生去參加。剛好這個學生有空，沒有多想就投了履歷。對方回覆說，投履歷的學生太多，他們挑選了十幾個人參加面試，要求這個學生自己坐幾個小時的公車，到一個非常偏僻的地方參加面試。不久後，這個學生收到面試通過的消息，不過他還需要參加培訓，培訓就在學校教室舉行，每天都要參與一些團康活動，且幾乎都拖到宿舍快關門才放他們回去。這個學生說他自己也覺得參加這個專案非常充實，每天

都興致勃勃地忙著這個專案。後來他想邀請他另一位朋友參加，但那個朋友懷疑這個專案的真實性，於是打電話給一個名義上的主辦方確認，才發現是騙局。

我這個學生恍然大悟，原來自己也陷入認知失調。因為這個學生熱愛學習，所以這類學習和提升自己的騙局特別容易引他上當，即使他對認知失調已有一些認識。

很多人都想知道，該如何把已經加入傳銷組織的人拉出來？這非常困難，因為一旦洗腦成功，再進行反洗腦非常不容易，不過也非無計可施。

我的學生曾和我分享他的家人加入傳銷組織又自己退出的故事。故事的主角不顧身邊人的勸阻，一意孤行要加入傳銷組織。於是他的家人告訴他，去可以，但是不能用自己的錢。他的家人拿出一筆錢讓他投資，並告訴他，即使錢虧光了也沒有關係，只要他全身而退就好。後來他帶著這筆錢加入傳銷組織，等錢花完了，他就自己脫離組織了。

試想，如果這個人主動參加這個組織，並把自己的積蓄全部投進去，最後還血本無歸，他肯定會產生嚴重的認知失調。但這筆錢是別人給的，而且還告訴他即使虧光了也沒有關係。如此一來，即使他虧掉所有的錢，也不會產生嚴重的認知失調。別人送的這筆錢為他增加了一個外在藉口，預防他出現認知失調。也許這個故事也能幫助你預防自己的父母陷入保健品騙局。

練習題

請你分析看看，這一章中，我的學生陷入培訓騙局，體現了上文所述的哪些認知失調？

（•••）說服者的影響
24 說服父母為什麼那麼難

前文介紹了平衡理論和認知失調理論對於態度改變的解釋，本章起，將關注在具體改變態度的過程中，有哪些因素影響說服效果。

說服的過程就是 A 用某些方式向 B 傳遞某些訊息。而影響說服效果的因素總括來說有四個：誰說（說服者），說了什麼（說服訊息），怎麼說的（說服方式）以及如何抵擋別人的說服（被說服者）。

看起來像個專家

什麼樣的人容易說服他人？

如果兒童心理學家告訴你：「孩子成長過程中出現問題，多半都是因為父母的教養方式不當。」你家正處於青春期的 13 歲孩子也對你說：「孩子成長過程中出現問題，多半都是因為父母的教養方式不當。」你會願意相信誰說的話？

絕大部分人會選擇相信心理學家的話。這就是傳遞同樣的訊息，說服者在說服中占據的地位。上述例子中，心理學家讓人覺得很專業、夠權威，所以更容易說服你。

前言曾講過在新冠肺炎疫情期間，我說服爸媽戴口罩的事。作為一個大學心理學教授，我花了七天都無法說服我的父母出門要戴口罩，

但鄰里的廣播提醒他們，他們立刻乖乖照做。你可能會好奇：你不是心理學教授嗎？應該滿權威、滿專業的呀？在心理學領域，我是專業人士，但在傳染病領域，我不是專家或醫生。而且即使我是醫生，我的爸媽也未必會聽我的，因為我在他們眼中，不管職稱多高、別人認為我多專業，我也只是他們的孩子，所以對他們而言，我的話還不如里長大聲公的廣播更具權威。

這也是為什麼你很難說服父母不要去買那些毫無作用的保健品，也很難改變他們的不良生活習慣。因為你在他們眼裡只是孩子，而他們相信的是那些「專家」。難道沒有辦法說服他們嗎？當然有辦法，你可以請他們相信真正的專家，比如請正規醫院裡的醫生幫你說服他們。對此我深有體會，我母親去體檢，發現血糖偏高，我勸她定期吃藥，注意飲食，她置若罔聞。於是我帶她去看醫生，醫生對她說了同樣的話，果然她立刻乖乖執行醫囑。所以，專業的事還是讓專業的人來做。

不過，本章所指的專家或權威不一定是真正的專家或權威，而是聽者認為的專業或權威，所以老年人容易上偽科學的當，因為他們沒有核實這些所謂的專家的身分或資歷，僅僅是自己覺得他們是專家。

某些書、課程或講座開始之前，都會花費很大力氣介紹作者、老師或主講人的身分，目的就是增強說服者的權威性，這種現象也導致有些人對專家、教授這類頭銜特別熱衷，因為這是重要的說服資源。

看起來滿可靠的

除了專業性之外，如果說服者讓你覺得他滿可靠，也會更容易說服你。什麼樣的人會讓你覺得滿可靠？

首先，他沒有表現出要說服你的企圖。如果你無法做到像專家一樣說服父母，可以嘗試變成他們覺得可靠的人，也就是說，溝通時不要讓他們覺得你是在說服他們。你可以說：「反正我知道我說了也沒有用，不過身為你們的孩子，我很關心你們的健康，我們是否可以……」這種說話方式可以先卸下父母的心防，同樣也可以運用在說服孩子上。

除了表示沒有說服對方的意圖外，如果你違背自己的利益來進行說服，對方也會覺得你比較可靠。

我曾指導畢業班就業，學生們往往非常反感老師總是打電話詢問他們就業情況。但我在第一次開會時就告訴學生：「我覺得學校要求老師每週打電話詢問學生就業情況很不合理，工作又不是你想找就能找到，我知道你們找工作很辛苦，為了不增加你們的負擔，我每週會發一則簡訊給你們，你們收到後回覆我就可以了。」在後續的溝通過程中，我負責的那組學生都非常配合。為什麼？假如我以學校的利益優先，就會天天打電話催他們；但我站在他們的角度想，他們就不覺得我試圖說服他們，反而會覺得我是為他們好。

總而言之，權威、專業的人，或者可靠的人，都會讓我們覺得他們比較可信，進而容易被他們說服。

受歡迎的人更具說服力

除了可信度之外，受歡迎程度也是一個重要因素，主要包含兩方面：長相有吸引力和相似性。

長相具吸引力的人更具說服力，心理學家柴肯（Shelly Chaiken）讓長相漂亮的人和長相一般的人分別去說服大學生參加請願活動。漂亮的人的成功率是 43%，而長相一般的人成功率只有 32%。所以很多廣告都傾向請當紅明星擔任代言人，因為他們是最具吸引力的人。

另一個是相似性。如果你知道對方和你是同鄉或者校友，就可能提升對他的好感度，並更願意相信他說的話。

心理學家登布羅斯基（Theodore M. Dembroski）等人讓一些非洲的中學生看了一段倡議牙齒護理的影片。第二天，牙醫檢查學生牙齒的清潔程度，發現如果前一天看的影片是由非洲牙醫錄製，這些學生的牙齒更為清潔。很多兒童和青少年產品的廣告都會使用相同群體的人擔任代言人，就是基於相似性更具有說服力。這也可以解釋為什麼某些遊戲或電子產品會在青少年之間流行，因為周圍同伴都是他們的相似說服者。

所以，如果要說服青春期的孩子，找他的朋友幫忙比你親自上場可能效果更佳。如果要說服你的父母，找你的長輩來做這件事可能效果更好。新冠肺炎疫情期間，我無法勸說爸媽，我聯繫的第一個人是和我爸媽感情最親密的舅舅，請他來幫我勸說他們。

不過，這也帶來一個問題，和你很像的人可能並不具權威性，那在說服過程中，到底是專業性更重要，還是相似性更重要呢？

　　心理學家的研究發現，這取決於你要說服的主題是客觀事實，還是主觀偏好。客觀事實是判斷對錯，比如某人有沒有心理問題、戴口罩能不能防範病毒、吃某一類食物對身體健康有沒有益處、讀什麼科系更有前途等，這些都是客觀判斷，對於這類主題，權威的專家可能更可信。因為他能讓聽者覺得這是一個獨立判斷。但若是關於穿什麼衣服有品味、什麼樣的髮型最流行、追什麼樣的明星、什麼樣的生活更有意義等，主觀偏好或者主觀判斷的主題，則相似性的說服者影響力更大。

　　很多父母很難在衣著、髮型和生活方式上，說服青春期的孩子改變。一方面，這個階段正是孩子運用形式思考的階段，他們會對一切抱持懷疑的態度；另一方面，這些說服都屬於主觀偏好，父母和他們不具相似性，所以說服力不強。孩子小的時候，父母的權威或許可以鎮得住他，可一旦孩子進入青春期，父母還繼續扮演權威的角色，可能很快會嘗到苦頭。父母也要跟著孩子一起成長，等他們進入青春期後，努力成為他們的朋友。如果父母對他們感興趣的事物也感興趣，甚至比他們更了解，他們會很願意聽從父母的建議。

練習題

在生活中，你是如何說服父母、伴侶或者孩子的？思考你常用的說服方法是否有效？如果無效，你覺得是哪些因素影響你的說服力？可以透過什麼方法提高你的說服影響力？

⚫⚫⚫ 理智與情感訊息
25 什麼「話」最動聽

幾年前在一場網際網路公司的設計體驗大型產業會議上，國內某知名網際網路公司的高階主管，在現場報告中使用了粗糙的 PPT，和自以為風趣、其實粗俗的內容，展示自己的「迷之自信」，導致公司形象受損，自己的工作也受到影響。這個例子體現了一句老話：飯可以亂吃，話不可以亂講。

本章的主題是說服訊息如何影響說服效果，或許能解釋為什麼這位高階主管弄巧成拙。

科學數據好，還是情感攻勢好？

假設你正在策劃為某山區貧困失學兒童愛心捐款的活動，而你有兩種訊息可以選擇，一種是該地區兒童的失學率、師生比、教育經費缺口等一系列統計數據報告；另一種是當地兒童上學困難的生動圖片。

你覺得哪一種形式的訊息更容易說服大眾參與這場愛心活動？為什麼？其實，這兩種訊息都有效，主要取決於針對的聽眾是什麼人。兩種訊息中，前者屬於理智訊息，拿出事實和證據說服聽眾；後者屬於情感訊息，更側重於向聽眾傳遞情感。

心理學家發現，如果說服的主題對於被說服者來說非常重要，或

者他們對此非常感興趣，那麼講究證據和事實的理智訊息說服效果會更好。比如，在大學院系博覽會上，如果只是向學生展示院系學生笑容多麼燦爛、班級組織活動氛圍多熱烈的照片，這並不足以讓新生決定選擇該院系。學校應該直接向新生展示類似學生畢業率、就業率、就業方向、畢業後的收入情況以及專業的師資、課程內容介紹等資料。因為選擇科系對學生來說可能是影響終身的重要決策，需要收集各種有效訊息才能做出判斷，而理智訊息正是他們需要的。這也適用於工作選擇、房產投資、大宗投資等需要慎重考慮的情境。

本章開頭的案例中，那位高階主管演講失敗的原因不難理解，他忽視了與會聽眾都是業界人士。他們主動參與這個會議，且對會議內容充滿興趣，所以他們對相關產業的動態、資料等理智訊息更感興趣，但這位高階主管卻呈現了煽情的情感訊息，導致聽眾感覺受騙。假使他是向不熟悉這個產業的圈外人講這番話，或許他的風格就能引起聽眾的興趣。

如果說服訊息對於被說服者來說不重要，或者對方對此不感興趣，那麼可以先用情感訊息吸引他們的注意力，進而產生說服效果。

情感訊息一般可以分為正向和負向兩種，正向的情感訊息讓人開心愉悅，而負向的情感訊息讓人不舒服，簡單來說，情感訊息分為「爽點」和「痛點」。

下面分別來看看這兩類訊息說服效果的差異。

心理學家發現，訊息與好心情聯繫在一起，會更具說服力，他們把這種現象稱為「好心情效應」。

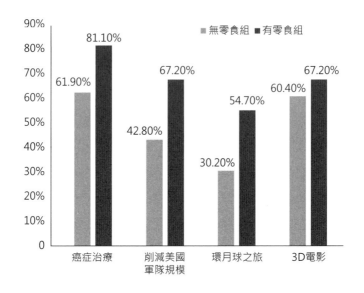

圖 3-11　好心情與說服效果實驗結果

　　先來看一個很有趣的實驗。心理學家詹尼斯（Irving Janis）和他的同事測量了一些大學生對四個主題的態度：癌症治療、削減美國軍隊規模、環月球之旅和 3D 電影。然後把參與實驗的大學生隨機分為兩組，並要求他們閱讀有關這些主題的說服資料。在閱讀資料的過程中，研究者提供其中一組大學生花生和飲料等零食，而另外一組大學生則只是閱讀資料。隨後研究人員再一次測量他們對這四個主題的態度是否改變，結果發現，相比無零食的那組大學生，有零食的學生更容易被說服成功（見圖 3-11）。

　　眾所周知，餐桌往往是重要的談判場合，歷史上不少重大事件都和吃喝有關，比如鴻門宴、煮酒論英雄、杯酒釋兵權。你可能也有過

類似的經歷，爸媽準備好你最喜歡的菜，然後邊吃飯邊對你洗腦。

心理學家認為，心情愉悅的人就像戴上一副玫瑰色的眼鏡，看什麼都順眼。在說服的過程中，如果論據不夠有力，你不妨為說服對象營造一個輕鬆愉悅的氛圍，讓他們心情大好，才可能不對你所傳遞的訊息吹毛求疵。

與好心情效應相反的是另一種訊息效應：喚起恐懼效應。

人在生活中經常會體驗到喚起恐懼效應，比如環保廣告經常告訴大眾如果不減少塑膠使用就會被塑膠包圍。安全駕駛的宣傳、戒菸的宣傳等也往往採取這類訊息。父母和老師在你成長過程中，也經常使用喚起恐懼效應的恐嚇訊息：「如果你再玩遊戲，信不信我砸了你的電腦」、「如果你現在不把作業寫完，小心我不給你零用錢」、「如果你敢談戀愛，我就罰你禁足」。

心理學家認為負面訊息比正面訊息更容易讓人遵守行為規範。對於吸菸的人來說，告訴他們吸菸容易導致肺癌，比告訴他們戒菸有益身體健康，更容易讓他們意識到戒菸的重要性。

班克斯（S. M. Banks）等人讓一些沒有做過乳房 X 光攝影的 40 ～ 66 歲女性觀看一段有關乳房 X 光攝影的影片。有一半的人接受的是積極訊息，比如乳房 X 光攝影有助於盡早發現疾病，並提高存活率，而另一半的人接受的是喚起恐懼的訊息，比如不做 X 光攝影可能無法及時發現疾病，甚至因此喪命。之後研究者追蹤這些女性在往後半年和一年內，進行乳房 X 光攝影的情況，結果發現，接受喚起恐懼訊息的女性，比接受積極訊息的女性更願意進行乳房 X 光攝影（見圖 3-12）。

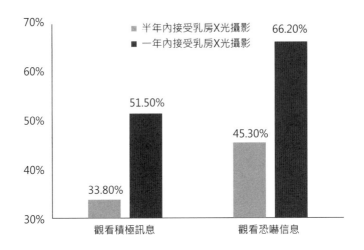

圖 3-12　參與實驗的女性在未來半年、一年內接受乳房 X 光攝影的比例

　　值得注意的是，倘若使用喚起恐懼的訊息進行說服，你不能一味地嚇唬被說服者，否則喚起恐懼的訊息過於強大，對方不知道該如何避免危險，就會否認訊息。所以要使用喚起恐懼的訊息，一定要讓被說服者在意識到威脅嚴重性的同時，也得到解決的方法，喚起恐懼心理的訊息才會更加有效。

　　心理學家雷文塔爾（Howard Leventhal）曾給一些大學生觀看有關吸菸的電影，內含喚起恐懼的訊息。其中一組人只觀看電影，另外一組人在觀看後收到研究者分發的有關戒菸指導的小冊子。還有一組大學生作為控制組，既不觀看電影，也不接受指導。隨後，研究者追蹤這些大學生在實驗後三個月內的吸菸情況。結果發現（見圖 3-13），觀看電影的兩組學生都比控制組的學生更少吸菸，收到戒菸指導小冊子組的學生，吸菸數量則減少更多。

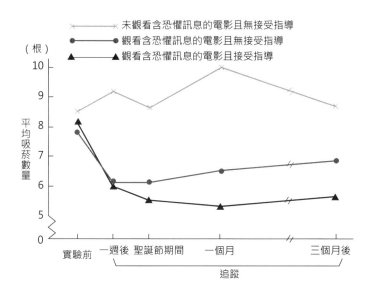

圖 3-13　恐懼及指導對學生戒菸的影響
註：圖中雙斜線表示省略過程數據。

　　在教育孩子上也可以應用這一理論。如果你是喜歡以恐懼訊息教育孩子的家長，可能在嚇唬孩子之後，還需要提供解決辦法，效果會比單純的恐懼效果更好。

用反面訊息說服反對的人

　　影響說服效果的另一個因素是正面訊息與反面訊息。正面訊息就是支援觀點的訊息，而反面訊息則是不支援觀點的訊息。只呈現支援觀點的正面訊息，叫做單面說服，同時把支援和不支援觀點的正反面

訊息都告知被說服者，就是雙面說服。

　　這兩種說服哪種效果更好？

　　一般直覺上會認為單面說服更有效，但心理學家的研究發現，同時呈現正反面訊息會讓人覺得說服者更加客觀公正，降低被說服者的戒心。此外，選擇單面說服還是雙面說服，也取決於被說服者的固有觀點。假設被說服者已經贊成這個觀點，那麼單面說服更有效；倘若對方對這個觀點存疑或者已經了解反面觀點，那麼雙面說服會更有效。

　　心理學家賀夫蘭（Carl Hovland）和他的團隊在第二次世界大戰期間，向美國士兵呈現了一個論證：日本很強大，太平洋戰爭還會持續至少兩年以上。其中一個論證版本只提供支援這個觀點的單面訊息；另一個版本則同時提供正反兩面的訊息。

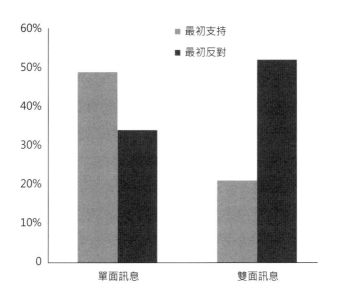

圖 3-14　兩組士兵對太平洋戰爭仍要持續兩年論斷的說服效果

　　研究者發現（見圖 3-14），對於最初支持「日本很強大」的美國士兵，單面訊息的說服效果最好，但對於反對這個論斷的美國士兵，雙面訊息的說服效果可能更好。也就是說，為已經支援論斷的士兵呈現雙面訊息，會降低說服效果。同樣的，對於持懷疑態度的士兵，提供單面訊息也會降低說服效果。

　　這項研究對於如何使用說服訊息有所啟發。以婚前見父母為例，假設你要把自己的對象介紹給父母認識。僅僅介紹他的優點，或者同時介紹他的優點和缺點，你認為哪種方式更能讓父母接納你的對象？

　　其實這取決於你的對象是否符合父母的期望，如果他比較符合你父母的期望，你可以只介紹他的優點；但如果他不太符合你父母的期望，你覺得父母可能會反對，就不能一味介紹他的優點，否則父母會認為你被蒙蔽了雙眼。如果你一邊介紹他的優點，一邊介紹一些他的缺點，父母會認為你不愧是他們教育出來的孩子，看人很準。

練習題

請在生活中嘗試使用本章介紹的說服訊息說服他人，檢驗說服訊息的效果。

●●● 主／被動說服與壓制說服
26 如何搞定調皮的孩子

先來看兩個案例。

【案例一】

有一次，我為一個成人班上社會心理學課。適逢中小學即將開學。我走進教室，聽到兩個媽媽在碎念。

其中一個媽媽問另一個媽媽：「你家孩子的寒假作業寫完了嗎？」

另一個媽媽說：「別提了，整個寒假不寫作業一直在玩，昨天晚上寫到 12 點呢。」

發問的媽媽用很羨慕的語氣說：「你家孩子還能寫到 12 點，我家那個到現在一頁都沒動。」

然後兩人都嘆了一口氣。

輔導過孩子寫作業的家長可能都遇過這種情況，你好說歹說甚至威逼利誘，孩子就是不拖到最後一刻不寫作業。那麼，有什麼好方法讓孩子主動寫作業呢？

【案例二】

李媽媽的兩個孩子之間經常上演爭奪戰。放假期間，兩個孩子在平板電腦的使用上發生嚴重爭執，經常吵架，甚至動手。李媽媽嘗試過很多方法讓兩個孩子和平相處，包括講道理、規定各自使用平板電腦的時間，但是沒什麼效果。如果你是李媽媽，你有什麼方法解決孩

子之間的爭執？

　　本章將說明如何運用說服的策略，解決上述兩個案例。包含說服的方式或管道如何影響說服效果，也就是解決「話要怎麼說」的問題。

讓孩子主動「挖坑」給自己跳

　　說服的方式可以分為被動說服和主動說服。被動說服指的是說服者向被說服者直接傳遞訊息，被說服者只是被動接受訊息；而主動說服則是讓被說服者參與說服的過程。

　　社會心理學家勒溫（Kurt Lewin）曾做過一個關於主／被動說服的經典實驗。在第二次世界大戰期間，由於食品短缺，美國政府號召家庭主婦用當時美國人並不喜歡的動物內臟做料理。

　　勒溫把一些家庭主婦隨機分成被動說服組和主動說服組。被動說服組的主婦只聽演講者介紹了豬、牛內臟的營養價值、烹調方法、口味等，要求大家改變對動物內臟的態度，把動物內臟作為日常食品，並且贈送每人一份烹調內臟的食譜。

　　而主動說服組則要求主婦共同討論，關於動物內臟的營養價值、烹調方法和口味等，並且分析使用動物內臟做料理可能遇到的困難，例如丈夫不喜歡吃、如何清潔等問題，最後由營養學家指導每個人親自試做。

　　結果，被動說服組的主婦只有 3% 的人採用動物內臟做料理，而主動說服組的主婦有 32% 的人採用動物內臟做料理。心理學家認為，在主動說服的過程中，主婦主動參與說服過程，自己提出某些難題，

又親自解決這些難題，因而態度的改變非常明顯，速度也比較快。而被動說服組的主婦由於在說服過程中處於被動，很少把演講的內容與自己聯繫起來，因而態度也難以改變。

心理學家還發現，隨著對觀點的熟悉程度和問題的重要性增加，被動說服的效果會逐漸變差。在選擇什麼牌子的礦泉水等小事上，可能被動說服的廣告會有效果，但在一般人熟悉且重要的事務上，比如選擇配偶，被動說服就難以改變人的態度。

回到本章開頭的兩個案例，幾位媽媽失敗的主要原因就是她們採用被動說服，直接告訴孩子應該怎麼做，比如什麼時候寫作業、如何分配平板電腦的使用時間等。要解決她們的問題，可以嘗試主動說服。

我教第一個案例中的兩位媽媽一個方法：不要直接幫孩子制訂假期學習計畫，而是要他們自己制訂完成作業的計畫。她們反駁道，她們嘗試過了，可是孩子不配合。我告訴她們，制訂計畫只是主動說服的第一步，在制訂計畫後，媽媽還必須要求孩子自己提出：如果沒有按照計畫執行，哪些權利會被取消。這都要孩子們自己考慮決定，媽媽只要尊重他們的決定即可。最後一步，討論決定後，要孩子把這個承諾寫下來，簽名、蓋手印，貼在家中顯眼的地方。一旦他們沒有遵守約定，你就取消規定中的權利，如果他們對你的處罰不滿，就提醒他們自己去看之前寫的承諾書。

讓孩子主動「挖坑」，比你「挖坑」給他們跳的說服效果更好。以前我的小外甥和我一起出門，在超市裡總是看到什麼都想買。最初我簡單粗暴地拒絕他的要求，但他會透過各種方式逼我讓步。後來我覺得不能再這樣下去，於是，我和他約法三章，每次去超市，他可以

自己決定買一樣商品，且每週總計不超過 100 元。在這個範圍內的錢我出，但如果超過 100 元，多出來的部分就要從他的壓歲錢裡扣。現在我們出門已經很少需要我提醒，他會自己主動比較哪個玩具的價格更划算，而他決定買哪個玩具後，也不會再提出購買其他玩具的要求。如果他買了超過 100 元的東西，還會自己主動提出從下週的費用裡扣除。我們在買東西這件事上，再也沒有發生過衝突。

很多家長為了省事，包辦了孩子許多事情，而且經常採用警告、恐嚇等手段逼迫孩子就範，這些都是被動說服。採取這種做法，不僅父母很累，也無法培養孩子的自主性和自我負責。如果讓孩子從小就有意識地參與說服的過程，尊重孩子的看法，共同協商解決辦法，慢慢地你會發現，孩子越來越自動自發，且擁有獨立思考和判斷的能力。如果你還在為孩子寫作業而煩惱，可以考慮嘗試這種主動的說服方式。

越生動的說服方式效果越好？

除了主被動說服方式外，還可以使用不同的說服形式，現場體驗、觀看影視作品、聽廣播或閱讀文字訊息。你覺得哪種說服形式的效果會更好？很多人的第一直覺是越生動的形式說服效果越好。

美國心理學家柴肯和他的同事做過一個實驗。他們提供一些大學生兩種訊息：一種是簡單的訊息，另一種是複雜難解的訊息，並將兩種訊息同時用三種不同的方式呈現：錄影、錄音和文字。

他們發現，簡單的訊息，錄影的說服效果最佳，錄音次之，而文字的說服效果最差；但是複雜的訊息，文字的說服效果反而是最好的

（見圖 3-15）。也就是說，簡單的訊息，越生動的說服方式效果越好，但是複雜的訊息，文字反而比生動的說服方式更有效。為什麼？因為複雜的訊息，被說服者可以根據自己的理解程度決定閱讀的速度，而生動的方式可能會讓他們的注意力不自覺地轉移到訊息以外的地方，比如說服者的身上，而不再聚焦於對訊息的加工。

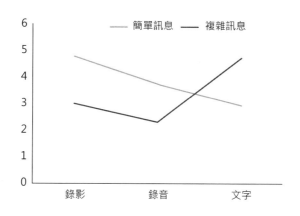

圖 3-15　以不同形式展示訊息的說服效果

小心「屈打成招」的陷阱

　　心理學家羅薩諾（Melissa B. Russano）和他的同事做過一個很巧妙的實驗。他們將研究者的助手與真正參加實驗的受試者兩兩配對，並要求他們獨立完成一些邏輯問題。其中一半的配對組裡，研究者的助手會問受試者問題的答案，受試者一般都會提供協助，這就等同是作弊行為。在另外一半的配對裡，助手並沒有尋求幫助，所以沒有發生

作弊行為。

　　兩組完成作答後，研究者進入房間，說明提供幫助屬於作弊行為，並譴責作弊的受試者。其中有些人接受的是「無壓制性說服」，研究者只是指責並要求其承認錯誤；而另一些人接受的則是「壓制性說服」，研究者威脅要把犯錯的學生名字報告教授，他們將因為作弊而受到嚴厲處分。之後，研究者提出，只要學生簽寫自白書，這個問題很快就可以解決。

　　結果發現，在無壓制性說服下，有 46% 的作弊學生簽寫自白書，但是在壓制性說服下，作弊學生簽寫自白書的比例上升到 87%，特別值得注意的是，有 43% 的無辜學生也簽寫了自白書（見圖 3-16）。這個實驗說明，壓制性說服技術雖然能使更多有罪的人認罪，但同樣也會使無辜的人「屈打成招」。

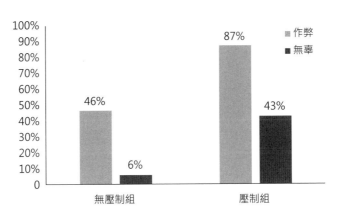

圖 3-16　不同說服技術下簽寫自白書的學生比例

在日常生活中，家長或老師以為孩子在學校裡受到欺負或做了壞事，會怎麼辦？如果對孩子採取壓制性說服，可能會使孩子承認他們沒有經歷或沒有做過的事。年紀越小的孩子，這麼做的可能性越大。

最後，這個實驗還有一個很有趣的發現，就是在無壓制性說服下，有 6% 沒有作弊的學生也認罪了。心理學家對此很納悶，你如果感興趣的話，不妨思考看看為什麼這些人會認罪。

練習題

在生活中嘗試使用主動說服的方式來說服孩子或者伴侶做出某些改變。

(•••) 預警效應與接種效應
27 提高説服「免疫力」

先來回顧前幾年在網路上盛傳的一則謠言。

2017 年,一個「注膠蝦」的影片在網上瘋傳,拍攝者一邊從每隻蝦蛄的背部拆出一條比較硬的、紅棕色的東西,一邊控訴為蝦子「注膠」的「黑心商人」。

「這個大的(蝦蛄)裡面,多長一條(膠),這是要把人吃死嗎?」

隨後各大官方媒體紛紛闢謠,說明影片中所謂的「注膠」其實是蝦蛄身體內未成熟的蝦黃,而且這些真正有籽的蝦蛄才是品質最好的,價格也相對較高。蝦蛄一旦注膠就會死亡,而死蝦在市場上價格很低,所以不會有這種作假行為。

同類的謠言屢見不鮮。有些謠言即使是官方媒體闢謠後,仍然有不少人選擇堅信黑心商家會做這種事。

這真的是印證了「造謠一張嘴,闢謠跑斷腿」。

本章所關注的問題就是,為什麼謠言散布之後,即使更權威的媒體闢謠,大眾還是會對可靠證據視而不見,寧願繼續相信謠言?哪些方法可以幫助我們抵擋別人的說服?

說服來襲！請預先做好防範準備

　　假設今天上午一個同事偷偷告訴你，例會上主管會宣布一個消息：這個月的週末都要加班。對於主管隨後發布的加班要求，提前知道和沒有提前知道，哪一種情況你會更反彈？

　　心理學家發現，一旦我們知道有人將要說服我們，尤其是他傳遞的觀點和我們本身的態度不一致，就會引起我們警覺並啟動抵制，降低說服的效果。心理學家稱之為「預警效應」（Forewarning Effect），也就是俗話說的「打草驚蛇」。

　　心理學家費里德曼及其同事進行過一個反對「青少年開車」的實驗。研究者先測試了高中生對青少年開車的態度——大部分高中生都支持青少年開車。幾週後，研究者邀請這些學生聽一場關於強烈反對青少年開車的演講，並將參與實驗的學生隨機分組。在演講開始前十分鐘，研究者告知一組學生即將聽到一場反對青少年開車的演講，另一組學生在演講開始前兩分鐘才接到預警，而其他學生則沒有接到任何預警。同時，研究者要求一部分學生留意演講的內容，另外一部分學生留意演講者本人。

　　研究者發現，在關注說服內容的情況下，接受十分鐘預警的學生態度轉變最小，亦即這場演講的說服效果最差（見圖 3-17）。在沒有接到預警的學生裡，67% 的學生聽完演講後轉而支持演講的觀點，而接受十分鐘預警的學生只有 52% 態度轉變。研究者認為，預警時間越長，聽者越有充足的時間去回憶和組織可能用於說服的論據，並練習反駁，因此說服的效果比預警時間短的情況更差。這項研究還發現，

如果聽者關注演講者本人而非演講內容，預警效應就沒有那麼明顯。

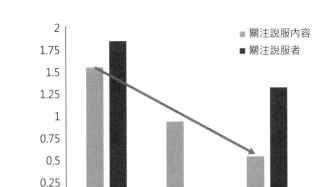

圖 3-17　預警效應與態度轉變

重新回到週末加班的案例，你的原始態度反對加班，當你知道接下來主管要告訴你加班的訊息，會讓你提前警覺並試圖抵抗，而且越早知道這個訊息，你的預警就會越強烈。如果你是主管，計畫推出某項員工可能反對的政策，最好不到最後一刻不要走漏風聲，不然推行起來可能會比較困難。

不過，預警效應成立的前提是被說服者的原始態度和將要接受的說服訊息不一致。如果被說服者已經支持這個說服訊息，那預警效應就不成立。當你知道別人要說服你，而且說服訊息支持你原有的態度，你可能會更加支持這個訊息，說服效果更好。

再以主管在例會上宣布訊息為例，同事偷偷提前告訴你，今天的例會上主管會宣布這個月調漲薪資。如果提前知道，你對主管的說服

訊息會更加支持。換句話說，假設你是主管，計畫推出一項員工會支持的政策，早點大肆宣傳可能比你遮遮掩掩想給大家一個驚喜的說服效果更好。

來一劑說服的「預防接種」吧！

除了預警效應有助於抵擋他人的說服外，接種說服的「疫苗」也可以抵抗說服。

免疫學認為個體受到外來病毒入侵時，可以採取兩種應對方式：一種是提供支持性療法，比如藉由補充營養、運動和休息來恢復健康；另一種是提前接受小劑量的病毒感染來獲得對病毒的免疫力。心理學家麥吉瑞（William J. McGuire）借用這種免疫學的接種原理提出抵抗說服的「態度免疫」（Attitude Inoculation），也就是「接種效應」（Inoculating Effect）：如果人在被說服之前先接受「小劑量」反對其原有觀點的論據，那對於隨後嘗試改變自己態度的說服訊息就會產生免疫。

接種說服的「疫苗」，一方面可以增強大眾對說服訊息的脆弱感知，以激勵大眾啟動對說服的防禦；另一方面可以提供大眾反駁說服訊息的練習，從而增強抵抗未來訊息的能力。如果大眾在沒有先接種疫苗的情況下，直接接觸強有力的說服訊息，由於沒有時間對訊息做更多的思考和反駁，很可能就會成功地被有力的訊息說服。

麥吉瑞進行了一系列的說服態度免疫的研究。他先收集了一些大眾比較熟悉的常識，比如「每餐飯後刷牙是明智之舉」。

　　如果大眾隨後接受大量反對此一常識且具有一定可信度的訊息攻擊，比如一位聲望很高的權威人士說，頻繁刷牙不好，會破壞牙齦。大眾就可能改變自己的態度，接受這個有力訊息的說服。但是，如果在大眾接受強有力的訊息攻擊之前，先讓他們接受對於此一常識的小小挑戰作為「預防針」，比如思考頻繁刷牙可能有哪些壞處。隨後再呈現強有力的說服訊息，大眾就比較難被有力訊息說服。

　　說服的接種效應在現實生活中非常好用。如果希望孩子能夠拒絕危險行為，父母可以嘗試先替他們「打預防針」，此後有人慫恿他們去做危險的事，孩子更可能會拒絕。泰爾克（Michael J. Telch）和同事對此進行了一項實驗，他們為中學生「注射」了一劑同儕吸菸壓力的「疫苗」，並告訴他們，如果有人向他們傳遞「不會吸菸的人都是弱雞」的訊息，學生可以這麼反駁：「如果吸菸只是為了給你留下什麼印象的話，我寧願做一隻『弱雞』。」接受過幾次「疫苗」訊息接種後，研究者比較這些學生和未接種「疫苗」學生在往後 33 個月內的吸菸數量。結果發現，接種「疫苗」學生的吸菸數量明顯少於未接種的學生，是後者吸菸數量的三分之一（見圖 3-18）。

　　最後再回到本章開頭的案例，為什麼「謠言一張嘴，闢謠跑斷腿」？原因就在於謠言發揮了「接種疫苗」的作用，對那些認知能力不太好的人來說尤其如此，一旦他們聽信謠言、拒絕接受事實，往後即使面對專家更有力的說服訊息也容易產生抵觸。

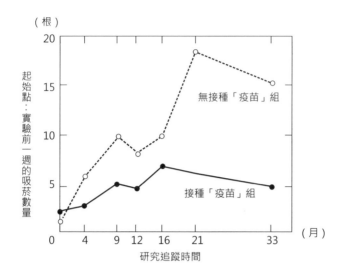

圖 3-18　接種說服「疫苗」學生的吸菸數量變化

　　不管是認知失調，還是說服，這些理論和技術本身並沒有好壞之分，而是取決於使用者的目的。我們可以利用這些理論和技術來勸大眾從善，造福社會，當然也有不肖之徒會利用這些理論和技術誘騙他人。學習心理學一方面要學會善用這些知識來做對社會有益的事，另一方面也要學會抵擋這些知識的惡意濫用。

　　如果你想了解自己在說服過程中是更加關注證據，還是更關注說服證據以外的訊息，比如說服者的長相，可以嘗試填寫下方的認知需求量表。

測驗題　　　認知需求量表

1. 比起簡單的問題，我更喜歡複雜的問題。

①非常不符合　②有些不符合　③不確定　④有些符合　⑤非常符合

2. 我喜歡處理一些需要耗費很多腦力的情況。

①非常不符合　②有些不符合　③不確定　④有些符合　⑤非常符合

3. 我不覺得思考是一件有趣的事。

⑤非常不符合　④有些不符合　③不確定　②有些符合　①非常符合

4. 我更願意處理一些基本上不需要思考的事情，而不願意嘗試挑戰我思考能力的事情。

⑤非常不符合　④有些不符合　③不確定　②有些符合　①非常符合

5. 我會迴避處理一些預計可能需要對某些事物進行深入探究的問題。

⑤非常不符合　④有些不符合　③不確定　②有些符合　①非常符合

6. 我能從長時間艱難的思考中獲得滿足感。

①非常不符合　②有些不符合　③不確定　④有些符合　⑤非常符合

7. 我不做無謂的思考。

⑤非常不符合　④有些不符合　③不確定　②有些符合　①非常符合

8. 我更願意思考一些日常的小規劃，而不願意思考長期的規劃。

⑤非常不符合　④有些不符合　③不確定　②有些符合　①非常符合

9. 我喜歡做那些一旦學會就不再需要思考的事。

⑤非常不符合　④有些不符合　③不確定　②有些符合　①非常符合

10.「思考能讓人登峰造極」這個想法很吸引我。

①非常不符合　②有些不符合　③不確定　④有些符合　⑤非常符合

11. 我非常享受需要引進新方法來解決問題的任務。

①非常不符合 ②有些不符合 ③不確定 ④有些符合 ⑤非常符合

12. 我對學習從新的角度思考問題並不感到興奮。

⑤非常不符合 ④有些不符合 ③不確定 ②有些符合 ①非常符合

13. 我希望我的人生充滿待解的謎題。

①非常不符合 ②有些不符合 ③不確定 ④有些符合 ⑤非常符合

14. 抽象思考這個概念非常吸引我。

①非常不符合 ②有些不符合 ③不確定 ④有些符合 ⑤非常符合

15. 比起那些具有一定重要性但不怎麼需要思考的任務，我更喜歡需要動腦的、困難的、重要的任務。

①非常不符合 ②有些不符合 ③不確定 ④有些符合 ⑤非常符合

16. 在完成一項需要耗費許多腦力的任務之後，我感到解脫而非滿足。

⑤非常不符合 ④有些不符合 ③不確定 ②有些符合 ①非常符合

17. 我只需要知道什麼東西能做什麼事情就夠了，不在乎怎麼做以及為什麼能做到。

⑤非常不符合 ④有些不符合 ③不確定 ②有些符合 ①非常符合

18. 我經常深入思考一些對我個人沒有影響的事情。

①非常不符合 ②有些不符合 ③不確定 ④有些符合 ⑤非常符合

【量表說明及評分標準】將你選擇的選項前的數字加總，就是你的認知需求得分。分數越高，代表你越關注說服的相關證據是否合理；分數越低，則代表你在說服過程中，越關注證據以外的訊息，比如說服者是否長得好看等。

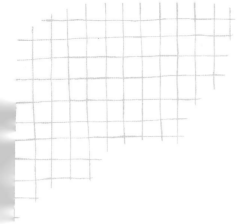

PART 4

破解情感

我們為什麼看不透

●●● 外表吸引力
28 好看的「皮囊」千篇一律

　　沉魚落雁、貌若潘安，這些詞彙經常用來形容一個人容貌極美。你有想像過沉魚落雁和貌若潘安到底是什麼樣的容貌嗎？古書上描述西施貌若天仙，增半分嫌腴，減半分則瘦。西施常浣紗於水上，魚為之沉，故有沉魚之說。而對於潘安，古書上則描述：「安仁至美，每行，老嫗以果擲之滿車。」也就是說，潘安出遊的時候，老奶奶們扔給他的水果可以裝滿他的馬車。

　　近幾年還流行一句話「好看的皮囊，千篇一律；有趣的靈魂，萬裡挑一」，好看的皮囊真的是「千篇一律」嗎？關於這個主題，來看看科學研究是如何回答的。

美麗是一張好用的「通行證」

　　俗話說「空有一副好皮囊」，好看的皮囊真的沒有什麼用嗎？

　　心理學家海德等人做過一項實驗，他們請人為 737 名美國 MBA 畢業生的長相評分。評分標準為 1 ～ 5，1 分表示非常沒有吸引力，5 分表示非常有吸引力。同時追蹤收集這些畢業生入職後的起薪和年收入。結果發現，長得好看的男性起薪更高，但女性幾乎沒有影響。而且男性在長相上多一分，年收入可增加 2,600 美元，而女性在長相上

多一分，年收入可增加 150 美元。

　　還有研究表明，漂亮的小孩更可能被認為聰明可愛，更容易得到老師的偏愛，更可能被委任為學生幹部，做錯事也更少受到懲罰。好看的成年人則會被認為擁有更多良好的特質，更善於社交，更加親和。在職場上，長得好看的人也常常讓人感覺更有競爭力，更加專業，因此更容易獲得工作機會，擁有更高的薪水，也更容易獲得升遷。

　　美國人傑瑞米・米克斯（Jeremy Meeks）曾轟動一時，被稱為「最帥囚犯」（Hot Felon），他的照片一出現在網路上，就引起網友騷動，甚至有人要替他募款請律師。他還沒有刑滿出獄就已有專業模特兒公司找他簽約，獲釋後還與億萬富翁的繼承人交往。

　　Netflix 在 2020 年年初推出一檔綜藝節目，《百樣人生》（100 Humans），其中有一個實驗探討了人會不會以貌取人。在這個田野實驗裡，研究者提供百人團三組照片，每組照片各兩張，其中一張照片上的人長相比較有吸引力，另一張則相對普通。照片上的人都犯下完全相同的罪行，請百人團判斷他們各要監禁多少年。

　　第一組的兩人罪行都是毒品製造交易和攜帶槍支。長相好看的那個人獲得的量刑比長相不好看的那個人少了五年。不僅如此，百人團對兩人行為的解釋也有很大的不同。對於長相不好看的人，觀眾認為他的行為是他自己造成的，而長相好看的那個，觀眾更傾向為他尋找外在原因開脫。

　　第二組的兩人都犯下入室搶劫罪。長相好看的人比不好看的人獲得的建議監禁時間少一半。

　　最後一組的兩人則是涉嫌過失導致自己的孩子死亡。百人團對長

得不好看的人平均建議監禁長達 33 年，而長得好看的人只有 17 年。

　　亞里斯多德（Aristotle）曾說：「美貌比任何介紹信都更具有推薦效果。」（Personal beauty is a greater recommendation than any letter of reference.）不僅如此，有時候，美貌還可能成為「免死金牌」。

好看的「皮囊」長什麼樣

　　既然好看的皮囊這麼有用，那好看的皮囊到底長什麼樣子？有人說「好看的皮囊千篇一律」，但也有人說「情人眼裡出西施」，那麼好看到底有沒有統一的標準？

　　可能很多人認為美麗是非常主觀的判斷，但科學研究顯示，長得好看的人具有一些共同特徵。

　　好看「皮囊」的第一個特徵：更接近人群的長相平均值，又稱為「長相平均化假設」（Averageness Hypothesis）。

　　美國心理學家朗瓦（Judith H. Langlois）和她的同事利用電腦合成不同男女的照片，每張合成照片使用的原始照片有 2 ～ 32 張不等，然後要大學生評價這些原始照片和不同合成照片的吸引力。研究者發現，合成照片使用的原始照片數量越多（越接近平均值），大學生會認為這張合成照片越有吸引力（見圖 4-1）。

　　為什麼越接近平均值的照片越有吸引力？

　　研究者認為，越接近平均值的照片越少出現臉部不對稱或五官比例失衡的問題，且將多張面孔合成後，皮膚的皺紋等瑕疵也消失了，皮膚看起來年輕、光滑，在在傳遞出照片上的人可能更健康且繁殖力

更強等訊息。

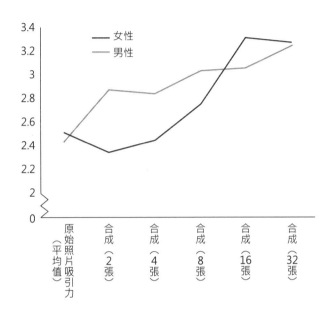

圖 4-1　大學生對不同的合成照片的吸引力評價

　　然而，越接近平均值的長相越像是所謂的大眾臉，所以合成後的
照片雖然第一眼覺得很好看，卻沒有什麼特色，很難記住。就像曾經
轟動一時的 2013 年韓國小姐 TOP 20，這 20 個佳麗每一個單獨看都很
漂亮，但是排排站在一起，有網友調侃說，就像是玩消消樂，大家都
「臉盲」了。這些佳麗可能「改善」過自己的長相，使其更加接近平
均值，因而雖然漂亮，看多了卻記不住，也分不清。「網紅臉」[6]之所
以缺乏識別度也是出於這個原因。

6　網路流行語，意指長相雷同，具備大多數網紅相貌特徵的臉型。

好看「皮囊」的第二個特徵：臉部更對稱（Symmetry）。在一項實驗裡，研究者為受試者分別展示了高對稱和低對稱的面孔，並要求受試者對此人的吸引力、健康、社交、才智、自信以及焦慮等方面進行評價。結果發現，受試者大多認為高對稱面孔的人擁有更好的正面特質，比如更健康、更有力、更聰明、更自信、更平衡等（見圖4-2）。而在負面特質方面，比如焦慮，受試者認為高對稱面孔的人，較低對稱面孔的人低。

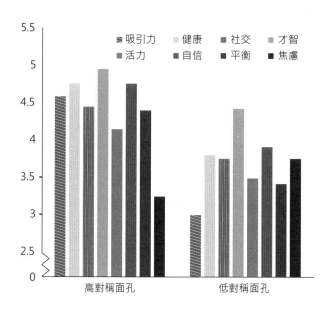

圖4-2　受試者對不同對稱度面孔的評價

在另一項實驗中，研究者分別讓男性受試者和女性受試者看不同

對稱程度的異性面孔照片，並讓他們判斷這個人的吸引力，以及選擇這個人為配偶的可能性。結果發現，不管是男性還是女性，面孔的對稱性越高，吸引力就越大，且男性更喜歡面孔對稱的女性；女性在選擇配偶時，對男性面孔對稱度則沒有明顯偏好（見圖 4-3）。

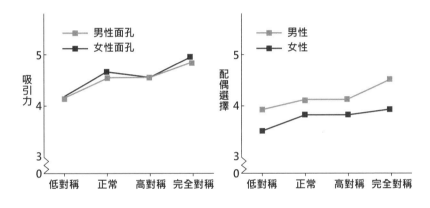

圖 4-3　不同對稱程度面孔對異性的吸引力

好看「皮囊」的第三個特徵：男的「陽剛」，女的「陰柔」，亦即典型的「性別二態性」（Sexual Dimorphism，或雌雄二型性）。有的研究者認為，男性和女性在青春期出現的第二性徵，可作為優良基因的可靠訊號，所以表現出相對應性別特徵的人可能會更受異性青睞，在求偶上也更具競爭力。

不過也有研究指出，部分女性對於較女性化的男性面孔也有偏好。到底是陽剛男性的形象最具吸引力，還是花美男更具吸引力？目前科學界並沒有共識。

「完美」的面孔：馬奎德面具

到底有沒有完美的面孔？美國整型醫生史蒂芬‧馬奎德（Stephen Marquardt）根據黃金比例，打造出「馬奎德面具」（Marquardt Beauty Mask），這個面具就是人類美麗面孔的極致表現。

馬奎德發現，很多公認的美麗面孔，不管是藝術品還是知名人士，基本上都能和這個面具相符。即使有些沒有百分之百符合，但仍然相當接近。

雖然網路上關於這個面具的討論，主要集中在明星面孔及臉部整型，但馬奎德提出這個面具的初衷，是為一些具有顏面缺陷的人作為整型參考。

愛美之心，人「早」有之

人對美的偏好是天生的，還是受到社會文化的影響？曾有研究者讓剛出生兩個月及兩個月以上的嬰兒，看有吸引力和沒有吸引力的面孔照片，結果嬰兒更喜歡看有吸引力的面孔，且不分種族、性別和年齡，嬰兒的這種偏好是一致的。還有研究者發現，甚至剛出生 2 ～ 3 天的新生兒就已表現出對有吸引力面孔的偏好。由於新生兒尚未受到社會文化的影響，研究者由此推斷，「看臉」的傾向是與生俱來的，也就是「愛美之心，人早有之」。

「我太美，我有罪！」——為美貌所累

美貌真的所向披靡、百利而無一害嗎？不一定。有時候長得「太美」也是「罪」。心理學家薩科（Donald F. Sacco）和他的同事曾做過一個實驗，他們向受試者分別展示高吸引力、中吸引力和低吸引力的面孔照片，要求受試者評估這些人的助人能力、助人意願，並估算他們實際助人和應該助人的程度。

結果顯示（見圖4-4），人的面孔吸引力和他人認為他助人的行為呈倒U型。雖然大家都認為高吸引力和中等吸引力的人在應該助人的程度上沒有差別，但相比中等吸引力的人，長相好看和長相難看的人被認為更不可能做出實際助人的行為，而且長相好看的，助人可能性最低。

進一步分析顯示，對於好看和難看的人為什麼不助人，受試者有不同解釋。他們認為好看的人之所以不助人，不是因為沒有能力，而是他們以自我為中心而不願意提供幫助。高吸引力的人在助人能力上與中等吸引力的人不相上下，但在助人意願上被評估為最低。至於低吸引力的人之所以不助人，受試者大多將其歸咎於既沒有能力幫助他人，又沒有幫助他人的意願。由此可見，人對長得好看的人並非一直都很友善，但對長得不好看的人更加殘忍。

回到本章開頭的兩個問題，沉魚落雁、貌若潘安的容貌到底長什麼樣子？心理學家的回答是，更接近平均值、更對稱、更符合黃金比例的面孔。好看的皮囊真的千篇一律嗎？心理學的研究發現，確實是千篇一律。當然，這只是心理學的看法。美麗永遠是不敗的話題，而

長相也只是眾多吸引人的因素之一。接下來將繼續探討哪些因素會影響人際吸引以及選擇對象。

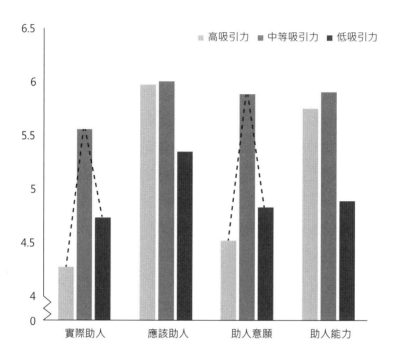

圖 4-4　不同等級吸引力的人應該助人和實際助人的行為

影視推薦

・ BBC 紀錄片《五官奧妙》（The Human Face），2001 年。

・ Netflix《百樣人生》（100 humans: Life's Question Answered），
　2020 年，第一季、第一集〈怎樣會有吸引力？〉

••• 人際吸引因素
29 我好像在哪裡見過你

　　曾經有個大一男孩在入學不久後找我傾訴，他覺得大學生活非常苦悶，不僅和室友合不來，在班上也沒有什麼朋友。他很懷念高中生活，甚至覺得自己有點憂鬱。很多人換了新環境都會產生類似的感受，那麼你會怎樣開導這個男生？

　　張愛玲在《半生緣》裡寫道：「在這個世界上總有一個人是等著你的，不管在什麼時候，不管在什麼地方，反正你知道，總有這麼個人。」

　　但是我們為什麼總是遇不到這個合適的人？

　　本章要探討有哪些環境因素會影響人際吸引，或許可以回答上面的兩個問題。

我們生日是同一天耶！

　　「物以類聚，人以群分」、「夫妻臉」等說法，在心理學領域被視為人際吸引的因素之一：相似性（Similarity）。人在擇偶或者選擇朋友的時候，傾向選擇與自己比較相似的人，這種相似體現在長相和態度等許多方面。比如明星或者名人的伴侶，他們在長相和社會地位等方面都與明星或者名人比較接近。

　　心理學家芬奇（John F. Finch）和他的同事做過一項名為「拉斯普丁」（Rasputin）的實驗。他們先給一些大學生看有關沙皇俄國的一代「妖僧」拉斯普丁的文字資料，其中生動描述了拉斯普丁肆無忌憚、玩弄權術和貪得無厭的行為。部分大學生拿到的資料封面上印著拉斯普丁的名字和生日，但是拉斯普丁的生日被研究者動了手腳，改成與這個大學生同月同日生；另外一部分大學生拿到的資料上則沒有拉斯普丁的生日。學生閱讀完拉斯普丁的資料後，研究者要求他們從愉快／不愉快、好人／壞人、強／弱等方面，評價拉斯普丁，數值越低代表越正面，數值越高代表越負面。

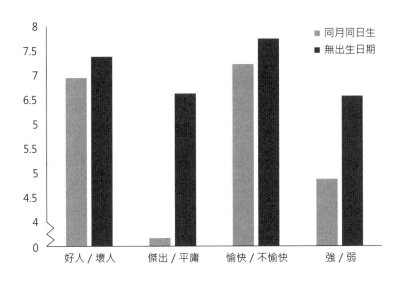

圖 4-5　對「妖僧」拉斯普丁的不同評價
註：分數越高表示評價越負面。

　　研究者發現，僅僅是同月同日生的細微訊息，就足以讓受試者做出更積極、正面的評價（見圖 4-5）。難怪星座會成為社交場合的不敗話題，因為一旦你知道另一個人和你同星座，甚至只是同為火象星座，就能找到相似性，不需多做努力，你們之間的好感度就會上升。

　　心理學的研究還發現，一些無意識的動作模仿也能提高人際吸引。比如和陌生人聊天時，你可能會摸自己的鼻子，對方如果喜歡你，可能就會無意識地重複你的舉動。根據這項研究，你可以在某種程度上判斷約會對象是否對你有意思。你可以觀察他是否無意間和你的動作同步，比如你拿起水杯喝水，他隨後也重複了你喝水的動作；這代表他很可能喜歡你。

　　你也可以反向應用這個理論。如果你想增加對方對你的好感度，投其所好、心慕手追是不錯的辦法。荷蘭心理學家瑞克‧范‧巴倫（Rick van Baaren）曾做過實驗，要餐館裡的同一個女服務生正常回應一些顧客點餐，比如回答「好的」、「一會就上」；而對另一些顧客，這個女服務員則重複顧客點餐所說的話。結果發現，在有重複的情況下，服務生獲得小費次數的比例是 85%，沒有重複的情況下只有 61%。而且在有重複的情況下，她得到的小費也多於沒有重複的情況。

　　值得注意的是，上述相似性模仿的實驗是在無意間進行的，亦即顧客沒有察覺自己被模仿。如果你想利用模仿來提高人際吸引，一定要盡量做到自然不著痕跡，才能取得效果。過分刻意模仿，可能會適得其反，讓對方覺得你在取笑他，進而引發對方厭惡。

你看起來好眼熟啊！

第二個影響人際吸引的因素是熟悉性（Familiarity），俗話說「他鄉遇故知」就是指這個因素。心理學家羅伯・查瓊克（Robert Zajonc）提出「單純曝光效應」（Mere-Exposure Effect）理論，意思是只要某個刺激在你面前曝光的頻率越高，你對其評價就越高。

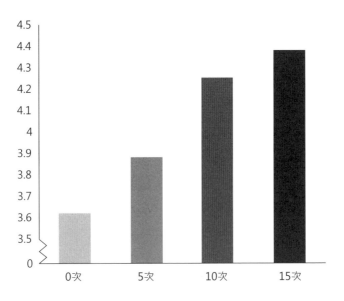

圖 4-6　出席次數不同的女性在大學生心中的吸引力

心理學家莫蘭德（Richard Moreland）和比奇（Scott Beach）做過一項經典的單純曝光效應實驗。他們將四名陌生女性安插到一堂大學課程旁聽，這四名女性整個學期皆不與教室裡的大學生互動。研究者

設定這四名女性在課堂上出現的頻率為 0 ～ 15 次。等到學期末，研究者邀請大學生評價四名女性的吸引力。結果發現，隨著女性在教室裡出現的次數增加，大學生對其吸引力的評價也會上升（見圖 4-6）。

　　研究者還發現，單純曝光效應對一些非人的刺激也成立。查瓊克讓大學生看了一些他們不認識的字或者無意義的人造詞，並操作這些字詞的曝光頻率，最後要大學生評價這些字詞的「美好」（Goodness）程度。同樣的，隨著曝光頻率增加，大學生對這些字詞的正面評價也會上升（見圖 4-7）。

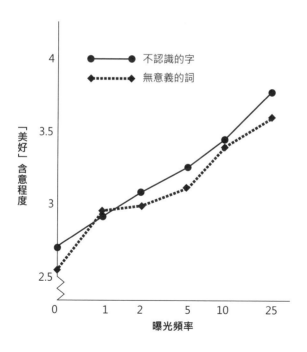

圖 4-7　曝光頻率對字或詞的美好程度影響

　　這種曝光效應甚至影響我們對自己長相的偏好。心理學家米塔（Theodore H. Mita）讓一些女性看她們的鏡像照片（也就是從鏡子裡看到的自己，和真實長相左右相反），以及她們真實的面部照片（相機拍攝的照片，即別人眼中所見）。研究者同時也把這兩種照片拿給這些女性的密友或者伴侶看。結果發現，這些女性中，超過 78% 更喜歡自己熟悉的鏡像照片。相反的，61% 的朋友和 68% 的伴侶都更喜歡她們的真實照片。

　　新冠肺炎疫情期間，學校將課程全部改為網路教學，我第一次打開電腦的視訊鏡頭，被自己的樣子嚇了一跳，為什麼我在鏡頭裡的臉看起來那麼奇怪？這其實是因為我已經習慣了鏡子中的自己。隨著上課次數增加，曝光頻率也增加後，我慢慢習慣了自己在電腦螢幕上的樣子。這也解釋了不常拍照的人，為什麼會覺得照片上的自己不像自己（自拍除外，許多手機的前置鏡頭和鏡子成像一樣是左右相反的）。

　　為什麼熟悉性會帶給我們好感？心理學認為，在人類漫長的演化過程中，熟悉的東西能帶來安全感，而不熟悉的東西可能意味著不安全，偏好熟悉的事物其實具有保護意義。所以，如果你喜歡某人，想增加他對你的好感度，不妨多製造一些不經意的邂逅，在他面前多出現幾次，說不定能提高你的成功率。那些常見的搭訕臺詞，像是「我好像在哪裡見過你」、「雖然今天是第一次見面，但我覺得我們好像已經認識很久」，其實無非是想製造熟悉性，來降低對方的戒心。

　　熟悉性不僅能引發好感，還能促進相似性，所以那些長期生活在一起的伴侶，後來會越來越「夫妻臉」。

我就住隔壁，想跟你借點糖

心理學家認為影響人際吸引的第三個因素是接近性（Proximity），在時間或空間上接近我們的人更具有吸引力。俗話說「遠親不如近鄰」、「近水樓臺先得月」，就是人際吸引的接近性。

茫茫人海中總有一些人符合你的擇友或擇偶條件，但你為什麼就是沒有遇見他們呢？因為他們有可能和你在時空上離得太遠了。回想你的好朋友或者戀人，是不是原本都在你的生活圈內？

提出認知失調的心理學家費斯汀格和他的同事做過一項研究，他們調查了麻省理工學院住宿學生的友誼形成情況。當時住宿生的宿舍有兩層，上下各五間寢室，入住時彼此互不認識。心理學家要求這些學生列出入住一段時間後，他們在整個宿舍中最要好的三位朋友。

結果發現，他們列出的朋友中，65% 都住在同一層。此外，雖然同一層兩端的寢室才距離 27 公尺，但 41% 的人和隔壁學生成為好朋友，22% 的人和隔兩三間的學生成為朋友，只有 10% 的人和同一層另一端的學生成為朋友。不僅如此，研究者還發現，功能距離（Functional Distance）也很重要，比如住在樓梯口和郵箱旁邊的人，比同層的其他學生更可能認識其他樓層的朋友。所以，社區櫃檯的保全應該是社區的萬事通，因為那裡是社區的人員集散地，想找人，問他們肯定沒錯。

心理學家貝克（Kurt W. Back）和他的同事對心理學系大一新生入學第一天的座位進行隨機安排，然後要這些學生評價班上其他同學的吸引力，並在一年後邀請他們評價自己與班上同學的友誼強度。

研究者發現，開學第一天坐在隔壁的同學更容易被受試者評為最

具吸引力的人，並於 一年之後，受試者與同班同學成為朋友的可能性，從高到低，依次是：開學坐在隔壁的同學、坐同一排的同學、其他同學（見圖 4-8）。再想想你和公司裡哪些同事可能關係更好？是不是和你同期，甚至入職培訓就坐在你旁邊的人？

心理學家認為接近性和相似性有關，也就是說，越相似的人可能越偏好同樣的情境。比如，和你選擇同一個社區的鄰居，很可能你們對環境的偏好比較接近。不僅如此，接近性也提供你更多機會去了解對方，所以接近性也能提升熟悉性。

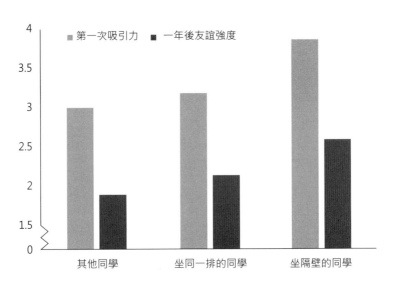

圖 4-8　學生對不同座位同學的吸引力評價

回到開頭那個苦悶大一學生的案例，他上大學後脫離了之前的社交圈，急需建立新的社交圈，那他在哪裡才能找到知己呢？我向他建

議，不要強迫自己和合不來的室友或者同班同學成為朋友，可以先思考自己有什麼興趣愛好，然後根據自己的興趣愛好加入相應的學生社團，也許他的好朋友已經在那裡等他了。這就是利用人際吸引的接近性和相似性原則。

為什麼遇不到張愛玲說的那個合適的人呢？很可能是因為彼此剛好在錯誤的時間和錯誤的地點等待。

孤獨是貨真價實的痛

生活中還有一種與人際吸引相反的現象 —— 社會排除（Social Exclusion）。人是社會性動物，與他人建立人際關係是重要的生存基礎，被他人排斥可能會誘發一系列問題。

心理學家鮑梅斯特和他的團隊做過一系列社會排除實驗，發現被排斥的人更不願意幫助別人，比如捐更少的錢、更不願意提供志願服務、更不願意合作等。社會排除不僅對人的行為造成負面影響，被排斥的個體在一般智力測驗和 GRE 測驗[7]上的表現，也比擁有良好關係的人差很多（見圖 4-9）。

艾森柏格（Naomi Eisenberger）等人用功能性核磁共振造影（fMRI）技術掃描被他人排斥的大學生的腦部活動，發現被他人排斥時，大腦的前扣帶迴皮質（anterior cingulate cortex）和腹內側前額葉皮質（ventromedial prefrontal cortex）的活動都會增強，而當身體感到疼

---

7 申請入學美國的研究所或是研究機構，GRE（Graduate Record Examinations）測驗成績是參考的條件之一。

痛時，這兩個區域的活動也會增強，換句話說，人在社會排除中體驗
到的痛苦和肉體的痛苦是一樣的。

　　如果你對人際吸引感興趣，不妨試試看文末的人際吸引量表，這
個量表可以大致判斷一個你接觸過的人在哪方面吸引你。

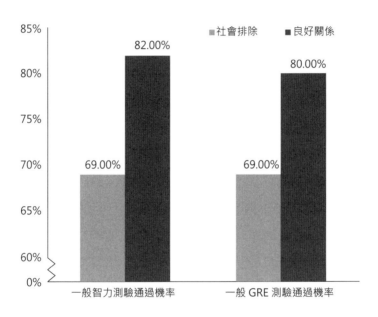

圖 4-9　不同社會關係的人在智力、GRE 測驗上的表現

 **人際吸引量表**

題目中的他／她是你很熟悉的一個朋友、同事、同學，你們見過面或者曾
共事過，請你根據自己的感受選擇描述下方的相應選項。

1. 我覺得他/她很有魅力。

①非常不同意　　②不同意　　③比較不同意

④不確定　　⑤比較同意　　⑥同意　　⑦非常同意

2. 我認為他/她可以成為我的朋友。

①非常不同意　　②不同意　　③比較不同意

④不確定　　⑤比較同意　　⑥同意　　⑦非常同意

3. 他/她長得不好看。

⑦非常不同意　　⑥不同意　　⑤比較不同意

④不確定　　③比較同意　　②同意　　①非常同意

4. 如果我想把事情搞定，我可以依靠他/她。

①非常不同意　　②不同意　　③比較不同意

④不確定　　⑤比較同意　　⑥同意　　⑦非常同意

5. 我不喜歡他/她的長相。

⑦非常不同意　　⑥不同意　　⑤比較不同意

④不確定　　③比較同意　　②同意　　①非常同意

6. 和他/她交流比較困難。

⑦非常不同意　　⑥不同意　　⑤比較不同意

④不確定　　③比較同意　　②同意　　①非常同意

7. 他/她的衣著整潔。

①非常不同意　　②不同意　　③比較不同意

④不確定　　⑤比較同意　　⑥同意　　⑦非常同意

8. 他/她解決問題的能力很差。

⑦非常不同意　　⑥不同意　　⑤比較不同意

④不確定　　　　③比較同意　　　②同意　　　　　①非常同意

9. 他／她無法融入我的社交圈。

⑦非常不同意　　　⑥不同意　　　　⑤比較不同意

④不確定　　　　③比較同意　　　②同意　　　　　①非常同意

10. 我覺得他／她非常好看。

①非常不同意　　　②不同意　　　　③比較不同意

④不確定　　　　⑤比較同意　　　⑥同意　　　　　⑦非常同意

11. 他／她看起來很性感。

①非常不同意　　　②不同意　　　　③比較不同意

④不確定　　　　⑤比較同意　　　⑥同意　　　　　⑦非常同意

12. 他／她不勝任指派給他／她的工作。

⑦非常不同意　　　⑥不同意　　　　⑤比較不同意

④不確定　　　　③比較同意　　　②同意　　　　　①非常同意

13. 他／她的衣著不合身。

⑦非常不同意　　　⑥不同意　　　　⑤比較不同意

④不確定　　　　③比較同意　　　②同意　　　　　①非常同意

14. 我對他／她完成工作的能力有信心。

①非常不同意　　　②不同意　　　　③比較不同意

④不確定　　　　⑤比較同意　　　⑥同意　　　　　⑦非常同意

15. 他／她有點醜。

⑦非常不同意　　　⑥不同意　　　　⑤比較不同意

④不確定　　　　③比較同意　　　②同意　　　　　①非常同意

16. 我想和他／她友好地聊一聊。

①非常不同意　　　②不同意　　　③比較不同意

④不確定　　　⑤比較同意　　　⑥同意　　　　⑦非常同意

17. 我無法與他／她一起完成任何事情。

⑦非常不同意　　　⑥不同意　　　⑤比較不同意

④不確定　　　③比較同意　　　②同意　　　　①非常同意

18. 我們永遠無法成為朋友。

⑦非常不同意　　　⑥不同意　　　⑤比較不同意

④不確定　　　③比較同意　　　②同意　　　　①非常同意

【量表說明及計分方式】把每一道題選項前面的數字填在下方表格相應的題號下，並算出平均分。

社交吸引	2	6	9	16	18				平均分
外表吸引	1	3	5	7	10	11	13	15	平均分
工作吸引	4	8	12	14	17				平均分

你可以根據平均分高低，大致判斷對方對你的吸引力主要在哪方面。

（•••）女性擇偶機制
30「完美」男人的條件

在進入主題之前，我想請大家思考一個看起來腦洞大開的問題：如果想娶到童話故事裡美麗又善良的公主，需要具備什麼條件？

其實童話故事早已告訴我們娶到公主的訣竅。

《白雪公主》中娶到公主的是王子。

《睡美人》中娶到公主的還是王子。

《灰姑娘》呢？《美女與野獸》呢？《天鵝湖》呢？

王子！王子！還是王子！！

本章就來聊一聊女性喜歡的「完美」男人到底長什麼樣子？

以下三章主題內容均基於心理學的一個新分支——演化心理學（Evolutionary Psychology）的觀點。從宏觀角度解釋人類的擇偶特點，但不代表每個人擇偶都會按照這些公式。所以，切記不要把這些內容直接套用到某個特定的人身上。

男女繁衍成本大不同

演化心理學關注的是人類的心理機制如何在漫長的演化過程中形成，理解演化心理學觀點最好的辦法就是想像自己回到原始社會。在那個時期，面對複雜又危險的自然環境，哪些心理機制和應對模式有

助於提高人類的生存和繁衍機率？

在理解女性的擇偶偏好之前，需要先回顧男女在長期演化過程中繁衍後代所面臨的不同代價。演化心理學家認為男女在繁衍後代投入的成本上有三點差異。

第一是生殖細胞差異。男人的精子以每小時 1,200 萬個的速度產出，但女人的卵子數量在一生中是固定不變的，大概是 400 多個，無法補充。因此，對女人來說，生殖資源更加珍貴，她們不會隨便浪費。

第二是生育的風險和代價。人類受孕和懷孕都在女性體內，生育過程中，男性的投資很少，而女性卻要付出長達九個月的懷胎時間。也就是說，在生育後代上，男性只需花費幾秒鐘到幾分鐘的時間，此後又可以開始下一次生育行為，但女性在往後九個月都無法再與其他男性生育後代。還有，即使是醫療技術發達的今天，懷孕和分娩對女性來說依然風險很高，更何況原始社會。

第三是撫養後代的差異。由於人類的幼兒十分晚熟，而女性要承擔孩子哺乳和大部分撫養、保護工作。在原始社會養活自己都很困難，更不用說還帶著一個嗷嗷待哺的孩子。

演化心理學家羅伯特・崔弗斯（Robert Trivers）認為，由於在繁衍後代上付出的代價和投資更多，女性在擇偶方面會更挑剔，而投資較少的男性則在爭奪異性方面更具競爭性。從其他物種也可以看出這種模式，只要是有性繁殖的生物，繁衍後代上承擔比較多的一方在擇偶方面都比較挑剔。比如園丁鳥（Bowerbird），這種鳥由雌鳥負責養育後代，雄鳥並不參與撫養。在交配期，雄鳥會搭建一個非常複雜且漂亮的亭子來吸引雌鳥，雌鳥會仔細檢查這個亭子，稍有不滿意立刻飛

走。而為了獲取雌鳥的芳心，雄鳥之間還經常互相拆臺。

那麼對挑剔的人類女性來說，怎樣的男人才能入她的「法眼」呢？

「好男人」標準一：控制或有能力獲取資源

回答上述問題之前我先說一個案例，請你判斷一下自己的選擇。

想像你是穿越回原始社會的女性，外面的世界充滿危險，而且食物取得非常困難。現在有兩個男人向你求婚：阿呆是族群裡的老大，他有一個特別大且牢固的山洞，山洞分成兩層，一層儲存足夠吃好幾年的食物，另一層用於居住，而且還分為起居室、餐廳、育嬰室，甚至有廁所。而阿瓜只是族群裡普通的成員，他居無定所，三餐不繼，但他想帶你一起浪跡天涯。

如果你是原始社會的女性，你會選擇哪一個男人：阿呆還是阿瓜？阿呆符合人類女性擇偶的第一個標準：控制或有能力獲取資源的男性。

眾多演化心理學研究顯示，在擇偶過程中，受訪女性確實比男性更看重對方的經濟實力和社會地位。道格拉斯・肯瑞克（Douglas T. Kenrick）和他的同事對兩性擇偶條件的調查顯示，相比男性，不管是選擇約會、性伴侶還是步入婚姻的對象，受訪女性對於對方賺錢能力的重視都高於男性。在選擇結婚對象方面，受訪女性期望自己的伴侶要比 70% 的男性更會賺錢。

演化心理學家大衛・巴斯（David Buss）曾對全球不同文化下的男女擇偶條件進行大型調查，結果顯示，在所有文化中，受訪女性對伴侶經濟資源的重視程度都高於男性，而且也更看重對方的社會地位。

　　針對兩性徵婚廣告的研究也顯示，女性對另一半經濟水準的要求遠遠高於男性，而男性也更可能在徵婚廣告中炫耀自己的經濟實力。

　　演化心理學家認為在原始社會中，男性的年齡是狩獵能力和經驗的重要影響因素，與沒什麼狩獵經驗的毛頭小子相比，成熟的大叔已經累積了豐富的狩獵經驗，更能為女性提供食物，這導致女性在演化過程中更偏好年長的男性。巴斯的調查顯示，不同文化下的女性都偏好比自己年長的男性，且平均喜歡比自己大約年長三歲的男性。

　　在徵婚廣告中，不同年齡層的女性大多偏好比自己大 5 ～ 10 歲的男性，但是她們能接受比自己小的年齡差距一直限制在五歲以內。

　　那是不是代表越老的男人越「值錢」？不一定，這與女性自身的年齡有關。維德曼（Michael W. Wiederman）研究兩性的徵婚廣告發現，20 多歲的女性接受年長男性的年齡差距上限約為十歲，但隨著女性自身年齡增長，她們對年長男性的年齡差距上限相應縮小，最後穩定在五歲左右。

　　為什麼很多女性不接受比自己大太多的男性呢？演化心理學家認為，隨著男性年齡增長，死亡風險也會增長，一旦男性死亡，就無法為女性和子女提供資源與保護。另外，兩性的年齡差距過大也容易導致衝突，增加婚姻破局的可能性。因此，女性寧願選擇稍微年長，但是有發展潛力的男性為伴侶。

「好男人」標準二：人品可靠且情緒穩定

　　回到伴侶挑選的問題，小吳和小陳在經濟能力與年齡、長相方面都不錯，但是小吳經常會做一些缺德的事，而且動不動就發飆和動手打人；小陳則誠實、性情溫和、和顏悅色。作為女人，你會選哪一個？這就涉及女性擇偶的第二個標準：人品可靠，情緒穩定。

　　巴斯等人在 1990 年完成了另一項針對全球 37 種文化下男女擇偶標準的調查，結果顯示，女性擇偶考量的前四個因素中，除了第一名「愛」之外，其他三個分別是可靠的人品、成熟穩定的情緒、討人喜歡的性格。在調查的各個文化中，女性普遍比男性更看重對方的可靠人品和情緒穩定。

　　為什麼女性喜歡人品可靠和情緒穩定的男性？巴斯認為，缺乏信任和情緒不穩定的男性，對女性來說，可能具有潛在危險，比如反覆無常的情緒會為女性帶來心理負擔。而且情緒不穩定的男性可能更傾向壟斷資源，更容易嫉妒，要求伴侶滿足他們的所有要求。看到伴侶與其他異性互動，更可能攻擊伴侶。這意味著女性無法從這種男人身上獲得穩定的資源，還可能耗費女性寶貴的時間和資源。

「好男人」標準三：願意為配偶和子女投入資源

　　如果你是女性，和相親對象第一次約會，他身家不菲，卻帶你去吃速食，還要求你跟他 AA 制。他告訴你，婚後你不僅無法分得他的財產，還得負責孩子的生活費，他的錢只有他自己能花。對於這樣的

男性，你會選擇和他交往並為他生兒育女嗎？這就要說到女性選擇另一半的第三個標準：願意為配偶和子女投入資源。

心理學家拉卡拉（Peggy La Cerra）做過一個非常有趣的實驗，她讓 240 名女性看同一個男性在五種不同情境下的照片：第一種是男人獨自站著；第二種是男人與 18 個月大的孩子互動，對孩子微笑、進行眼神交流和身體接觸；第三種是男人對哭泣的孩子視而不見；第四種是男人和孩子面對面，無任何互動；第五種是男人用吸塵器打掃客廳。然後研究者要求這些女性為這個男性的吸引力打分數，前提是以他為結婚對象。

結果發現，對於受訪女性來說，與孩子互動的男性最有魅力，而對孩子視而不見的男性被評為最沒有魅力。換句話說，女性傾向於選擇願意為孩子投入的男性作為結婚對象（見圖 4-10）。

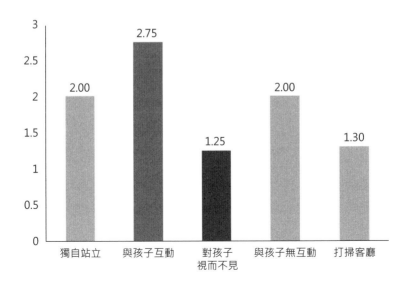

圖 4-10 同一個男性在不同情境下的吸引力

這項研究還有一個很有趣的發現，會打掃的男性對女性沒有什麼吸引力。

拉卡拉還把照片上的男性換成女性，然後對男性進行同樣的實驗，結果卻發現，不管在什麼條件下，男性對女性的魅力評價都是一樣的，也就是說，男人在乎的是這個女人本身，而不是這個女人在做什麼。

「好男人」標準四：身強體壯樣貌好

前三項都是關於情緒控制、投入資源等多方標準，可能有些人會疑惑，女人是不是真的不看臉？

其實女人不僅看臉，還看身體。演化心理學家認為，男性的外貌和身體是展示其基因品質以及所能提供的保護的最有效線索之一，比如個子比較高、身體健康強壯、運動能力強等。

什麼樣的男性長相在女性擇偶上更受歡迎？如前文所述關於美的標準，演化心理學家認為，臉部對稱性和典型的性別特徵，是個體健康和良好基因的線索。在「皮囊」那一章介紹了男女兩性對臉部對稱性的偏好，本章則進一步說明演化心理學家關於女性在擇偶過程中，對典型男性特徵的長相選擇的研究。

約翰斯頓（Victor S. Johnston）和他的同事利用電腦生成一系列男性的照片，這些照片從完全男性化的面孔，逐漸過渡到雙性化（Androgyny，或兩性化）的面孔（同時具備男性和女性面部特徵），再到完全女性化的面孔。接著研究者截取男性化與雙性化部分的照片

讓女性評價。他們發現，典型男性化的面孔在「愛人」這個範疇的得分最高，而面孔越往雙性方向變化，性吸引力越往下降。此外，隨著面孔從男性化往雙性化發展，女性認為男性所表現出的敵意也下降，成為朋友的可能性則呈現增長趨勢（見圖 4-11）。

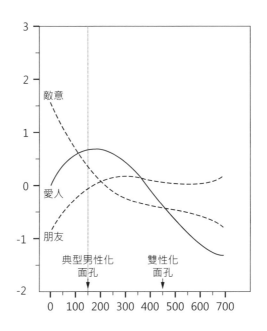

圖 4-11 不同男性化程度的照片對女性的吸引力

註：敵意（Enemy）包括威脅、不穩定、控制欲、操控、強勢、自私、專制、衝動；
朋友（Friend）包括樂於助人、樂於合作、可信任的、好父親、富足和聰明；
愛人（Lover）包括外表吸引、性興奮、男性化、健康的、有安全感的。
橫軸數位越小代表男性化特徵越明顯。

心理學家利特（Anthony Little）和他的同事還發現，女性處於不同月經週期，喜歡的男性長相也有所區別。處在排卵前的受孕期，女

性會覺得不修邊幅、具有男子氣概的男性面孔更具吸引力，但在其他時期，則更偏好青春、具有孩子氣特徵的男性面孔。

　　總結來說，演化心理學家提出的女性擇偶標準，以及在女性眼裡「完美」的男性，往往具備以下條件：多金、有權、成熟、上進、健康、有男人味，還要人品可靠、情緒穩定、體貼顧家。

❓ 思考題

演化心理學對女性的擇偶解釋是基於女性需要男性的資源和保護，但由於現代社會的發展，女性在經濟上越來越獨立，這些成功的女性在選擇配偶方面，是否還會遵循幾十萬年前原始女性的擇偶標準？為什麼？

●●● 男性擇偶機制
31「完美」女人的條件

　　上一章說明演化心理學家如何解釋女性的擇偶機制，這一章將關注男性的擇偶機制。男人心目中的「完美」女人到底是什麼樣子？網路上流傳過一則「不同年齡男女對異性的需求」的貼文，調侃不同年齡層的男性和女性對另一半的要求。其中女性對異性的需求一直改變，而男性從小到老只有一個條件：年輕漂亮！儘管是調侃，但該貼文也透露男性在擇偶的兩個重要標準。

男人為什麼會「擇一人終老」

　　介紹男性的擇偶機制之前，得要回答一個演化難題，就是男人為什麼要選擇只與一個女人「終老」？上一章提及男女兩性在繁衍後代上的投入與代價不同，男性是一次性投資且可以反覆投資。因此對男人來說，為了讓他的基因傳播最大化，最好的策略是與越多的女人交往越好，但為什麼男性沒有選擇這條路？

　　演化心理學家認為男人擇一人而終老有以下三個原因。

　　第一，花花公子沒有「未來」。繁衍後代是兩個人的事，就像跳雙人舞，需要考慮對方的需求。因為女性在繁衍後代上的付出更多，所以她們在繁衍後代上具有更大的決定權，在選擇配偶上表現得更為

挑剔。那些處處留情的「花花公子」會被貼上「不願為配偶和孩子投資」的標籤，長遠來看，這種男性更容易遭配偶市場淘汰。相反的，「願意承諾」是男人成為可靠伴侶的重要標誌，他們更容易獲得配偶。所以，演化心理學家認為，男人之所以會選擇只與一個女人結婚是為了滿足女性的擇偶心理而演化出來的。

第二，「段王爺」的困局。選擇只守著一個伴侶對男性來說還有一個好處，就是可以增加「親子確定性」（Parental Certainty），雖然他犧牲了與其他女性的繁衍機會，卻能最大限度保障自己的基因得到傳播。如果一個男人只和一個女人結婚，那他妻子所生的孩子來自他的基因的確定性，比他處處留情的確定性更高。一如金庸《天龍八部》裡的段王爺，看似人生贏家，其實不然，不僅兒子不是自己的，甚至也不能確定哪些女兒是他親生的。

第三，男女「搭配」，育兒不累。男性選擇只與一個女性結婚的另一個好處是可以提高子女的存活率。在原始社會，孩子要存活到成年非常困難。從猩猩身上就可以看到，一個族群的領袖若遭殺害，新的領袖會把前任首領所生的子女也殺掉。父親的存在可以提高子女的存活率，並且可以教他們生存的本領。長遠來看，這也保障了男性自身的基因得到繁衍。因此，選擇和伴侶聯合養育孩子比始亂終棄更為划算。

那男性的擇偶機制有哪些特點？

簡而言之，就是找可以成功繁衍後代的女性。能生、最好能生很多的女性，可能對男性祖先更具吸引力。由於男性還需要面對親子不確定性的風險，所以他們更重視另一半的貞操問題，亦即名聲好壞。

男性的擇偶標準一：年輕

　　俄羅斯畫家普基列夫（Vasili Vladimirovich Pukirev）的名作〈不相稱的婚姻〉（The Unequal Marriage），描繪了「十八新娘八十郎，蒼蒼白髮對紅妝」的故事。如果將這幅畫中的兩個人物性別對調，變成「十八新郎八十娘」，哪一種違和感更強烈？為什麼現代社會對「老妻少夫」的揶揄，永遠勝於「老夫少妻」？

　　由於男性的精子會不斷汰舊換新，年齡對男性生育能力的限制遠低於女性，所以女性較不會在意男性年紀比較大。女性的生育能力和年齡有更高的關聯性，成年早期（Early Adulthood，約 18 ～ 35 歲）的女性生育能力處於一生的巔峰，隨著年齡增長，生育能力逐步下降，過了 50 歲，基本上就很難再生育。所以男性擇偶的第一個標準──年輕的女性，實際上是為了切合女性的生育特徵。

　　肯瑞克等人研究男性徵婚廣告中對女性年齡的要求發現，男性在 20 歲以後都傾向選擇比自己小的女性。隨著年齡增長，他們期望伴侶的年齡與自己的差距就越大，30 歲左右的男性會選擇小 5 ～ 10 歲的女性，但是 40 ～ 50 歲的男性更傾向選擇小 15 ～ 20 歲的女性。不僅如此，針對結過多次婚的美國男性的研究發現，他們的年齡平均比第一任妻子大約年長三歲，比第二任年長五歲，比第三任妻子年長八歲。

　　巴斯的跨文化研究顯示，不同文化的男性都偏好比自己年輕的女性。研究發現，在一夫多妻制的文化中，這種年齡差距更明顯，某些社會地位高的男性甚至比妻子大二、三十歲。這也說明了為什麼現代社會裡，醫美和抗衰老產品的主要消費族群是女性，因為看起來年輕，

246 \ PART 4　破解情感

是女性吸引配偶的重要資源。

男性的擇偶標準二：好看

　　前文介紹女性在挑選配偶上偶爾會看臉，而男性在擇偶上更重視臉，甚至除了看臉，還看身材。

　　先來看一項大腦神經方面的研究。大腦神經科學家阿哈倫（Itzhak Aharon）等人在電腦上向年輕的異性戀男性展示四組不同吸引力的面孔照片：好看的女性、普通女性、好看的男性、普通男性。電腦會同步記錄他們看這些照片的時間。結果發現，這些男性在漂亮女性面孔照片停留的時間要遠遠高於其他三類照片（見圖 4-12）。

　　研究者還利用功能性核磁共振造影掃描他們觀看這四類照片的大腦活動情況。結果發現，在看漂亮女性面孔的照片時，這些男性的大腦伏隔核區域（Nucleus Accumbens Area）非常活躍。這個區域是大腦的獎賞中樞迴路，當人感到快樂或愉悅，比如吃到美味的食物、獲得金錢，這個區域就會啟動。值得關注的是，受試者看其他三組照片，這個區域並沒有啟動。這項研究顯示，漂亮女性的面孔，能令男性心「神」愉悅。

　　除了面孔外，演化心理學家認為女性體型也能為其繁殖能力提供重要的線索。

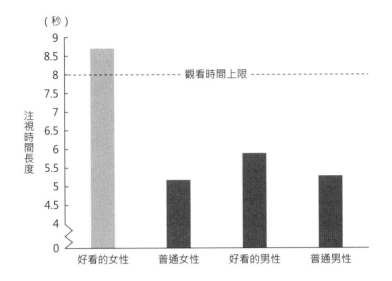

圖 4-12　異性戀男性對四組不同吸引力的面孔照片停留時間

　　有人可能會認為不同文化或不同時代男性對女性的胖瘦偏好有所不同，但演化心理學家發現，男性對女性體型偏好有一個非常穩定的指標：腰臀比（WHR）。在青春期之前，男女兩性身體的腰臀比相差不大，但進入青春期後，女性由於雌激素分泌，臀部和大腿比男性更容易囤積脂肪，使得女性的腰臀比較男性明顯更低。一般健康男性的腰臀比在 0.85 ～ 0.95 之間，而具繁殖能力的女性腰臀比接近 0.7。因此，演化心理學家猜測腰臀比接近 0.7 的女性身材對男性最有吸引力。

　　在一項經典研究中，演化心理學家塞恩（Devendra Singh）向年輕的歐洲裔男性展示了不同身材的女性照片，並要求他們為這些女性身材的吸引力評分。

　　塞恩發現，女性的腰臀比越大，就越沒有吸引力（見圖 4-13）。

　　他還邀請這些男性為不同體重和腰臀比女性的性感程度、健康程度、年輕程度和生育能力評分。結果顯示，標準體型的女性比超重體型和偏瘦體型的女性在各方面得分都更高。在標準體型的女性中，腰臀比為 0.7 的女性在性感程度、健康、年輕和生育能力上的評分都最高。隨著腰臀比增加，各項評分呈逐漸下降的趨勢。

　　塞恩在另一項實驗中，邀請介於 18 ～ 85 歲之間的歐洲裔男性來參與評分。結果，不同年齡層的男性在體型和腰臀比的偏好上出奇一致，標準體型最具吸引力，腰臀比 0.7 的得分最高，隨著腰臀比增加，吸引力逐漸下降。

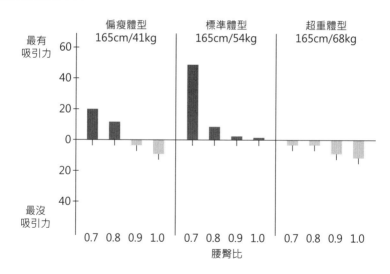

圖 4-13　不同腰臀比女性對歐洲裔男性的吸引力

正致力減重的女性朋友或許可以仔細思考看看，如果妳拚命減重的目的是想提高自己的吸引力，按照演化心理學的研究結果，最佳體型並不是越瘦越好，而是保持標準體重，讓腰臀比接近 0.7，這才是男性覺得最有吸引力的身材。

男性的擇偶標準三：貞操

演化心理學家認為，由於男性在繁衍後代上的親子不確定性風險高於女性，所以相較女性，男性更看重伴侶的貞操。

男性會看重配偶兩個方面的貞操：婚前的貞潔和婚後的忠貞。心理學家巴斯發現，在大部分文化中，男性都比女性更重視配偶婚前的貞潔，且集體主義文化的男性比個人主義文化的男性更重視配偶的婚前貞潔。

此外，針對不同時代的男性調查顯示，男性對配偶婚前貞潔的重視程度隨著時代的發展逐漸降低。演化心理學家猜測，對女性婚前貞潔的重視程度下降可能是由於社會不斷發展，女性經濟越發獨立，以及另一個重要因素──婚前貞潔不容易直接觀測。

相比婚前貞潔，婚後忠貞是確保親子確定性的重要因素。巴斯讓男性評估在長期關係（伴侶關係）和短期關係中，自己對對方的忠誠與性忠貞等方面的重視程度。結果發現，在長期關係中，男性都非常看重對方的忠誠，尤其是性忠貞（幾乎接近滿分 3 分）；但在短期關係中，他們對忠貞沒有那麼重視（見圖 4-14）。

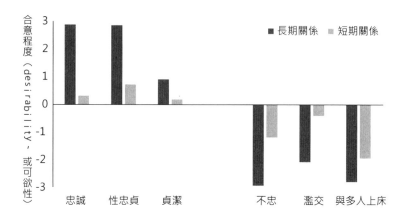

圖 4-14　男性對不同關係中伴侶忠誠的重視程度

? 思考題

這兩章介紹演化心理學有關兩性的擇偶觀點，但這是否意味著遵循演化心理學的機制去做，就能獲得幸福的愛情和婚姻？你覺得心理學家的理論和研究在解釋兩性關係問題上忽略了什麼？

●●● 兩性衝突
32「貞操」之戰

　　了解兩性的擇偶機制後，接下來要探討兩性在擇偶上的衝突。從古至今，不同的社會文化都更加重視女性的忠貞，卻很少要求男性遵守三從四德。為什麼會這樣？一起來看看演化心理學家如何解釋這個問題。本章將先介紹男女在性暗示訊號覺察上的差異，也就是男人是否更容易自作多情？

男人是不是容易自作多情

　　想像一下，單身的你正在一家餐廳吃飯，坐在你對面的異性長得還不錯，對方看了看你，還對你微笑。你覺得對方對你有意思的可能性多高？請用 0 ～ 100 評分，分數越高代表對方對你越有意思。

　　你覺得男人和女人在這個評分上，誰的分數更高？

　　生活中，有些男性喜歡不分場合地和女性開一些帶顏色的笑話，他不僅不覺得這種行為不合時宜，甚至還覺得自己滿幽默。也有一些男性將女性出於友好的言行，看作「她對我有意思」。更有甚者，在看到女性被侵犯的新聞後信口開河：「肯定是她穿得太暴露了」、「她如果不勾引人家，人家怎麼會對她做這種事」。穿著是每個人的自由和權利，無論如何都不能成為被侵犯的理由。但為什麼有些男人會有

這樣的心理？

　　到底男人是不是比女人更容易自作多情？是不是滿腦子只有性？心理學家艾比（Antonia Abbey）及其同事讓大學生看一些照片，照片上是兩個長相不錯的男女大學生在教室上課，他們面對面坐著。其中部分照片上的女性穿著稍微暴露，部分照片上的女性穿著不暴露。同樣的，照片上男性的穿著也分為暴露和不暴露兩種。然後研究者要求大學生評價照片上的目標女大學生或男大學生的性暗示訊息（見圖4-15）。

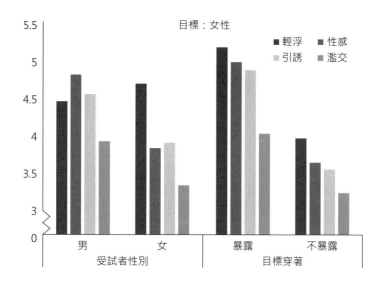

圖 4-15　大學生對女性目標性暗示訊息評價結果

　　研究者發現，評價目標是女大學生時，除了「輕浮」的評價男女大學生差異不明顯外，男性受試者對目標女性「性感」、「引誘」及「濫

交」程度的評價都明顯高於女性受試者；如果目標女性穿著比較暴露，她在性暗示的各項指標上都高於不暴露的女性。而對於照片上的男性，其穿著是否暴露並不影響受試者對這個男性的性暗示的評價。研究者還進一步比較受試者對照片上的男性和女性的性暗示訊號的評價，結果表示，照片上的男性在各項性暗示指標的得分都明顯低於女性（見圖 4-16）。

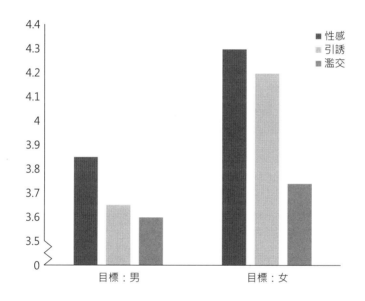

圖 4-16　兩性在各項性暗示訊號評價中的得分

　　不少同類研究都發現相同的趨勢：男性更容易自作多情，誤解異性的訊號。為什麼會這樣？演化心理學家認為因為男性在繁衍後代上的代價較小，只要有機會就會利用，這也導致他們「寧可信其有，不

可信其無」。兩性對性暗示訊號的傳遞和解讀不同，可能會造成男女在性親密上的衝突，亦即女人認為自己對對方沒有特別的意思，而男人卻認為對方有意思。

痴男與怨女「痛點」大不同

　　兩性關係中有時會面臨一個嚴重的危機：出軌。假設在原始社會，男性面臨伴侶可能出軌的情境，有兩種判斷（見圖4-17）：第一種情境是他的老婆確實沒有出軌，在此前提下，有兩種可能判斷，一種是他相信老婆沒有出軌，另一種是他以為老婆出軌；第二種情境是他老婆確實出軌，那他也有兩種判斷，一種是他知道老婆出軌，還有一種是他不知道老婆出軌。

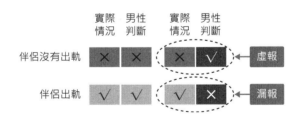

圖 4-17　原始社會男性在面對女性出軌的判斷

　　這兩個情境各出現一個錯誤判斷：一個是老婆沒出軌，但老公認為她出軌了，也就是「寧可信其有」的心理（虛報）；另一個是老婆確實出軌了，但老公沒有發現，也就是「寧可信其無」的心理（漏報）。

　　這兩種錯誤判斷都會為男性帶來一定程度的損失，但哪個錯誤判

斷對男性來說損失更嚴重？毫無懸念是第二個。

　　事實上，女性一般不存在親子確定問題，她生的孩子肯定是她的，但男性不同，他老婆生的孩子是不是他的，就不一定了。由於男性存在親子不確定性這個問題，如果一個男人的老婆出軌了，但他沒有發現，可能會導致他把自己的寶貴資源用於養育其他男性的後代。不僅如此，他還犧牲了尋找其他配偶的機會，並可能受到同性群體的嘲笑，導致他的社會地位降低，這對他來說無疑是一場災難。因此，男性對伴侶出軌的敏感度要高於女性，更容易捕風捉影，促使男性更容易高估自己伴侶出軌的可能性。

　　演化心理學家戈茨（Aaron T. Goetz）及其同事邀請男女受試者評估自己伴侶未來性不忠的可能性，結果顯示，男性確實比女性更可能認為自己的伴侶未來會出軌（見圖 4-18）。

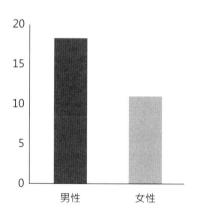

圖 4-18　評估未來伴侶對自己性不忠的可能性

　　但女性真的不在乎伴侶出軌嗎？實際上女性也在乎。

假設男性發現自己的伴侶出軌，下面兩個問題，你覺得這個男性更糾結哪一個？

（一）這個女人還愛不愛我？

（二）這個女人到底有沒有跟對方發生性關係？

同樣的，假設女性發現自己的伴侶出軌，還是那兩個問題，你覺得女性更糾結哪一個？

（一）這個男人還愛不愛我？

（二）這個男人到底有沒有跟對方發生性關係？

我在課堂上問過學生，大部分人都認為男性更在乎自己的伴侶有沒有和別人發生性關係，而女性則更在乎伴侶是不是移情別戀。演化心理學家認為，兩性對配偶出軌都會感到痛苦，但男女的「痛點」不同。由於親子不確定性，男性對可能導致親子不確定的實質性行為更為敏感，也就是更在乎對方是否和別人發生性關係。但是由於女性不存在親子不確定性，她們更在乎的是對方會不會把資源投注在自己和孩子身上，一旦男性移情別戀，就意味著他可能把資源轉移到其他女性和那個女性的孩子身上，這在原始社會，對女性而言是一個嚴重的問題。所以，演化心理學家認為，男性對實質出軌（Sexual Infidelity）更敏感，而女性對精神出軌（Emotional Infidelity）更敏感 。

巴斯曾針對男女兩性對伴侶出軌的看法做過一項實驗，研究者分別要男女大學生想像以下兩種情境，並從中選擇一種更讓他們苦惱與不安的情境。

（一）伴侶與他人發生深深的情感聯結（精神出軌）。

（二）伴侶和他人發生性行為（實質出軌）。

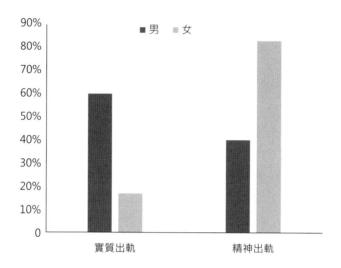

圖 4-19　**兩性對於伴侶實質與精神出軌的接受程度**

　　研究者發現，男性對伴侶的實質出軌更加無法容忍，相反的，女性對伴侶的精神出軌更加無法容忍（見圖 4-19）。研究者還進一步發現，談過戀愛的男性有 55% 的人更加無法容忍伴侶實質出軌，而沒有談過戀愛的男性，只有 29% 的人更加無法容忍伴侶實質出軌。但女性不管有沒有戀愛經驗，都更加無法容忍伴侶精神出軌。此一結果顯示，戀愛中的男性，對另一半實質出軌的敏感度更高，但女性無論是否正在談戀愛，對精神出軌的敏感度都相同。這也印證了演化心理學的觀點，非單身男性對親子不確定性的擔憂，比單身男性更大，所以他們對於伴侶實質出軌更加在意。而女性在擇偶過程中，男性的承諾是她們擇偶的重要條件，不管談不談戀愛，精神出軌都是不可靠的因素。

　　不僅如此，研究者在男女兩性想像自己另一半出軌時，用生理監

測儀測量他們的生理反應，包括膚電活動（EDA）、脈搏（PR）和肌電訊號（EMG）。結果顯示，男性在想像伴侶實質出軌時，各項生理指標都高於想像伴侶精神出軌；而女性正好相反，她們想像伴侶精神出軌的生理指標高於想像伴侶實質出軌（見圖4-20）。不過，後續也有研究發現，女性對男性的實質出軌同樣感到憤怒。

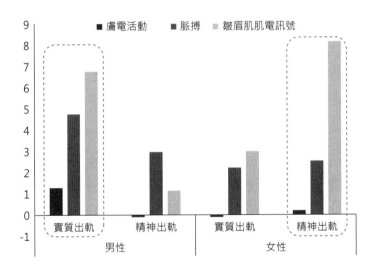

圖4-20　兩性想像伴侶出軌時的生理反應
註：當人處於不愉悅的情緒中，這些生理指標值會更高。

　　演化心理學家在不同文化背景下進行過同樣的研究，發現即使文化不同，男女兩性對實質與精神出軌的反應出奇一致。

　　不僅如此，日本研究者高橋秀彥（Takahashi Hidehiko）及其同事還發現，面對出軌，男女兩性的大腦活動區域不同。他們讓男女大學生看一些描述實質出軌或精神出軌的句子，並利用功能性核磁共振造

影技術掃描受試者大腦活動。結果發現，面對實質不忠，男性大腦的杏仁核（Amygdala）和下丘腦（Hypothalamus，或下視丘）活動比女性更明顯，這兩個區域與性和攻擊行為有關。相反的，面對精神出軌，女性大腦的後側顳上溝（Posterior Superior Temporal Sulcus, pSTS）活動比男性更加明顯，而這個區域與識別他人意圖、欺騙和信任他人等心理活動有關。

在另一個實驗中，研究者讓父母設想子女的伴侶出軌的情境，結果發現父親和母親都認為兒媳的實質出軌更令人擔憂，而女婿的精神出軌更令人苦惱。

情感得來不易，且行且珍惜

最後再針對出軌這個問題，探討一些非演化心理學的內容。眾所周知，出軌對感情極具殺傷力，很多感情一旦涉及出軌問題，就很難恢復如初。那麼，該怎樣修復出軌所帶來的傷害呢？

出軌後的感情修復是一個非常艱難的過程，不是背叛者簡單道歉和被背叛者原諒就可以解決的。在感情遭遇背叛後需要修復的包括被背叛者受到的傷害，以及背叛者的內疚、對彼此的信任感等，是非常耗費精力和時間、且可能反覆發作的過程。若是不尋求專業心理治療師的協助，假裝無視不能解決根本問題，就好比把傷口掩蓋起來，假裝不存在，不僅極有可能為感情埋下未爆彈，長此以往，沒有得到妥善包紮的傷口可能會惡化，甚至完全無法修復。

感情背叛後的自我修復非常困難，如果你正經歷背叛，或者還生

活在過往背叛的傷痛中，我建議雙方一定要尋求專業婚姻諮商的協助。

　　我建議那些受背叛困擾的讀者，重視背叛帶來的委屈感。由於受害方初期會感到極端憤怒和不公平，這種情緒可能轉化成強烈的委屈感。而這種委屈感引發受害方懲罰另一半的情緒，認為只有狠狠懲罰對方才能消心頭之恨。但是懲罰的快感很容易上癮，久而久之，原本是受害方的你，在往後的關係中卻慢慢變成歇斯底里的那個人。

　　從另一個角度來看，對方因為自己做了對不起伴侶的事，初期可能會心甘情願接受懲罰，但如果一直沒完沒了，他可能也會漸漸覺得委屈，「我都已經做到這樣了，你為什麼就是放不下」。雙方可能被困在這種歇斯底里的惡性循環裡，關係衝突越來越嚴重。如果中間還夾著孩子，就會增加更多無辜的受害者。

　　我認為只要是人，就會有脆弱的地方，就會犯錯，就會受傷。如果你正生活在痛苦或糾結之中，沒有必要自己一個人硬撐，適時放下「我能夠拯救自己」的想法，嘗試向外尋求專業協助。這不是脆弱或懦弱的表現，接納自己的不完美，才是成長的開始。專業的心理諮詢和治療是一門修復心靈的藝術。

　　同時，我想送給戀愛中的朋友一句話：世間感情得來不易，且行且珍惜。千萬不要在深淵的邊緣試探！

●●● 愛情三角理論
33 愛情的「配方」

人世間很多愛情皆是情起於心動，或轟轟烈烈，或平靜如水，有的能攜手走到人生盡頭，有的卻不得不中途下車，甚至有的會走向悲劇。愛情到底是什麼，竟讓人如此著迷，如此痴狂？本章就一起來看看心理學家是怎麼理解愛情的。

問世間情為何物

心理學家羅勃‧J‧史坦伯格（Robert J. Sternberg）提出的愛情三角理論是有關愛情的經典理論，這個理論關注愛情的兩個方面：成分和類型。

史坦伯格認為愛情體驗有三個成分：親密（Intimacy）、激情（Passion）和承諾（Commitment），這三個成分組成一個愛情三角形。

親密是指在愛情中體驗到的彼此相依相偎的溫暖感覺，表現為表露自我、溝通彼此內心的感受，以及為彼此提供各種支援等。史坦伯格認為親密是心理上的喜歡感受，是人對關係的情感投入。換句話說，親密就是「愛和溫暖」的感覺，親密是愛情「暖」的成分。

愛情的第二個成分是激情，以生理吸引為特質，包括對性的喚起或者是從伴侶身上得到滿足的強烈情感需要。史坦伯格認為激情是情

緒上的著迷，是愛情中的驅動力。簡而言之，激情就是「來電的感覺」，激情是愛情「熱」的成分。

最後一個成分是承諾，有兩種形式，短期來看就是愛某一個人的決定，而長期來看，則是維持愛情所做的持久性承諾，包括日常誓言、訂婚、結婚和共度難關等。史坦伯格認為承諾是人在理性上對關係的認知和決策，是愛情「冷」的成分。

愛情的三個成分屬性也各不相同。比如，在穩定性上，激情最不穩定，而親密和承諾是中等穩定。在可控性上，激情也是最不可控的，而承諾屬於高度可控。在體驗度上，激情在關係中最容易體驗到；在短期的浪漫關係中，激情的體驗度比較高，但承諾幾乎沒有；而在長期關係中，親密和承諾的體驗度相對較高，激情處於中等水準且隨著時間逐漸消退。

愛情的賞味期限

由於關係會不斷發展變化，史坦伯格認為愛情的三個成分在感情發展過程中呈現不同的模式，有助於窺探愛情的真面目和未來走勢。

先來看親密這個成分的變化（見圖 4-21），史坦伯格認為，在成功的關係和失敗的關係中，親密的變化既有相同之處也有不同的地方，所以有時候連當事人自己都搞不清楚到底愛還是不愛對方。

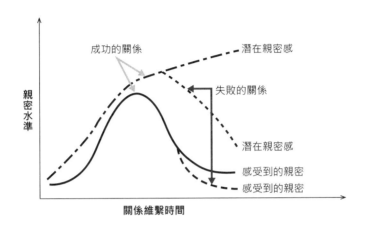

圖 4-21　愛情關係中的「親密」變化過程

　　首先，不管是成功還是失敗的關係，對於親密的感受在初期都會隨著時間推移而逐漸上升，但到了一定階段，親密感開始下降，雙方便對這段關係產生懷疑。

　　雖然成功和失敗的關係到一定時間對親密的感受都會下降，但不同的體現在於潛在親密感，即所謂的「真愛」，這是你無法覺察的親密水準。如果是成功的關係，潛在親密感會隨著時間推移越發深厚，但如果是失敗的關係，潛在親密感和體驗的親密感皆會急劇下降。

　　所以，判斷關係是否成功並不取決於你體驗到的親密感，而是取決於你沒有意識到的潛在親密感的水準。真正的「愛」很難覺察，那有沒有辦法區分這兩種親密感？

　　史坦伯格認為可以故意製造一些關係中斷，比如短暫分開能讓人覺察到潛在親密感，也就是所謂的「小別勝新婚」，但有的伴侶卻是

「人走茶涼」。對於前者，分離更能讓他們覺察到親近對方的需要，而後者由於已經不愛了，即使分離也無法體驗到高度的親密感。除了短暫分離，改變既定生活模式，如一起度假，也是檢驗親密狀態的不錯選擇。而最極端的方式是結束關係，包括關係破滅或者一方去世，有些伴侶可能動不動吵得死去活來，但如果一方離開，另外一方可能非常痛苦，這就是因為當事人在此之前並沒有覺察到真正的親密水準。

　　如果你計畫盛裝打扮去參加前任的婚禮，準備讓他後悔，很可能是因為你對他還餘情未了。如果你已經放下這段感情，對方過得怎麼樣又與你何干？你在分手時感到痛不欲生，恰好證明在這段關係中，你投入了真感情；如果分手後你依然活蹦亂跳、欣喜若狂，那可能在這段關係中，你並沒有自己想像的那麼愛。

　　再說激情，最初只有正向的衝動或者欲望，而且發展得非常迅速，這在關係早期非常明顯，恨不得每一刻都要和對方待在一起。但是當正向衝動達到頂峰後，和之相反的負向欲望就冒出頭來。這時候，正負欲望重疊，就是你實際體驗到的激情程度，你所感受的激情會逐漸消退（見圖 4-22）。所以關係早期對方在你眼中總是閃閃發亮、非常完美，但隨著關係發展，這個光環慢慢消退，你也看到許多你不喜歡的特質，來電的感覺就越來越不明顯。

　　可能有人會覺得絕望，這是不是意味著感情最終都會走向墳墓？

　　我個人認為，人需要分別對待這兩種激情。在建立關係後，可以努力讓正向欲望保持上升的趨勢。而負向的欲望，則需要加以區分，到底是對方的哪些方面讓你對他不來電。如果是嚴重的人格或者道德問題，那你需要考慮是否繼續維繫這段關係；如果只是一些生活細節

或者習慣問題，那你可能需要做一些自我調整，畢竟世界上從來沒有百分之百完美的戀人。

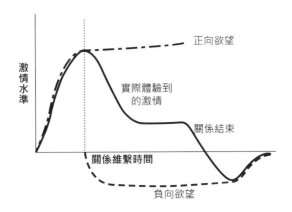

圖 4-22　愛情關係中「激情」變化過程

　　此處還有一個很有趣的時間節點問題（圖 4-22 中直虛線所標識的位置），在正向欲望達到頂峰之後，負向欲望便開始出現。那麼在兩人的關係中，這個時間節點是在什麼時候呢？

　　我個人猜測可能出現在雙方同居之後，因為不住在一起，對方在你面前可以總是風度翩翩或是靚麗迷人，一旦同居，雙方之間的小毛病或者你看不順眼的生活習慣會不可避免地暴露出來，屆時你甚至可能會懷疑，這還是我之前認識的那個人嗎？

　　最後是「承諾」水準的變化，史坦伯格認為，在感情初期，承諾會迅速發展，熱戀期花前月下的山盟海誓都是承諾的表現。但承諾隨著關係發展的時間延長，逐漸變得平緩（見圖 4-23），結婚後尤其明

顯，有些女性會抱怨自己的伴侶婚前嘴巴甜得像吃了糖，婚後卻完全不一樣，這是因為「結婚」是所有承諾中比較重要的一個，有了這個承諾，對方可能就不再覺得需要努力做其他承諾了。

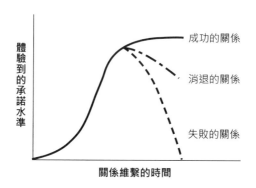

圖 4-23　愛情關係中「承諾」水準的變化

如果你們的關係開始消退，承諾也會消退。你是從什麼時候開始覺得對方不愛你？往往是在你察覺對方說的話兌現得沒有以前多了。

一旦感情破滅，承諾就會歸零。有些人發現前任交了新戀人，就會氣不過而想去搞破壞，因為前任曾經答應過，只愛他一個。但是你們的感情已經破滅，他之前所有的承諾都失去時效性。

八種愛情的型態

史坦伯格根據愛情的三個成分組合，將愛情分為八種（見圖4-24）：

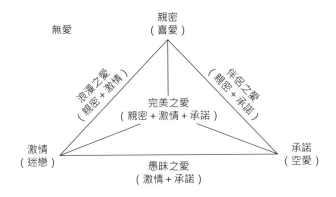

圖 4-24　愛情的三個成分組成的八種愛情類型

　　第一種是無愛（Non Love）：三個成分均不存在，日常生活中的陌生人就是這種類型。

　　第二種是喜歡（Liking）：只有親密，沒有激情和承諾。友情是最典型代表，人對朋友有親近和溫暖的感覺，但不會有強烈的性衝動或做出長期承諾。如果人對朋友有激情或者做出長期承諾，注意，這可能就不是友情。史坦伯格認為，想要判斷關係是友情還是其他愛情型態，主要是看分離的反應。對於友情，彼此長時間分離會想念對方，但不會沉湎於朋友的缺席。如果關係超越友情，對對方離去的反應很不同，會主動想念對方，陷入對方不在身邊的空虛感。這代表雙方的關係可能是其他類型的愛情，而非僅僅是喜歡。

　　第三種是迷戀（Infatuated Love）：只有激情，沒有親密和承諾，最典型的是一見鍾情。這種類型的特點是具有高度的心理、生理喚起，比如心跳加速、性的反應等。迷戀可能來得快去得也快，因為激情是三個成分中比較不穩定的。

第四種是空愛（Empty Love）：只有承諾，而無親密和激情。也就是所謂有名無實的婚姻，最典型的是包辦婚姻（Arranged Marriage，由父母或他人決定的婚姻，當事人可能並不同意），或者某些婚姻走到盡頭，僅維持表面形式。這個類型和無愛的差別在於：無愛是愛不存在，空愛是愛只剩下一個空殼。

除了以上四種單成分類型的愛情外，還有四種複合成分的愛情。

第五種是浪漫之愛（Romantic Love）：有親密和激情，但無承諾。這種關係既有身體上的吸引力，也有情感聯結，在文學作品或者影視作品中最為常見。

第六種是伴侶之愛（Companionate Love）：有親密和承諾，但無激情。史坦伯格認為這種關係常見於維繫多年的婚姻，比如生活中常見手牽手逛街或一起做日光浴的老夫老妻。

第七種是愚昧之愛（Fatuous Love）：只有激情和承諾，但是沒有親密。「閃婚」很可能就屬於這種類型。由於這種關係起於激情，但缺乏親密，對對方沒有太多了解，關係可能很不穩定，這也是閃婚容易閃離的原因。

第八種是完美之愛（Consummate Love）：包含愛情的三個成分，是許多人期望和追求的目標。史坦伯格用減肥比喻，完美之愛就像是減肥目標，達到目標比維持目標更容易。也就是說，擁有完美之愛可能相對容易，但要維繫完美之愛，需要付出很大的努力。

？ 思考題

用愛情三角理論來分析你目前的關係，你們的親密、激情和承諾處在哪一個發展階段，以及你們的關係屬於哪種類型？如果你期望長久維持這段關係，可以從哪些成分著手努力？

下面提供史坦伯格編製的愛情三角理論量表，感興趣的話，不妨評估一下目前你的戀愛關係中，三種成分的水準。

測驗題　愛情三角理論量表

請在下面的【　】中填入與你存在某種關係的人（一個），並根據自己對他／她的感覺，在每一個描述下選擇符合的選項。

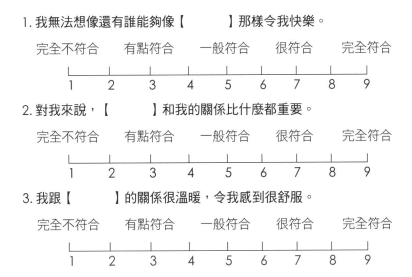

1. 我無法想像還有誰能夠像【　　　】那樣令我快樂。

完全不符合		有點符合		一般符合		很符合		完全符合
1	2	3	4	5	6	7	8	9

2. 對我來說，【　　】和我的關係比什麼都重要。

完全不符合		有點符合		一般符合		很符合		完全符合
1	2	3	4	5	6	7	8	9

3. 我跟【　　】的關係很溫暖，令我感到很舒服。

完全不符合		有點符合		一般符合		很符合		完全符合
1	2	3	4	5	6	7	8	9

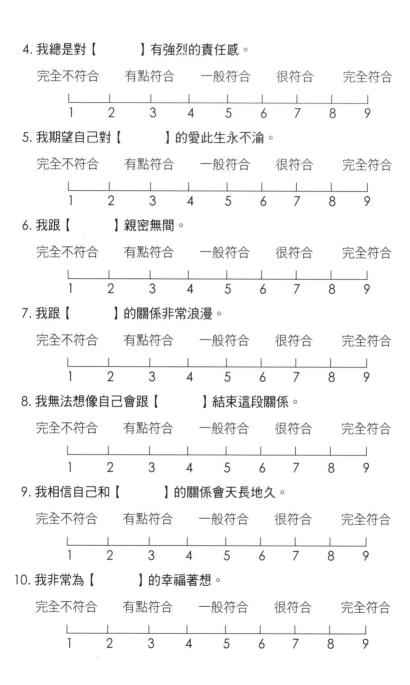

4. 我總是對【　　　】有強烈的責任感。

完全不符合　　有點符合　　一般符合　　很符合　　完全符合

1　　2　　3　　4　　5　　6　　7　　8　　9

5. 我期望自己對【　　　】的愛此生永不渝。

完全不符合　　有點符合　　一般符合　　很符合　　完全符合

1　　2　　3　　4　　5　　6　　7　　8　　9

6. 我跟【　　　】親密無間。

完全不符合　　有點符合　　一般符合　　很符合　　完全符合

1　　2　　3　　4　　5　　6　　7　　8　　9

7. 我跟【　　　】的關係非常浪漫。

完全不符合　　有點符合　　一般符合　　很符合　　完全符合

1　　2　　3　　4　　5　　6　　7　　8　　9

8. 我無法想像自己會跟【　　　】結束這段關係。

完全不符合　　有點符合　　一般符合　　很符合　　完全符合

1　　2　　3　　4　　5　　6　　7　　8　　9

9. 我相信自己和【　　　】的關係會天長地久。

完全不符合　　有點符合　　一般符合　　很符合　　完全符合

1　　2　　3　　4　　5　　6　　7　　8　　9

10. 我非常為【　　　】的幸福著想。

完全不符合　　有點符合　　一般符合　　很符合　　完全符合

1　　2　　3　　4　　5　　6　　7　　8　　9

11. 我跟【　　　】能互相理解。

完全不符合　　有點符合　　一般符合　　很符合　　完全符合

1　　2　　3　　4　　5　　6　　7　　8　　9

12. 我從【　　　】那裡得到相當多的情感支持。

完全不符合　　有點符合　　一般符合　　很符合　　完全符合

1　　2　　3　　4　　5　　6　　7　　8　　9

13. 如果沒有【　　　】，我無法想像人生會變成什麼樣子。

完全不符合　　有點符合　　一般符合　　很符合　　完全符合

1　　2　　3　　4　　5　　6　　7　　8　　9

14. 有需要的時候，我可以指望【　　　】。

完全不符合　　有點符合　　一般符合　　很符合　　完全符合

1　　2　　3　　4　　5　　6　　7　　8　　9

15. 我對【　　　】非常傾心。

完全不符合　　有點符合　　一般符合　　很符合　　完全符合

1　　2　　3　　4　　5　　6　　7　　8　　9

16. 我對【　　　】日思夜想。

完全不符合　　有點符合　　一般符合　　很符合　　完全符合

1　　2　　3　　4　　5　　6　　7　　8　　9

17. 不管經歷多少艱難，我都會和【　　　】在一起。

完全不符合　　有點符合　　一般符合　　很符合　　完全符合

1　　2　　3　　4　　5　　6　　7　　8　　9

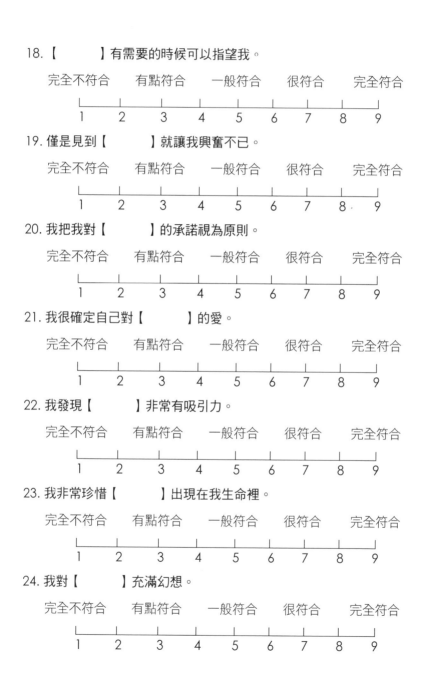

18.【　　　】有需要的時候可以指望我。

完全不符合　　有點符合　　一般符合　　很符合　　完全符合

1　2　3　4　5　6　7　8　9

19. 僅是見到【　　　】就讓我興奮不已。

完全不符合　　有點符合　　一般符合　　很符合　　完全符合

1　2　3　4　5　6　7　8　9

20. 我把我對【　　　】的承諾視為原則。

完全不符合　　有點符合　　一般符合　　很符合　　完全符合

1　2　3　4　5　6　7　8　9

21. 我很確定自己對【　　　】的愛。

完全不符合　　有點符合　　一般符合　　很符合　　完全符合

1　2　3　4　5　6　7　8　9

22. 我發現【　　　】非常有吸引力。

完全不符合　　有點符合　　一般符合　　很符合　　完全符合

1　2　3　4　5　6　7　8　9

23. 我非常珍惜【　　　】出現在我生命裡。

完全不符合　　有點符合　　一般符合　　很符合　　完全符合

1　2　3　4　5　6　7　8　9

24. 我對【　　　】充滿幻想。

完全不符合　　有點符合　　一般符合　　很符合　　完全符合

1　2　3　4　5　6　7　8　9

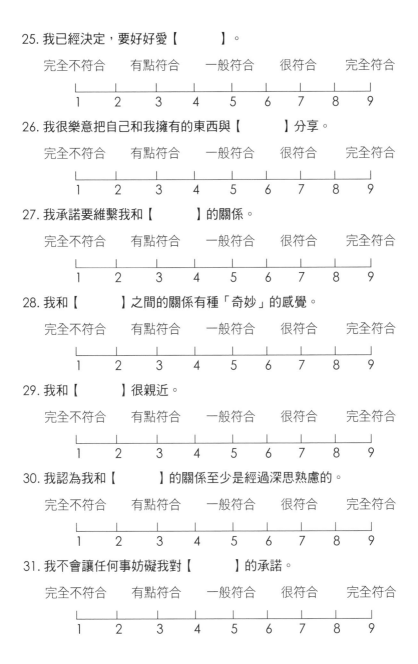

25. 我已經決定，要好好愛【　　　】。

完全不符合　　有點符合　　一般符合　　很符合　　完全符合

1　　2　　3　　4　　5　　6　　7　　8　　9

26. 我很樂意把自己和我擁有的東西與【　　　】分享。

完全不符合　　有點符合　　一般符合　　很符合　　完全符合

1　　2　　3　　4　　5　　6　　7　　8　　9

27. 我承諾要維繫我和【　　　】的關係。

完全不符合　　有點符合　　一般符合　　很符合　　完全符合

1　　2　　3　　4　　5　　6　　7　　8　　9

28. 我和【　　　】之間的關係有種「奇妙」的感覺。

完全不符合　　有點符合　　一般符合　　很符合　　完全符合

1　　2　　3　　4　　5　　6　　7　　8　　9

29. 我和【　　　】很親近。

完全不符合　　有點符合　　一般符合　　很符合　　完全符合

1　　2　　3　　4　　5　　6　　7　　8　　9

30. 我認為我和【　　　】的關係至少是經過深思熟慮的。

完全不符合　　有點符合　　一般符合　　很符合　　完全符合

1　　2　　3　　4　　5　　6　　7　　8　　9

31. 我不會讓任何事妨礙我對【　　　】的承諾。

完全不符合　　有點符合　　一般符合　　很符合　　完全符合

1　　2　　3　　4　　5　　6　　7　　8　　9

32. 我和【 　 】感情很親密。

完全不符合　　有點符合　　一般符合　　很符合　　完全符合

1　　2　　3　　4　　5　　6　　7　　8　　9

33. 我和【 　 】的關係令我興奮激動。

完全不符合　　有點符合　　一般符合　　很符合　　完全符合

1　　2　　3　　4　　5　　6　　7　　8　　9

34. 我對自己和【 　 】的關係穩定很有信心。

完全不符合　　有點符合　　一般符合　　很符合　　完全符合

1　　2　　3　　4　　5　　6　　7　　8　　9

35. 我給【 　 】相當多的情感支持。

完全不符合　　有點符合　　一般符合　　很符合　　完全符合

1　　2　　3　　4　　5　　6　　7　　8　　9

36. 我特別喜歡送禮物給【 　 】。

完全不符合　　有點符合　　一般符合　　很符合　　完全符合

1　　2　　3　　4　　5　　6　　7　　8　　9

把相應題目的選項分數填寫在下面的表格裡，並求得每個成分的平均分。

親密	3	6	10	11	12	14	18	23	26	29	32	35	平均分
激情	1	2	7	13	15	16	19	22	24	28	33	36	平均分
承諾	4	5	8	9	17	20	21	25	27	30	31	34	平均分

【NOTE】這個量表是作者根據史坦伯格的原始英文版量表翻譯而來的，目前沒有中文修訂版，不能作為研究或者診斷之用。此量表不能用於愛情三角理論的類型劃分，只能反映三個愛情成分的多寡。

推薦書單

· 《愛情心理學》最新版（*The New Psychology of Love*），羅勃·史坦伯格（Robert J. Sternberg）、凱琳·史坦伯格（Karin Sternberg）著。

· 《愛情是一個故事：史坦伯格愛情新論》（*Love is a Story: A New Theory of Relationships*），羅勃·史坦伯格著。

●●● 成人依戀
34 看不見的「愛人」

　　說個真實案例，我將之取名為「只能談異地戀的女孩」。

　　幾年前有個女孩來上我的心理學課程，她長得非常漂亮，很有能力，性格也很好，她來上課的原因是男朋友要和她分手，她希望能藉由學習心理學挽回男朋友的心。

　　和許多學習心理學的人一樣，這個女孩的目的也是改變他人。我告訴她，心理學無法幫助她改變男朋友，但也許可以改變她自己。

　　我問她，男朋友要和她分手的原因是什麼。她告訴我，她有一個連自己都無法理解的奇怪戀愛習慣，就是無法接受近距離的戀愛，只能接受異地戀。而男朋友和她提出分手，是因為他們確定交往後，每次見面她都喜歡翻看男朋友的手機，確認他是否和前女友聯繫。男朋友對她發誓說沒有，但她就是不放心，還很喜歡用前女友的話題激怒男朋友，後來男朋友受不了，提出分手。

　　她和前任分手也是出於同樣原因。她感覺每段關係都在重複相同的輪迴：從一開始的甜蜜，到因為前女友而吵架，最後對方受不了她提出分手。陪她一起來上課的朋友在旁邊插嘴：「她這麼優秀，追她的人非常多，但我就是搞不懂她為什麼偏偏喜歡異地戀，卻又不放心男朋友，鬧到最後總是被分手。」

　　這個女孩其實是眾多親密關係案例中比較典型的一個，你覺得女

孩養成這種奇怪戀愛模式的原因是什麼？你會從哪些角度切入思考這個問題？有些人可能會想到「原生家庭」，不過本章我想從另一個心理學理論──「成人依戀」（Adult Attachment，或成人依附）來分析親密關係模式的形成。

成人依戀的表徵

依戀（Attachment）是一個心理學專業術語，意指幼兒和照顧者（一般是母親）在生命早期的互動過程中，形成的情感聯結和紐帶，一般從九個月大開始。而成人依戀也稱依戀的「內在運作模式」（Internal Working Models）。精神分析學家約翰·鮑比（John Bowlby）認為，成人依戀是在嬰兒或兒童期與父母的互動過程中，發展起來的一套對他人和自我的心理表徵，這套內在運作模式對長大之後的人際關係，尤其是親密關係影響頗深。

成人依戀包含兩個重要心理表徵：一個是對依戀的對象，早期是對父母的表徵；另一個是對自己的表徵。每一個表徵又可分為積極表徵和消極表徵（見圖 4-25）。

先來看對依戀對象的表徵。小孩子無法照顧自己、滿足自己的需要，如果父母能夠敏銳地覺察並且及時回應孩子的需要，孩子便會覺得大人是可靠的，且發展出一種認為他人會回應且可靠的信念，這是對他人的積極運作模式；相反的，如果父母無法覺察孩子的需要，甚至忽視或者虐待，孩子就會產生不安全感，覺得大人不可靠，這是對他人的消極運作模式。

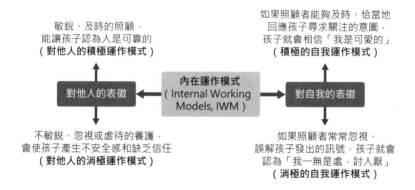

圖 4-25　成人依戀的表徵

　　再來看對自己的表徵。如果父母能及時、恰當地滿足孩子的需要，孩子會相信自己惹人愛，這是積極的自我運作模式；但如果父母忽視或者誤解孩子的訊號，孩子可能會懷疑自己，認為自己一無是處、討人厭，這是消極的自我運作模式。

　　這兩種表徵都是孩子與照顧者長期互動下慢慢形成的。

四種類型的成人依戀

　　心理學家巴塞洛繆（Kim Bartholomew）以約翰・鮑比的理論為基礎，再根據個體對自己和他人的表徵，將成人依戀分為四種類型（見圖 4-26）。

　　到了成年期，在親密關係中，對自己的表徵就是：自己是否有能力得到他人的愛。覺得自己有能力得到想要的愛，即積極的自我評價；覺得自己無法得到想要的愛，則是消極的自我評價。對他人（一般指

伴侶）的表徵，就是：他人是否能夠給自己想要的愛。如果認為他人可以給自己想要的愛，就會信任他，如果覺得他人無法給自己想要的愛，就不信任他。

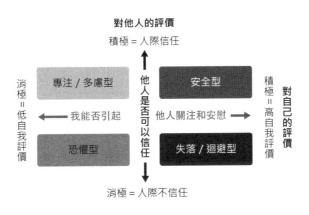

圖 4-26　成人依戀的四種類型

　　這兩個表徵形成一個坐標軸，坐標軸的四個區塊代表四種不同類型的成人依戀。以下逐一分析這些成人依戀是怎麼形成的，以及如何影響親密關係。

　　第一種依戀風格是安全型依戀（Secure），這種類型的人相信自己能夠獲得想要的愛，同時也相信別人能夠給予想要的愛。這可能源自小時候父母敏銳覺察並及時滿足他的需要，在這樣的親子關係中，孩子能發展出自信，同時也信任他人。長大後，對於親密關係和互相依賴感到很自在，會快樂地尋求與他人建立親密關係。這是一種適應良好的依戀。

　　下面三種則是不安全型依戀，在親密關係中可能會產生一些適應

問題。

　　先來看第二種依戀風格：失落型，也稱為迴避型（Dismissing）。這種類型的人對自己有積極的評價，但對他人並不信任。若從父母與孩子的互動影響來看，你覺得什麼樣的親子互動模式會形成這種依戀？很多人直覺認為父母過度溺愛孩子會形成這種依戀，其實不然。研究者認為，是孩子能夠引起父母的注意，但父母在滿足孩子的需要時過於武斷和不夠敏銳，因而感到「我是值得愛的孩子，但是父母給我的東西不是我需要的」。久而久之，孩子便覺失落，且迴避父母。

　　網路上曾流行一句話，「世界上有一種冷，叫做你媽覺得你冷」，我認為這就是非常典型的失落型成人依戀形成的親子關係模式。

　　假設你小時候家裡經濟條件不太好，你媽媽存了一個月薪資為你買一件衣服，放學後她拿出來叫你趕緊試試看合不合身，你一看，覺得這件衣服真難看。

　　你抗拒說：「媽，這件衣服太難看了，我不要。」

　　媽媽立刻怒了：「媽媽省吃儉用為你買這件衣服，你還挑三揀四，媽媽以前都沒有新衣服穿，只能穿表姐不要的……」

　　你迫於媽媽的壓力勉強穿上這件衣服，但是第二天到學校，全班同學都取笑你穿得像個土包子。你感到很難受，回到家打開門，立刻「哇」一聲哭了出來，你告訴媽媽：「今天大家都取笑我的衣服土。」然後你媽媽不耐煩地說：「小孩子懂什麼，媽媽的心意最重要。」

　　在這種情況下，你會好好珍惜媽媽為你買的這件衣服嗎？可能不會，你甚至有可能趁媽媽不注意，用刀片把衣服割破，這樣就不用再穿它了。

　　如果你和父母是這種互動模式，長大後這件衣服就很可能變成一段又一段不被你珍視的感情。

　　在上面這個例子中，母親關注了孩子的需要，但她用一種自認為好的方式來關心孩子，忽視了孩子真正想要滿足的需求。孩子想要的不只是一件衣服，而是一件自己喜歡也受到其他同學肯定的衣服，但媽媽並沒有看到孩子的這個需要。

　　這個媽媽很可能自己小時候常常沒有新衣服穿，小時候的她認為擁有一件新衣服是非常幸福的事，不會考慮衣服好不好看。但她的孩子有條件穿新衣服，所以想要的是好看的衣服。

　　很多父母都認為自己愛孩子、對孩子好，但問題出在父母愛孩子的方式往往是從自己的角度出發，而不是從孩子的需要出發，導致孩子看不到父母的愛，也無法體諒父母的苦心，因為父母把自己的需要錯位在孩子身上予以滿足。這也是很多親子關係出問題的根本原因。

　　在這種模式下長大的孩子，往往對重要情感關係感到漠然，因為他人無法看到自己的需要，那自己就不需要他們。他們學會自我滿足，也拒絕他人幫助，別人喜不喜歡自己不是他們關心的重點。這種人在關係中比較被動，以自我為中心，不考慮伴侶，還會把伴侶的付出和努力視為理所當然或視而不見，長此以往，便讓伴侶對關係感到絕望。

　　第三種專注型依戀（Preoccupied）和剛才的迴避型完全相反，我認為把這個類型稱為多慮型或許更能反映其特點。這種類型的人總是覺得他人很好，自己配不上。

　　什麼樣的親子互動模式會造成這種類型？

　　假設小時候你媽媽對待你的方式全看她的心情好壞。她心情好，

就為你做大餐；她心情不好，也許餓你兩三天，直到你大哭大鬧，她才知道你肚子餓。這種模式就是小孩子有需要，有時能引起照顧者的關心，有時不能。於是孩子會懷疑自己不是惹人愛的孩子，對建立情感聯結過於執著，且非常害怕被丟下。

長大後，在親密關係中，這類型的人可能對自己很沒自信，沒有什麼主見，對伴侶言聽計從。如果你的伴侶是這種類型，最初你會覺得幸福，因為他什麼都聽你的，但是他的言聽計從背後存在一個需要，就是你要愛他，不能離開他。這種人在關係中表現得非常不安，任何風吹草動在他內心都會生出一堆毫無根據的擔憂。

假設你的伴侶屬於這種類型的依戀，今天早上起來他非常不安地問你：「你是不是不愛我了，你是不是在外面有別人了？」你問他為什麼這麼想，他說：「你以前每天都會傳 100 條訊息說你愛我，昨天晚上我數了一下，你只發了 99 條，我想了一整晚，最後那條你到底傳給誰了。」

這種類型的伴侶對愛的索取和確認有時會讓你感到窒息。

第四種是恐懼型依戀（Fearful），這種類型相對少見。形成這種成人依戀的原因比較特殊，心理學家認為，這種類型的成人依戀可能是在童年期遭受照顧者虐待（包括精神和身體）所導致。造成他們一方面非常渴望被愛，一方面又非常害怕在親密關係中受到傷害，為了避免再次受到傷害，他們可能會避免與他人建立親密關係。

恐懼型和迴避型有所差異，迴避型成人依戀可能不需要親密關係，而恐懼型的人內心非常渴望親密關係，希望依靠成年後的親密關係彌補童年期不曾得到的愛，但他們同時又恐懼親密關係，因為親密

關係可能再一次傷害他們。

在圖 4-26 中，需要特別留意處於對角線的迴避型和專注型，這兩種類型剛好處於依戀的兩個極端。如果一對情侶正好分屬這兩種類型，可以想見他們的親密關係可能充滿許多矛盾和衝突，因為他們對親密關係的定義大不相同。

然而也有研究顯示，女性是專注型、男性是迴避型的依戀組合，關係可能比較穩定。心理學家認為這與文化中對男女兩性的刻板印象有關，女性可以黏人一些，而男性也可以酷一些。相反的，研究發現，女性是迴避型、男性是專注型的組合，關係可能不會太長久。

不過，成人依戀只是親密關係中比較重要的影響因素之一，其他因素對親密關係的影響也必須考量。

回到開頭只能異地戀的女孩。

我當時並沒有急於解決她的分手問題，而是對她戀愛模式的兩個特點很好奇：第一，為什麼非要異地戀？第二，為什麼非要翻男友和前女友的舊帳？

她說她也不知道，只是覺得近距離戀愛每天都膩在一起，太麻煩了，異地戀可以讓雙方保留自己的空間，想見面就見面，不想見面就不見面。然而，大部分戀愛中的人都恨不得每分每秒和對方膩在一起。

後來我請她告訴我一些她小時候和父母之間印象最深刻的事。她說，小時候對父母的印象很模糊，她有很長一段時間和外公外婆住在一起，她的父母由於工作的緣故經常不在家，她也不清楚自己的父母在做什麼。她印象比較深刻的是，有時她一覺醒來發現父母回家了，有時候一覺醒來發現他們已經離開了……

　　她和父母的生活模式與她成年後的戀愛模式之間有什麼關係呢？

　　從成人依戀的角度來看，童年期和父母長期分離，會影響她對自我的評價，懷疑自己是不是值得被愛的小孩。如果她是值得被愛的小孩，父母應該在她身邊照顧她。同時這種模式也會影響她對他人的評價，懷疑別人是否愛她。如果父母愛她，應該在她身邊照顧她。

　　她成年後的親密關係中，即使她很漂亮，也很有能力，但她仍然懷疑自己不值得被愛，同時也會懷疑對方是否真的愛她，導致即使男友反覆保證，她仍然執著於男友與前女友的關係，因為她在檢驗對方是否真的愛自己。

　　不僅如此，這個案例還涉及異地戀和前女友這兩個特殊因素。

　　首先，她小時候沒有一直和最親密的人（父母）共同生活，所以她不知道怎麼和親密的人朝夕相處，這是她選擇異地戀的原因。天天膩在一起，不是她熟悉的模式，她會很沒有安全感。

　　這也是為什麼很多人明知道父母養育自己的方式不好，但在潛移默化下，還是繼續將這種方式套用到自己孩子身上，因為那是最熟悉的模式。當然，也有些人會選擇完全相反的模式，小時候沒有朝夕相處，長大後就希望天天在一起，好彌補小時候的缺失。

　　其次，照顧者行為的可預測性對於早期依戀形成非常重要，如果照顧者的行為不可預測，孩子就會焦慮不安，進而用各種不同的方法，比如哭鬧，來測試照顧者，從中預測照顧者的行為，獲得對關係的控制感。

　　對這個只能進行異地戀的女孩而言，自己的父母和他人父母很不一樣，他們的行為非常難預測。在正常情況下，分離的父母會在節假

日回家，節假日結束後離開，但她和父母重聚與分離具有顯著的不可預測性，這種不可預測性導致她對親密關係產生很多不安全感。她需要用一些方法來保證對關係的控制，執著於前女友問題的行為背後，其實是她擔心男友有一天會像她父母一樣，沒有徵兆地離開她，而前女友在她看來可能是最大的隱患。她這麼做可能會產生兩種結果：一種是留住男友，獲得關係；一種是男友受不了而離開她。而後者的經歷又加深了她對關係不可預測的不安。

對於這個案例，還可以從其他心理學角度思考，我非常鼓勵你嘗試從不同的角度分析。

人之所以在親密關係中容易陷入同一種惡性循環，大多是因為成人依戀在背後運作。了解自己的成人依戀模式才能對外在行為模式有更好的理解，所以你需要更好的自我覺察能力。

人一直不斷成長變化，學習成人依戀只是幫助我們理解自己的親密關係模式，而非將自己困死在過往的經歷中。與其歸咎父母，不如學會成長和改變，親密關係幸福與否很重要，而更重要的是，學會怎樣在親密關係中重新認識自己，調整已經固化的不良模式。

結束一段關係的不是過去的傷痕，而是你拒絕成長和改變。如果你的親密關係一直存在許多問題又無法解決，我建議你尋求專業心理諮詢師的幫助。

如果你想對自己的依戀類型有所了解，下文提供一份成人依戀量表，可以嘗試看看。

？ 思考題

看了本章的內容，你對自己的親密關係模式是否有新的認識？你會做哪些新的嘗試和改變？

測驗題　成人依戀量表

閱讀下列語句，衡量你在情感關係中的感受，請考量你的所有關係，過去和現在的。如果你從未談過感情，請按照你心中的設想回答。

1. 我發現與人親近比較容易。
   ①完全不符合　②較不符合　③不確定　④較符合　⑤完全符合
2. 我發現要去依賴別人很困難。
   ①完全不符合　②較不符合　③不確定　④較符合　⑤完全符合
3. 我時常擔心伴侶並不是真心愛我。
   ①完全不符合　②較不符合　③不確定　④較符合　⑤完全符合
4. 我發現別人並不願像我希望的那樣親近我。
   ①完全不符合　②較不符合　③不確定　④較符合　⑤完全符合
5. 依賴別人讓我感到很舒服。
   ①完全不符合　②較不符合　③不確定　④較符合　⑤完全符合
6. 我不在乎別人太親近我。
   ①完全不符合　②較不符合　③不確定　④較符合　⑤完全符合
7. 我發現當我需要別人幫助時，沒人會幫我。

　①完全不符合　②較不符合　③不確定　④較符合　⑤完全符合

8. 和別人親近讓我感到有些不舒服。

　①完全不符合　②較不符合　③不確定　④較符合　⑤完全符合

9. 我時常擔心伴侶不想和我在一起。

　①完全不符合　②較不符合　③不確定　④較符合　⑤完全符合

10. 對別人表達情感時，我會害怕對方與我的感覺不一樣。

　①完全不符合　②較不符合　③不確定　④較符合　⑤完全符合

11. 我時常懷疑伴侶是否真正關心我。

　①完全不符合　②較不符合　③不確定　④較符合　⑤完全符合

12. 我對與別人建立親密關係感到很舒服。

　①完全不符合　②較不符合　③不確定　④較符合　⑤完全符合

13. 他人在情感上太親近我時，我會感到不舒服。

　①完全不符合　②較不符合　③不確定　④較符合　⑤完全符合

14. 我知道當我需要別人的幫助時，總會有人幫我。

　①完全不符合　②較不符合　③不確定　④較符合　⑤完全符合

15. 我想與人親近，但又擔心自己受到傷害。

　①完全不符合　②較不符合　③不確定　④較符合　⑤完全符合

16. 我發現我很難完全信賴別人。

　①完全不符合　②較不符合　③不確定　④較符合　⑤完全符合

17. 伴侶想要我在情感上更親近一些，這常常使我感到不舒服。

　①完全不符合　②較不符合　③不確定　④較符合　⑤完全符合

18. 我不能肯定，在我需要時，都能找到可以依賴的人。

　①完全不符合　②較不符合　③不確定　④較符合　⑤完全符合

【量表說明及評分規則】請把你所選選項前的數字，填寫在下方表格相應的題號下，並計算平均分。

親近依賴	1	2	5	6	7	8	12	13	14	16	17	18	平均分
焦慮		3	4			9	10	11	15				平均分

【你是哪一型？】

★安全型：親近依賴平均分＞ 3，且焦慮平均分＜ 3

★專注／多慮型：親近依賴平均分＞ 3，且焦慮平均分＞ 3

★失落／迴避型：親近依賴平均分＜ 3，且焦慮平均分＜ 3

★恐懼型：親近依賴平均分＜ 3，且焦慮平均分＞ 3

●●● 影響親密關係的因素
35 為什麼愛會「隨風而逝」

　　為什麼一段關係剛開始，我們都堅信彼此是天作之合，信誓旦旦，「山無稜，天地合，乃敢與君絕」。但生活不是童話故事，很多時候「王子」和「公主」不能幸福快樂地生活在一起。本章要從心理學的角度解釋，為什麼有些愛情會走向分崩離析。

愛情「劊子手」

　　心理學家約翰・高特曼（John Gottman）對 70 多對婚齡約五年左右的夫妻進行追蹤研究，結果發現，在結婚四年後，12.5% 的夫妻已經離婚，24.7% 分居，49.3% 正考慮離婚。特德・休斯頓（Ted Huston）對 168 對新婚夫婦進行長達 13 年以上的追蹤研究，發現婚後 13 年，33.3% 的夫妻已經離婚。泰莉・歐巴奇（Terri Orbuch）對 199 對歐洲裔新婚夫妻和 174 對非洲裔新婚夫妻進行長達 16 年的追蹤研究，發現結婚 16 年後，36% 的歐洲裔夫妻和 55% 的非洲裔夫妻已經離婚。

　　這些統計數據讓人不禁思考一個問題：「殺死」婚姻的「劊子手」是什麼？

　　高特曼等人認為愛情的殺手可能就隱藏在夫妻之間的溝通互動模

式裡。他和同事針對 79 對夫妻進行了一項長達四年的追蹤研究，他們邀請這些夫婦到實驗室，並讓夫妻二人就雙方在婚姻中最嚴重的衝突進行討論，持續 15 分鐘。研究者將他們的討論過程錄影下來，事後對他們溝通當下的反應進行分析。

研究者發現，這些夫妻的反應分為兩類：一類是正向交流，亦即對問題採取中立或正向的描述，問題導向的訊息、幽默地微笑等；另一類是負向交流，也就是抱怨、批評，採用「對，但是……」的說話方式，以及防禦和惡化的負面情緒等。

研究者用正向交流減去負向交流，再根據這個結果把夫妻分為兩種類型：一是調節型夫妻，也就是婚姻低風險的夫妻；另一種是無調節型夫妻，亦即婚姻高風險的夫妻。

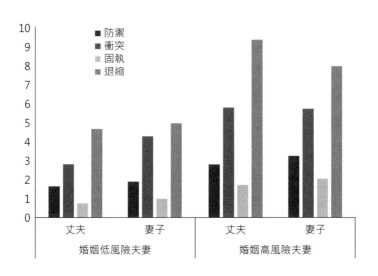

圖 4-27　不同婚姻風險的夫妻在交流中出現的消極行為

　　婚姻低風險的夫妻在討論婚姻中的重大問題時，正向交流占上風。反之，婚姻高風險的夫妻，在交流過程中則出現更多負向交流。

　　研究者同時對夫妻互動的一些消極行為進行分析，發現婚姻低風險的夫妻在互動過程中，比婚姻高風險的夫妻更少出現防禦、衝突、固執和退縮行為。另外，妻子比丈夫表現出更多消極應對行為（見圖4-27）。

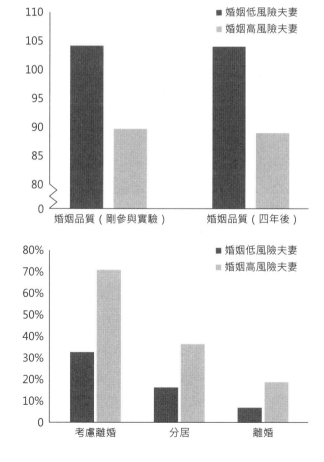

圖 4-28　不同婚姻風險夫妻四年的婚姻品質

　　不僅如此，高特曼和同事還追蹤調查這些夫妻往後四年內的婚姻和生活品質，結果發現，這兩類夫妻後續的婚姻品質有明顯差異。婚姻低風險夫妻在剛參與實驗以及四年後，對婚姻的滿意程度，都比婚姻高風險夫妻高。且往後四年內，婚姻低風險夫妻考慮離婚、分居和實際離婚的比例，也明顯低於高風險夫妻（見圖 4-29）。

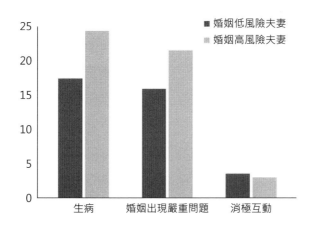

圖 4-29　不同婚姻風險的夫妻身體出問題的情況
註：圖中消極互動分數越低表示越消極。

　　追蹤的四年間，高風險夫妻的身體狀況、婚姻出現嚴重問題的比例，都高於低風險夫妻，而且夫妻之間的互動更為消極（見圖 4-29）。

　　最後，高特曼根據針對 2,000 多對夫婦的觀察研究指出，健康的婚姻並非沒有衝突，而是夫妻雙方能夠協調差異，且彼此的感情勝過互相指責。在成功的婚姻中，積極互動（微笑、觸摸、讚美、歡笑）與消極互動（譏諷、反對、羞辱）的比例至少是 5：1。

婚姻幸福的關鍵前兩年

高特曼的研究對象是已經結婚幾年後的夫妻,那麼剛步入婚姻或準備步入婚姻的夫妻,有沒有什麼方法可以預測他們未來的婚姻走向呢?

心理學家特德‧休斯頓及其同事針對 168 對新婚夫婦,進行長達13 年的追蹤研究。這些夫妻剛結婚時,研究人員大量收集了關於他們求愛經歷的資料,並在結婚的前兩年間,詢問他們對彼此的感覺、對彼此個性的評價及在婚姻中的行為表現,研究人員想知道這些因素是否與長期維繫婚姻有關。在往後 13 年裡,他們隨訪這些夫婦,確認他們是否仍在婚,如果是,他們對婚姻的滿意程度為何。

研究者將這些夫婦的婚姻分為以下四類。

幸福的婚姻:伴侶雙方都對婚姻滿意;不幸的婚姻:至少有一方不開心;早離婚姻:婚後 2 ～ 6 年內離婚;晚離婚姻:結婚 7 年後離婚;還有一個單獨列出的類別:閃離,亦即剛結婚沒幾個月就迅速離婚。

研究者發現閃離夫婦的情感聯結很脆弱,而且關係充滿敵對,對彼此很少有愛意。他們對伴侶積極表達和消極表達的比例,丈夫約為1:4,妻子約為 1:3,與前文高特曼提出的成功婚姻的對應比例剛好相反。研究者認為,這些婚姻可能在熱戀期就已經出現許多問題,而雙方期望藉由結婚來解決問題,卻不知道這樣做不僅不能解決,反而將關係推向無法挽救的局面。所以,如果你與戀人在戀愛期間已經遭遇很多問題和矛盾,選擇用結婚的方式來解決問題,可能不是理智的決策。

　　而對於其他四類婚姻，研究者追蹤測量了受試者前兩年間的情感表達，包括積極表達、消極表達、對對方的愛，以及關係中的衝突矛盾（見圖 4-30）。

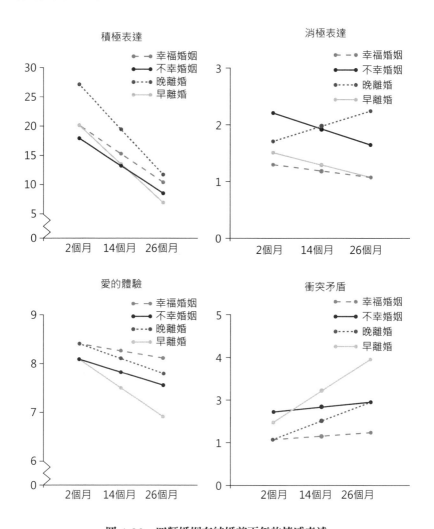

圖 4-30　四類婚姻在結婚前兩年的情感表達

　　幸福婚姻在「積極表達」和「愛的體驗」兩個方面較高；早離婚夫妻在「愛的體驗」上最低，且在婚姻前兩年間衝突最大，自婚後兩個月就一直呈增長的趨勢；不幸婚姻的夫妻雙方在「積極表達」和「愛的體驗」上也比較低，在「消極表達」和「衝突矛盾」方面則排第二。這說明在婚姻前兩年，夫妻之間的積極和消極表達，以及愛的體驗和衝突矛盾，可以在一定程度上預測婚姻幸福與否。

　　幸福的婚姻在前兩年有更多愛的體驗，也有更多積極表達，且消極表達和衝突較少；而有問題的婚姻在前兩年愛的體驗比較少，伴有更多的消極表達和衝突。

不斷成長才能常保新鮮

　　每個人都期望自己的親密關係能夠歲月靜好，但事實上，人生沒有無衝突矛盾的關係，衝突和矛盾並非導致感情破裂的根本原因，如何處理衝突和矛盾才是。

　　心理學家卡里爾・拉斯布特（Caryl E. Rusbult）透過研究發現，親密關係中衝突和不滿的行為，可以劃分為兩個方面：行為是主動或被動；具建設性或是破壞性。依此將親密關係中的衝突行為歸納為四類（見圖 4-31）。

　　先來看兩種建設性行為。

　　第一種是主動的建設性行為。發生衝突時，會主動嘗試改善關係，比如和伴侶討論問題、做出某些讓步、嘗試改變自己或伴侶、從朋友和諮詢師取得改善相處模式的建議。

　　第二種是被動的建設性行為。雖然沒有積極主動地解決問題，但能夠以樂觀的態度靜待關係好轉，對伴侶保持忠誠，面對批評時仍會支持伴侶，並祈禱關係有所改善。

　　另外兩種屬於破壞性行為。

　　第一種是主動損害關係，包括提出分手、分居或離婚，甚至主動虐待伴侶。

　　第二種是被動地冷眼旁觀，任由關係惡化，包括忽視伴侶，很少和伴侶共處，拒絕和伴侶討論問題，不再投入這段關係。

　　拉斯布特及其同事的研究發現，破壞性行為對關係的殺傷力，遠大於建設性行為對關係的修復力。

圖 4-31　親密關係裡的四類衝突行為

　　不僅如此，他們還發現，人對親密關係越滿意，越有可能採取主動的建設性行為，而不會選擇忽視或者退出關係。但如果對關係不滿意或者另有想法，則更可能退出或者忽視關係。

　　這種衝突解決方式與上一章所說的成人依戀也有關。迴避型依戀的人，由於不信任他人，所以面對關係中的衝突或者不滿，更可能採取被動的破壞性行為，比如可能不會主動修復關係，選擇忽視，導致關係惡化。安全型或者專注型的人較信任他人，可能會主動討論或努力嘗試解決問題，但專注型的人太過依賴關係，過分執著地維繫關係可能會變得抱怨連連。

　　很多人學習親密關係課程的目的，是希望找到打開幸福愛情之門的鑰匙，獲得永遠的幸福，但這把鑰匙並不存在。所有的關係都不可能一成不變，冀望取得一本祕笈，從此高枕無憂，往往是痴人說夢。就算是專門解決感情問題的家庭治療師，也可能面臨婚姻破裂。過分信奉某一些研究結果或者觀點，可能會讓你無法看見情感關係的多樣性和複雜性。

　　任何關係，不管幸福與否，最重要的是在關係中學會自我成長，唯有不斷成長，才有機會擁有更多的可能。現實中許多關係都敗在伴侶雙方停止成長。

　　那怎樣才能成長呢？讀書、學習、聽課，都是成長的方式，最關鍵的是，保持一顆對自己、對他人、對生活的好奇心。

　　在《一千零一夜》（*The Arabian Nights*）的故事裡，國王為什麼一直捨不得殺掉莎赫薩德，因為她的故事永遠講不完，國王恨不得趕緊天黑，他又可以躺在床上聽她講故事的後續。這個故事其實是對親

密關係的絕佳隱喻，如果我們在關係之初就已經講完了所有的故事，那後面漫長的日子該怎麼過？

雙方都保持學習、成長的狀態，讓自己擁有更多的故事。

如果你想知道自己和伴侶的衝突解決方式，不妨寫寫看下方的親密關係衝突問卷。

？ 思考題

你在親密關係中曾發生過哪些重大的衝突？當下你是如何應對這個衝突的？如果可以回到過去，你會不會用新的方式應對，你會怎麼做？

測驗題　親密關係衝突問卷

以下是一些有關親密關係衝突的描述，請你根據自己與伴侶的相處情況選擇相應的選項。

1. 我對伴侶不滿意時，會考慮分手。

　　①從不這麼做　②偶爾這麼做　③常常這麼做　④總是這麼做

2. 伴侶說了或做了我不喜歡的事情，我會和他談論是什麼讓我不安。

　　①從不這麼做　②偶爾這麼做　③常常這麼做　④總是這麼做

3. 我們的關係出現問題時，我會耐心等待事情好轉。

　　①從不這麼做　②偶爾這麼做　③常常這麼做　④總是這麼做

4. 對伴侶感到不滿時，我寧願生氣而不是直接面對問題。

　　①從不這麼做　　②偶爾這麼做　　③常常這麼做　　④總是這麼做

5. 我對關係中的某些事情感到不安時，會先靜觀一段時間，看事情是否
會自行好轉。

　　①從不這麼做　　②偶爾這麼做　　③常常這麼做　　④總是這麼做

6. 我對伴侶生氣時，會提出分手。

　　①從不這麼做　　②偶爾這麼做　　③常常這麼做　　④總是這麼做

7. 我和伴侶有問題時，我會和他討論。

　　①從不這麼做　　②偶爾這麼做　　③常常這麼做　　④總是這麼做

8. 伴侶讓我感到受傷時，我什麼也不說，只是原諒他。

　　①從不這麼做　　②偶爾這麼做　　③常常這麼做　　④總是這麼做

9. 若我真的為伴侶所做之事煩心，我會牽扯一些與這個問題無關的事並
批評他。

　　①從不這麼做　　②偶爾這麼做　　③常常這麼做　　④總是這麼做

10. 我和伴侶互相生氣時，我會等一段時間讓自己冷靜下來，而不是立即
採取行動。

　　①從不這麼做　　②偶爾這麼做　　③常常這麼做　　④總是這麼做

11. 我們的關係出現嚴重問題時，我會採取行動來結束這段關係。

　　①從不這麼做　　②偶爾這麼做　　③常常這麼做　　④總是這麼做

12. 我真的很生氣時，會對伴侶很惡劣（例如忽視他，或說一些冷酷的
話）。

　　①從不這麼做　　②偶爾這麼做　　③常常這麼做　　④總是這麼做

13. 我對伴侶不滿意時，會告訴他是什麼困擾我。

①從不這麼做　②偶爾這麼做　③常常這麼做　④總是這麼做

14. 我對關係不滿意時，會考慮和別人約會。

①從不這麼做　②偶爾這麼做　③常常這麼做　④總是這麼做

15. 伴侶做了一些我不喜歡的事情，我會接受他的缺點和弱點，不會試著去改變他。

①從不這麼做　②偶爾這麼做　③常常這麼做　④總是這麼做

16. 我們之間關係不好時，我會建議做出一些改變來解決問題。

①從不這麼做　②偶爾這麼做　③常常這麼做　④總是這麼做

17. 我對伴侶感到不安時，會暫時不理他。

①從不這麼做　②偶爾這麼做　③常常這麼做　④總是這麼做

18. 我對伴侶生氣時，會考慮結束我們的關係。

①從不這麼做　②偶爾這麼做　③常常這麼做　④總是這麼做

19. 我和伴侶互相生氣時，我會提出一個折中的解決方案。

①從不這麼做　②偶爾這麼做　③常常這麼做　④總是這麼做

20. 我對伴侶生氣時，會減少和他在一起的時間（例如花更多時間與朋友在一起，看很久的電視，工作更長時間等）。

①從不這麼做　②偶爾這麼做　③常常這麼做　④總是這麼做

21. 伴侶沒有體諒我時，我會理解他並忘掉這件事情。

①從不這麼做　②偶爾這麼做　③常常這麼做　④總是這麼做

22. 當我們有問題時，我會和他討論結束我們的關係。

①從不這麼做　②偶爾這麼做　③常常這麼做　④總是這麼做

23. 我們吵架後，我會馬上和伴侶嘗試解決問題。

①從不這麼做　②偶爾這麼做　③常常這麼做　④總是這麼做

24. 我們的關係有問題時，我會忽略這個問題，甚至忘記它。

　　①從不這麼做　　②偶爾這麼做　　③常常這麼做　　④總是這麼做

25. 我們的關係出現嚴重問題時，我會考慮尋求他人（朋友、父母、諮詢師）的建議。

　　①從不這麼做　　②偶爾這麼做　　③常常這麼做　　④總是這麼做

26. 我們之間的關係很糟糕的時候，我會做一些事情把伴侶趕走。

　　①從不這麼做　　②偶爾這麼做　　③常常這麼做　　④總是這麼做

27. 不管我們遇到多大的困難，我都會忠於我的伴侶。

　　①從不這麼做　　②偶爾這麼做　　③常常這麼做　　④總是這麼做

28. 我和伴侶有問題時，我會拒絕和他談這件事。

　　①從不這麼做　　②偶爾這麼做　　③常常這麼做　　④總是這麼做

【量表說明及計分方式】把你所選選項前面的數字填在相應的題號下，並計算每一個項目的平均分。

發聲	2	7	13	16	19	23	25	平均分
忠誠	3	5	8	10	15	21	27	平均分
退出	1	6	11	14	18	22	26	平均分
無視	4	9	12	17	20	24	28	平均分

【NOTE】這份問卷目前沒有中文修訂版，這裡提供的問卷是作者根據拉斯布特編制的英文版修訂而來，在原始英文問卷中採用 1 ～ 9 計分方式，作者將其改為四點量表。由於此版本沒有經過心理測量學的檢驗，不能用於研究或者診斷。

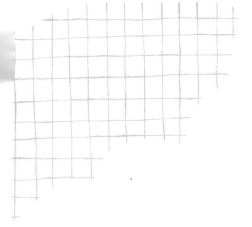

PART 5

傳遞善意

我們能不能做得更好

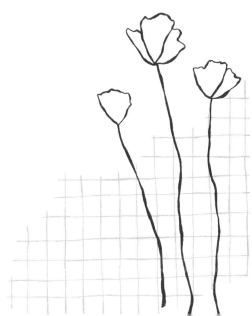

（•••）偏見
36　戴上「有色眼鏡」

先來做一個有趣的測驗。

一位父親帶兒子去面試，爭取一家大型股票經紀公司的職位。他們到達這家公司的停車場時，兒子的電話響了。

兒子看了爸爸一眼，爸爸說：「你接電話呀。」

打電話的人是一家貿易公司的 CEO，說：「兒子，祝你好運，你一定可以的。」

兒子掛斷電話後，再次看向坐在他身旁的父親。

那麼，你會怎麼解釋這通電話呢？

國外的心理學家找了 20 多個不同背景的人回答這個問題，得到的答案五花八門：有人說這個孩子有兩個爸爸，有人說打電話的人是面試公司的 CEO，也有人說是其他長輩打來等等。

實際上，打電話來的是他媽媽，一位女性 CEO。受試者中甚至有一位女性自己就是 CEO，但她也沒有想到這個答案。

如果把這個測試裡的 CEO 換成其他職業，比如工程師、醫生、員警、消防人員呢？這個測試所展示的就是本章的主題：性別偏見。

之前的章節是從自我、行為和關係等微觀的角度來理解人，本章起將把視角轉向更為宏觀的社會和群體。首先就來談一種普遍存在的社會現象：偏見和歧視。

刻板印象、偏見和歧視總是分不清？

在現實生活中，人經常把「刻板印象」、「偏見」、「歧視」這些術語混用，但在心理學上，這三種說法有所區別。

先來看刻板印象，所謂刻板印象（Stereotype），就是對某一個族群持有比較籠統概括的看法。主要表現在人際交往過程中，主觀或者不經思考地把對方歸為某一類人，無論他是否呈現出該類族群的特徵，都認為他是該類人的代表。這就是典型的刻板印象。

而偏見（Prejudice）則是對某一特定族群的敵意或負面態度。也就是說，偏見屬於刻板印象的一種，是為負面的刻板印象。

有一個調侃非常貼切地體現了刻板印象和偏見：所謂天堂，是一個有美式房屋、中國食物、英國員警、德國汽車和法國藝術的地方。所謂地獄，是一個有日式房屋、美國政府、英國食物、德國藝術和法國汽車的地方。第一句屬於刻板印象，因為在說話者眼中，美國的房子是舒適的；而第二句就是偏見，在他眼中日本的房子非常不舒適，是一種負面評價。

偏見通常和歧視相關，所謂歧視（Discrimination）是針對某個特定族群或群體中的個體，不公正或者傷害性的行為。

所以，刻板印象是認知上的判斷，偏見是情感上的厭惡，而歧視是行為上的不平等對待。由於偏見往往和歧視連在一起，所以本章不再詳細區分兩者。

猜猜看，誰是領導者？

生活中的偏見五花八門，此處著重一種常見的偏見：性別偏見（Sexism）。

先來看看不同時期社會對女性的勸誡或者評價。漢代史學家班固的妹妹班昭所寫的《女戒》中有一句話：「婦德，不必才明絕異也；婦言，不必辯口利辭也；婦容，不必顏色美麗也；婦功，不必工巧過人也。」現代有些人甚至會調侃高學歷的女性：「大學生是黃蓉，碩士生是李莫愁，博士生是滅絕師太，博士後是東方不敗。」這些言論在某種程度上都表現出對女性的性別偏見和歧視。

有些人可能不會直接表現出對女性的偏見和歧視，但研究者認為，性別的偏見或歧視可能會以一些不易覺察的方式體現。就如本章開頭的實驗，性別偏見的典型案例就是男女兩性在職場上的差別待遇。在職場上，相比男性，同等職位的女性在升遷上仍處於劣勢。

有一項非常巧妙的實驗。心理學家萊曼・波特（Lyman Porter）及其同事展示了一些照片給參加實驗的大學生看，照片上有五個人圍坐在一張桌子旁，類似公司開會的場景。五人中的一人坐在上首，另外四個人分坐桌子兩邊，每邊各有兩人。研究者要大學生判斷，照片上誰是這個團隊的領導者。這些照片分為兩大類，第一大類照片上五人是同一性別，研究者發現，如果整個團隊性別相同，不管男女，坐在桌子上首的人最可能被認為是這個團隊的領導者（見圖 5-1）。

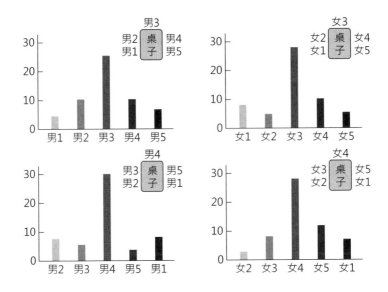

圖 5-1　相同性別下，大學生對團隊領導者位置的判斷

但是，如果這個團隊有男有女的話會如何？結果顯示，如果桌子的上首是男性，受試者基本上會認為這個男人是團隊的領導者；但如果女性坐在上首，受試者並不覺得這個女性是團隊的領導者，反而是坐在兩邊的男性，更可能被認為是領導者（見圖 5-2）。

研究者還請大學生從領導能力、主導權和表達能力三方面，對坐在上首的男性或女性進行評估。他們發現，如果在同性別的團體中，上首的女性和男性在三方面都沒有差異。而性別混合的團體中，若上首是男性，這三方面和男性處於同性別團體中也無差異。但若上首是女性，其領導力、主導權和溝通能力的評價皆遠低於男性領導者，甚至低於單純女性團體中女性領導者的評價。

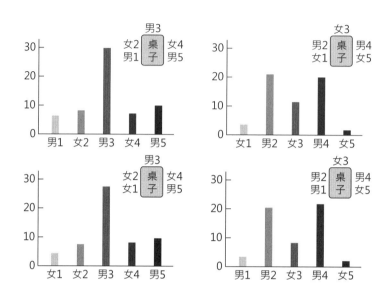

圖 5-2　不同性別下，大學生對團隊領導者位置的判斷

看不見的「有色眼鏡」

現在提倡人人平等，但是人的內心是否存在某種連自己都沒有意識到的偏見？心理學家把這種自身可能都沒有意識到的偏見稱為「內隱偏見」（Implicit Prejudice），並開發了一種非常有趣的方法來測試這種意識不到的偏見。

首先，請受試者坐在電腦前面，電腦螢幕上每次會出現一個刺激，這個刺激可能是一張圖片，也可能是一個詞。其中圖片有兩類，一類是花朵的圖片，另一類是昆蟲的圖片。詞也有兩類，一類是正面的詞，比如開心、愛、成功，而另一類是負面的詞，比如死亡、戰爭。

受試者要做兩輪判斷，在第一輪中，如果螢幕上出現花或正面的詞，就按下鍵盤上的左鍵；如果出現昆蟲或者負面的詞，就按下右鍵。第二輪判斷與第一輪有所差異，如果螢幕上出現花或者負面的詞，按下左鍵；如果螢幕上出現昆蟲或者正面的詞，按下右鍵。

研究者發現，大部分受試者完成第一輪的速度快過第二輪，也就是說，受試者更容易把花和正面的詞聯結在一起，而把昆蟲和負面的詞聯結在一起。這代表他們對花的內隱態度是正面的，對昆蟲的內隱態度是負面的。你可能覺得這很正常，畢竟與昆蟲相比，大部分人更喜歡花。

心理學家魯德曼（Laurie Rudman）及其同事邀請一些男性和女性進行性別內隱聯結測驗，以及性別威脅內隱聯結測驗。在這個測驗中，受試者需把男性或女性的名字與一些具威脅意味的詞，比如暴力、危險，或者具安全意味的詞，比如無害、可信任聯結。

結果顯示，男性對兩種性別的偏好基本上一致，把男性和正面的詞、女性與正面的詞聯結的速度差不多，也就是說，沒有明顯偏好男性或女性。但是女性則非常明顯偏好女性群體，她們把女性與正面的詞、男性與負面的詞聯結的速度更快，代表女性更有性別內隱偏見（見圖5-3）。

在性別威脅內隱聯結測驗中，分數越高，代表更傾向於把男性和威脅、女性和安全聯結。同樣的，女性的得分也高於男性，換句話說，相比男人，女人更傾向於把男人和威脅、女人和安全聯結。

上述這些研究顯示出一個值得深思的問題，即使很多人都宣稱自己對某個族群沒有偏見，但是內隱聯結測驗顯示，很多人可能僅僅是

沒有意識到自己具有偏見而已。

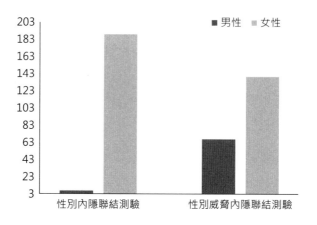

圖 5-3　兩性的性別內隱偏見
註：左側性別內隱聯結測驗的分數越高表示更偏好自己的性別群體。

？ 思考題

你是否也曾是偏見的受害者，或者被他人歧視？你覺得我們可以做哪些事情來避免偏見或歧視產生？

●●● 偏見的原因及預防
37 讀書真的無用嗎

下面有兩份名單，看看你認識其中哪些人？

名單（一）：傅以漸、王式丹、畢沅、林召堂、王雲錦、劉子壯、陳沆、劉福姚、劉春霖。

名單（二）：曹雪芹、胡雪巖、李漁、顧炎武、金聖嘆、黃宗羲、吳敬梓、蒲松齡、洪秀全、袁世凱。

第一份名單裡的人全是清朝科舉狀元，而第二份名單裡的人全是當時落第的秀才，網路上有人以這兩份名單來佐證讀書無用。不僅如此，網友還會告訴你，賈伯斯、比爾·蓋茲、祖克柏皆從大學退學，而馬雲讀的也非一流大學。甚至坊間還有這樣的故事：隔壁小王是大學生，一個月薪資才 4,000 元，他同班的小李小學沒畢業，現在是身家 4,000 萬的大老闆。你說讀書還有什麼用？

你是否認同上述的觀點？請你思考看看，這種觀點存在什麼邏輯漏洞？其實，上述這種思考模式正是導致偏見的原因之一。

哪些因素會造成偏見或歧視？

心理學家認為導致偏見的原因分為三類：第一類是社會根源，包括社會的不平等、宗教因素或者社會制度；第二類是動機根源，包括挫折或競爭，以及群體的身分認同；第三類是認知根源，包括類別化和獨特性。後面兩類屬於心理學層面的根源，本章將重點介紹這兩類。

憤怒讓你的偏見露出馬腳

心理學家認為，人受挫的時候，可能會產生偏見甚至攻擊行為。心理學家卡爾・羅哲斯（Carl Ransom Rogers）及其同事做過一項研究。他們邀請一些歐洲裔大學生參與一個所謂的「生理回饋」實驗。這些學生可以自己決定用多高的電壓電擊另外一個房間裡的人。被電擊的那個人有時是歐洲裔，有時是非洲裔。

在進行實驗之前和實驗期間，他們能聽到這個被電擊的人和研究者在隔壁房間對話，對話分為兩種：含侮辱性和不含侮辱性的對話。在含侮辱性的對話中，被電擊者對研究者說這個電擊機器看起來滿複雜的，他懷疑像電擊者這麼蠢的人到底懂不懂操作這個機器，並說電擊者以為自己很了不起。在不含侮辱性的對話中，被電擊者只是表示同意參加這個實驗。

研究發現，在不含侮辱性對話的情況下，歐洲裔大學生對非洲裔的電擊強度比對歐洲裔低，研究者認為可能是受試者為了彰顯自己對非洲裔沒有任何歧視，所以用比較低的電壓（見圖 5-4）。但倘若被電擊者說了帶有侮辱性的言詞，歐洲裔大學生的電擊強度就會改變，他們對歐洲裔侮辱者的電擊強度沒有發生明顯變化，但是對非洲裔侮辱者的電擊強度迅速上升。

心理學家認為，在一般情況下，人會抑制自己對他人的負面態度，但是一旦被激怒或遭受挫敗，就可能會直接表現出自己對他人的偏見。一些地緣衝突也可能源於某些族群被激怒，或者感到挫敗，進而引發族群之間的偏見甚至是攻擊。

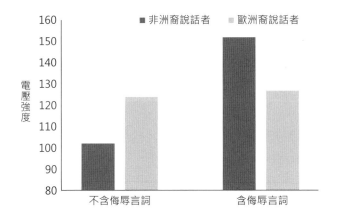

圖 5-4　拜仁大學生對說話者的電擊強度

非我族類,其心必異

　　導致偏見的另外一個因素是群體認同。對某個群體的認同,可能會讓人偏好自己的群體,同時討厭或貶低群體外的成員。

　　我曾在課堂上問學生一個問題:如果現在在公車上有一個人沒有讓座給老人,你覺得這個人是我們學校的學生,還是隔壁大學的學生?大部分學生都會異口同聲地說隔壁大學。這就是非常明顯的群體認同,導致對非群體成員的偏見,因為他們認為,承認這個人是我們學校的學生,會威脅到自我形象。

　　缺乏自我認同的人,更可能會藉由認同某個群體,來獲得正面的自我評價。這就是為什麼有些青少年喜歡拉幫結派組成小團體,並對團體外的人表現出偏見甚至欺凌行為。他們剛好處於自我認同比較迷茫的時期,所以會在群體中尋求認同,為了表示對群體的忠誠,而做

出敵視群體外成員的行為，來強化群體認同感。

仗義每從屠狗輩，負心多是讀書人

導致偏見的第三個因素是類別化（Categorization）：人傾向於將他人歸類，而一旦把某些人歸為同一類，可能就會認為他們都是同樣的人。

假設你有機會接觸某個群體，隨著與他們日漸熟悉，你可能會發現同一群體的人之間，也有很大差異。但是，如果你不熟悉這個群體，對他們的刻板印象和偏見可能就很嚴重。網上常看到「外國的月亮比較圓」的言論，但其中一些人可能沒有在國外生活過，所以以為所有外國人都一樣，忽略了外國人之間也有差異。換句話說，他們所理解的外國人和真正的外國人可能是兩回事。一旦他們有機會去國外生活，就會發現，不管是哪個國家的人，都一樣是形形色色。

月亮無論在哪裡都一樣「圓」，不是世上所有的屠狗輩都仗義，也不是所有的讀書人都是負心人！

養狗的好人或養蛇的壞人

另外一個造成偏見的因素是獨特性（Uniqueness），比如獨特的人或極端的事件，會吸引你的注意力並扭曲判斷。

假設某個人很獨特，比如他的長相特別或者身分比較特殊，那麼往往很容易引人注意，導致你將發生的事情歸咎到這個人身上，進而

對他產生偏見。

心理學家艾倫・南格（Ellen J. Langer）和他同事做過一項「獨特男人」的研究。他們為參與實驗的學生播放了一個年輕男人坐在桌前閱讀《紐約時報》（*The New York Times*）的影片。所有學生觀看的都是同一支影片，不同的是，研究者告訴部分學生這個男人是精神病患、或是癌症患者、或是同性戀、或是離異、或是百萬富翁等；部分學生則單純觀看影片，沒有被告知這個男人的身分。觀看完影片後，研究者要求學生報告他們對這個男人的觀察。

結果發現，與沒有告知這個男人身分獨特性的學生相比，知道這個男人身分獨特性的大學生，會注意到這個男人更多的獨特之處，比如臉部特徵等，而且對這個人的評價更極端，更傾向於認為這個人與大多數人不一樣（見圖 5-5）。

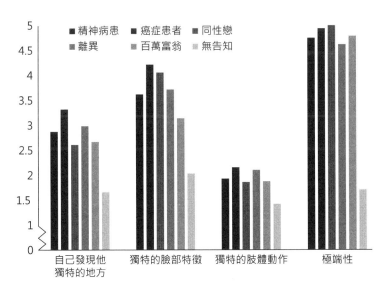

圖 5-5　大學生對同一男人的不同看法

假設你遇到一個養狗又養蛇的人，你認為他是哪一種人？平淡無奇的養狗人士，還是嗜好怪異的養蛇人士？很多人可能更傾向於後者，這就是獨特性引發的偏見。

不僅特別的人容易造成偏見，特別生動或者極端的事件也可能造成偏見。

心理學家羅斯巴特（Myron Rothbart）及其同事讓大學生看50個男性所做的事件描述，其中十人是罪犯，五個是普通犯罪行為，比如盜竊、製造贗品、逃稅、故意破壞公共財物，另外五個是極端惡劣的犯罪行為，比如強姦、謀殺、猥褻兒童、綁架等。隨後，研究者要受試者評估這些男性未來犯罪的可能性，並嘗試回憶他們的犯罪行為。

結果顯示，那些看過極端犯罪行為的大學生會高估這些人未來犯罪的可能性，而且更能回憶起他們的犯罪行為（見圖5-6）。這意味著，人一旦有汙點，便很難洗清。

不僅如此，特殊的事件或人物還可能產生一種心理學上稱為「幻覺相關」（Illusory Correlation）的現象，亦即原本沒有關聯的東西，卻被認為有關係。

比如，新聞報導了一起情況比較極端的案件，如果新聞中的施虐者是明星，相比普通人，大眾更容易認為明星有奇怪嗜好。這是因為案件的性質極端，而明星是比較少見的群體，兩者加在一起，會加深大眾以為兩者有關的錯覺。

再假設，你聽說大學時期的校花後來嫁給一個有錢男人，結果遇人不淑被拋棄，可能有人會感慨長得好看的女性容易婚姻不幸。但要注意的是，長得好看、能成為校花的人已是少數群體，同時她還遭遇

婚姻失敗,這種情況也不多見,因而你可能會建立起一個錯誤的聯結:
校花(長得好看的女性)的命真不好。可是並沒有人做過調查統計,
確認是不是大部分校花都命運多舛。

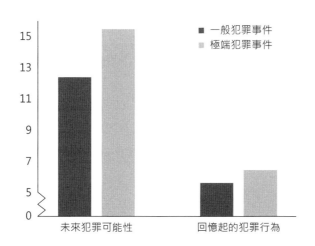

圖 5-6　看到樣本的犯罪行為後,大學生對樣本未來犯罪的可能性評估

　　回到開頭有關讀書無用的例子。大家可以明顯看出,這些例子體
現的就是幻覺相關。

　　首先,落第卻又成為名人是非常少見且獨特的案例,其實落第和
成為偉人之間並沒有必然關聯,因為還有更多落第的人最後毫無聲息
地消失在歷史長河裡。而第一份榜單裡的狀元也不全是毫無成就,其
中很多人在某個領域成就不凡,只是可能不為大眾所知。

　　其次,那些退學後成為富翁的人也是幻覺相關。賈伯斯、祖克柏
以及比爾·蓋茲從名校退學很罕見,退學後還非常成功就更罕見,但

這並不代表他們的成功是因為退學。

最後，是小學沒有畢業，卻有 4,000 萬身家的小李，這能代表讀書無用嗎？答案是不能，小李身家 4,000 萬也許和他有沒有上學沒太大關係，這世上還有很多小學沒有畢業的小陳、小楊、小張，可能月薪連 4,000 元都不到。

所以，那些拿上述例子來告訴你讀書無用的人，不是蠢就是壞，你離他們越遠越好。

「老鷹」與「響尾蛇」的和解

那有沒有什麼辦法可以消除偏見？

心理學家謝里夫（Muzafer Sherif）和他的同事做過一項非常出名的「羅伯斯山洞夏令營實驗」，也許可以給你一些啟發。實驗地點在美國奧克拉荷馬州（Oklahoma）一個叫做羅伯斯山洞（Robbers Cave）的夏令營，研究者把一些 11 ～ 12 歲的男孩子分為兩隊，分別取名為「老鷹隊」和「響尾蛇隊」。

實驗的第一階段，研究者要兩隊競賽，內容包括遊戲、尋寶和其他活動。隨著競賽進行，兩組之間的對抗越來越激烈，雙方還會製作威脅性的標語、喊侮辱性的字眼，互相表現出明顯的敵意。研究者發現，僅僅消除他們之間的衝突和競爭，無法使他們重歸於好。

為了減少兩隊之間的敵意，研究者進入實驗的第二階段，為孩子設計一些需要兩隊合作才能完成的活動。例如，通力合作找出並解決營地供水中斷的問題；彼此商議共同出資觀看一部兩隊都喜歡的電影；

或是出遊時車輛拋錨，兩隊需要一起把車推上斜坡等。

　　研究者發現，在競爭階段（第一階段），這些孩子很少和自己團隊以外的人成為好朋友，但是在合作階段（第二階段），兩隊孩子互相成為好友的比例明顯上升（見圖 5-7）。這項經典研究顯示，衝突和競爭不能消除人的偏見，反而透過增強相互依賴、追求共同目標，以及合作，才可能減少偏見。

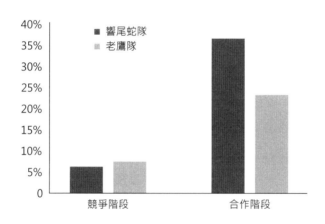

圖 5-7　夏令營兩隊孩子互相成為好朋友的比例

？ 思考題

你在生活中是否曾成為偏見或歧視的受害者，或者你是否遇過別人成為偏見或歧視的受害者？請你分析是什麼原因導致這種偏見或歧視發生。

（●●●）助人的交換理論與社會規範理論

38 善良實驗

　　本章將探討一種非常重要的社會現象：當別人處於困境之中，你是幫還是不幫？

　　探討助人行為，首先要思考一個重要問題：助人行為對助人者來說沒有明顯的好處，卻要承擔一定的風險，比如可能犧牲自己的時間、損失財產，甚至可能被對方詐騙，或是丟掉性命。為什麼人還會幫助別人，並將這種行為視為道德高尚的表現呢？

助人為什麼會快樂？

　　對於助人的行為，不同心理學家曾嘗試從不同的角度解釋。此處先考慮一個問題：幫助別人對助人者有什麼好處？

　　社會交換理論（Social Exchange Theory）認為，幫助別人可以帶來很多好處，第一，提升價值感，同時還能讓助人者更開心。試問：你覺得把錢花在自己身上和把錢用來幫助別人，哪一個使你更快樂？

　　心理學家伊莉莎白・鄧恩（Elizabeth Dunn）及其同事做過一項研究，他們請受試者評估自己的快樂水準，同時說明他們每個月花多少錢支付個人帳單或是為自己買禮物，又花多少錢為別人買禮物或者用於慈善捐款。研究者發現，人花在自己身上的錢多寡與快樂水準沒有

關係，但花在「利社會行為」（Prosocial Behavior）上的錢越多，就越開心。

研究者還設計了一個實驗，他們給受試者一筆錢，要求他們當天把這筆錢花掉，可以選擇花在自己身上，比如支付帳單、為自己買禮物，或者是花在利社會行為上，比如為別人買禮物、捐出去。研究者當天早上和晚上請受試者評估自己的快樂水準。結果顯示，把這筆錢用於利社會行為的人到了晚上，快樂水準有所提升；而那些把錢花在自己身上的人，到了晚上反而沒有早上開心。

心理學家甚至發現，人把錢財捐給慈善機構時，大腦的獎賞迴路會啟動，和人收到錢的大腦活動模式很像。

助人還有另外一個好處，可以幫人消除內疚感。

心理學家麥克米倫（David L. McMillen）和他的同事做了一項關於「謊言力量」的實驗。他們邀請一些大學生兩兩一組來到實驗室參加實驗，在大學生等待的時候，另一個人（研究者的同夥）進入實驗室，假裝來找他遺忘在這裡的書，並和兩人聊了起來。這個人告訴部分學生，他已經做過實驗。這個實驗要完成一份多選項的心理測試，而大部分題目的答案都是 B。至於其他學生，這個人則沒有談起這個測驗。研究者的同夥離開實驗室後，研究者進入實驗室，並問受試者是否參加過或聽過這個實驗，沒有一個受試者承認自己已經知道答案了。等這些學生完成測試後，研究者告訴他們可以走了，但如果他們願意的話，想請他們留下來幫忙為 500 多份問卷打分數。

假設你是受試者，而你沒有說謊，你會花多長時間來幫助這個研究者？如果你說了謊呢？

　　結果發現，沒有說謊的大學生，平均只願意花 1.5 分鐘來幫助這個研究者；而那些說了謊的學生，願意幫忙的平均時間是 63 分鐘。一個小小謊言造成的威力如此巨大。在生活中千萬別做虧心事，不然你可能得花很大力氣來償還你的良心債。

　　助人還可以幫助緩解負面情緒。

　　心理學家湯普森（William C. Thompson）和他的同事做了一項關於「悲傷力量」的研究。他們邀請一些大學生來實驗室參加關於「想像力」的實驗。研究者讓大學生聽一段錄音，再要求他們把自己代入。受試者被隨機分配到三種情境，前兩種情境是聽一個罹患晚期淋巴癌的人的故事，受試者須把這個人想像成自己的異性朋友。

　　其中一些人聽到的錄音版本，講述的是自我關注的悲傷，錄音中描述這個朋友罹患這種疾病後，為受試者帶來的擔憂和悲傷：「他將死去，你會失去他，再也見不到他，你和他在一起的每一分鐘都可能是最後一分鐘……他會慢慢消失在你的眼前，你們約好一起做的事都戛然而止，只留下你一個人孤零零地在這個世界上。你的內心空蕩蕩……因為這個好朋友即將被凶殘的疾病奪走生命而感到痛苦、恐懼和憤怒。」

　　另一個版本則講述了關注他人的悲傷，其中描述的是這個疾病為這位朋友帶來的痛苦和悲傷：「他只能躺在床上虛度光陰，等待最後的時刻……他獨自面對最壞的結果，他可能會慢慢死去，看著自己越來越虛弱，直到最後無法動彈。他難以接受事實，他望著天空出神，意識到緩慢死亡的恐懼……他因為自己即將死亡而感到痛苦、恐懼和憤怒。」

　　還有一組受試者聽到的是與情感無關的錄音，用第二人稱陳述一個設計平貼畫的人的思考過程。

　　三組人聽完錄音後，研究者要求他們完成一份調查問卷，並告訴他們實驗已經結束。他們可以離開，或者留下來幫助一個研究生完成調查問卷的評分。受試者留下來幫忙的比例和幫助的時間，即為他們的助人指標。

　　研究者發現，關注他人的悲傷那組，有 83% 的人留下來幫忙，平均的助人時間為 11 分鐘；而自我關注的悲傷和沒有悲傷的兩組人，只有 25% 留下來幫忙，助人時間平均為 4 分鐘（見圖 5-8）。

　　當你感到痛苦時，如果痛苦是指向他人，你可能會產生同情或同理心，從而去幫助別人。但如果這種痛苦指向自己，則不太可能促使你去助人，因為你會沉浸在自己的悲傷之中，自顧不暇。

　　與悲傷相反的是快樂，自己快樂和看著別人快樂，哪一種更可能促使你去幫助別人呢？心理學家羅森漢恩（David L. Rosenhan）和他的同事讓一些大學生在實驗室裡，按照錄音帶的指引，想像一些自己快樂或別人快樂的事情。其中，「自己快樂組」的人，按照錄音帶的指引，想像自己去夏威夷度假，享受夏威夷的美麗風光，並參加各種令人興奮的活動；而「看他人快樂組」則按照指引想像一個同性朋友去夏威夷度假。實驗最後，研究者同樣告訴受試者可以離開實驗室或留下來幫助另一個研究者為問卷評分。結果，「自己快樂組」的所有人都留下來幫忙，且平均幫助研究者完成 15.3 個問題，而「看他人快樂組」只有 40% 留下來幫忙，平均完成 1.3 個問題。

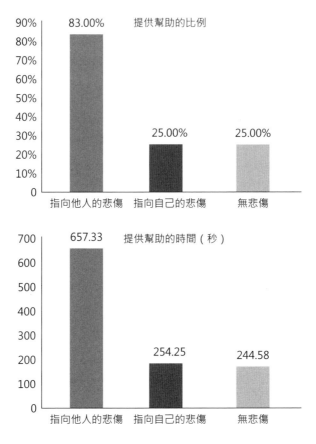

圖 5-8　不同悲傷指向的受試者提供幫助的情況

　　不僅如此,還有研究者發現,這種快樂心情促使的助人行為,有
效期限大概只有五分鐘。所以,下次當你的伴侶或者同事朋友開心的
時候,及時向他們提出請求,說不定成功率會更高哦!

誰值得幫，誰不值得幫？

社會規範理論（Social Norms Theory）是指所有人都生活在社會之中，社會對人的行為有很多期望或者設置了行為準則，比如撫養子女、扶養老人、誠實守信等，這些約定俗成的準則稱為社會規範，生活在社會中的個體需要遵守這些準則。

在助人方面，社會有哪些期望呢？

社會期望人幫助那些曾經提供過幫助的人，也就是《詩經》中說的「投桃報李」。大部分人之所以會鄙視《農夫與蛇》的故事中恩將仇報的蛇，就是因為此一行為違反了助人的社會規範。

而對於那些非回報式的行為，社會規範理論認為，人有責任去幫助那些需要幫助的人，而不是考慮助人的回報。但是，對於任何一個需要幫助的人，你都會給予協助嗎？不見得，那你最可能幫助哪些人呢？

假設現在有兩個女人：一個女人在當初結婚時，大家都勸她不要嫁給這個男人，可是她不聽勸阻，一意孤行，最後遭受虐待；另一個女人被父母逼迫嫁給一個人，婚後也經常受到丈夫虐待。你覺得哪個女人更可憐且更願意幫助她？

本質上來說，這兩個女人都需要幫助，但很多人會選擇幫助第二個女人，為什麼？心理學家認為，人在助人之前會對被助者的困境進行歸因，如果認為他人的困境是不可控的環境導致的，就會幫助他，但若認為困境是當事人自己選擇所導致的，那麼幫助他的機率便會大大降低。也就是說，人會幫助那些最需要幫助且最應該得到幫助的人。

? 思考題

你在生活中是否曾經幫助過別人，你當時是出於什麼原因伸出援手？這個助人行為為你帶來哪些感悟？

●●● 信任、合作與助人
39 無私的吸血蝙蝠

隨著網路募捐活動越來越多，近年來，利用網友好心騙捐款的事件時有所聞，這些事件引發社會的廣泛批評和反感。為什麼網友對騙捐款事件如此憤慨？它觸動了人心理上的哪一個痛處？

本章重新回到演化心理學的視角，來看看演化心理學家是如何解釋人類為什麼會保留這種對生存沒有明顯好處的助人行為。

基因決定你的助人行為

演化心理學家把助人行為分為兩類：血親之間的助人和非血親的助人。

先講血親之間的助人。

假設有兩個小孩同時掉入水中，其中一個是你的孩子，另一個是你兄弟姐妹的孩子，你只能救一個，你會選擇救誰？

同樣還是兩個小孩掉入水中，其中一個是你兄弟姐妹的孩子，另一個是陌生人的孩子，還是只能救一個，你會選擇救誰？

很多人都會選擇先救那個與自己血緣關係比較接近的孩子。演化心理學家認為，血親之間共用一部分基因，促使人願意關心和保護親緣關係比較接近的人。因為幫助有血緣關係的人，可以讓共用基因獲

得更高的存活機會。

　　研究者曾進行過一個非常有趣的實驗，我稱之為「為親人潛水」。他們邀請幾個家庭的全體成員來參與實驗，這些人需要為某一個家庭成員，把自己的頭伸進裝水的盆子裡，並盡可能地憋氣。憋氣的時間越長，這位家庭成員獲得的金錢回報就越多。

　　一個小女孩為與她共用約四分之一基因的阿姨憋氣 51 秒，而為與她共用八分之一基因的表姐憋氣 47 秒，為與她共用二分之一基因的哥哥則憋氣 72 秒。研究者對許多家族進行這個實驗，結果發現，儘管所有人每次都拚盡全力憋氣，但憋氣時間的長短依然會與該成員的血緣親疏遠近有關，血緣關係越密切，他們憋氣的時間就越長。

如何揪出吸血的騙子？

　　血親之間的助人行為比較好理解，但是人類社會中還存在更多非血親關係的助人行為，這種助人行為不但不能幫助助人者提高自己的基因存活機會，還可能讓助人者損失自己的資源、甚至生命，該如何解釋這種反演化的行為呢？

　　演化心理學家認為，有些人之所以幫助非血緣關係的人，可能是出於在未來某些時刻，此一助人行為會為自己帶來好處或者回報。

　　一項動物學方面的研究有助於理解這一理論。

　　吸血蝙蝠是目前自然界中，除了人類以外，少數存在非血緣關係助人行為的物種之一，透過對吸血蝙蝠的研究，或許能理解人類是怎麼演化出非血親助人行為的。

　　吸血蝙蝠屬於群居動物，他們需要以動物的血液為食，而且一旦超過三天不進食就會餓死。然而，不是每一隻吸血蝙蝠每天都能成功吸到血，因而面臨非常嚴峻的生存問題。科學家發現，吸血蝙蝠為了維持生存，演化出一種有趣的進食機制——同群體中，吸到血的蝙蝠在返回山洞後，會把一部分血液吐出來給其他同伴喝。牠們用這種方式來提高族群的生存機會。

　　然而，假設某天，這群蝙蝠中有一隻蝙蝠突然發現，即使牠躲在洞裡不出去找食物，等待其他夥伴吸完血回來餵牠，牠也可以生存下去。這樣一來，牠一方面避開外出覓食可能被天敵吃掉的風險，同時還能保證不餓死。這隻蝙蝠對應的就是人類社會中的騙子。如果這個邏輯成立，吸血蝙蝠的群體中會出現越來越多不願意出去吸血的蝙蝠，最後騙子蝙蝠大盛行。但吸血蝙蝠並沒有往這個方向發展。

　　研究者發現，吸血蝙蝠為了對抗這種搭便車的「破壞分子」，牠們不會隨便將血吐出來給其他同伴，唯有經過長時間相處，甚至 60% 以上時間都待在一起的蝙蝠，才可能從同伴那裡得到食物。也就是說，吸血蝙蝠把血吐出來給同伴喝之前，會先確認這個蝙蝠是否可靠，未來自己挨餓的時候，牠是否也會幫助自己。如果一隻蝙蝠只喝同伴吸的血而不反饋，便會被標記出來，以後沒有其他蝙蝠願意幫助牠。

　　若將吸血蝙蝠的行為套用在人類社會，在原始社會中，人類祖先不是每天都能找到食物，如果你把自己多餘的食物分給另外一個挨餓的人，而不是讓食物白白浪費，那麼未來某一天，這個人找到食物而你沒找到的情況下，他也會把自己的食物分享給你，這樣就可同時提高你們兩個人的生存機會。

　　回到演化心理學家對於非血親助人行為的解釋，就像吸血蝙蝠一樣，你幫助他人的部分原因是希望未來自己需要幫助的時候，他人也會幫助你。但是，人類祖先在分享食物之前，面臨和吸血蝙蝠一樣的問題，這個人真的值得信賴嗎？他未來也會和我分享他的食物嗎？

　　演化心理學家認為，非血親助人行為的前提是信任和識別欺騙。那信任是如何形成的？

　　請設想一個情境。你和一個陌生人同時面臨兩種選擇：與對方合作或者與對方競爭。如果你們兩人都選擇合作，則你們能獲得一元的收益，但如果其中一個人選擇合作，而另一個人選擇競爭，則選擇競爭的人能把兩元都拿走，而選擇合作的人就會損失一元。如果兩人都選擇競爭，那兩人各損失一元。

　　你會怎麼選擇：合作還是不合作？如果你要和這個人反覆玩這個遊戲很多遍，你覺得哪種選擇會占上風？

　　心理學家發現，人往往會選擇先信任對方，並且在多輪遊戲之後，信任合作的策略會占上風。但如果某一次遭對方出賣，選擇不合作，那我們下一輪也可能採用不合作策略來懲罰對方，甚至願意拿出自己已有的錢來獲得懲罰對方的機會。如果對方在選擇不合作之後改過自新，我們可能會給對方改過的機會，並重歸信任合作的良性循環。

　　人類祖先透過這種方式，演化出「信任」的心理機制。即使在二十一世紀，大眾熟悉的網路購物依然遵循這個機制，在網購平臺上，你和賣家也面臨這兩種選擇——信任還是不信任。我們往往會先選擇信任。

　　不過，上述實驗只能說明人會選擇先信任他人，並沒有回答要怎

麼識別可信任與不可信任的人。

　　想想你在網購平臺上與那些不認識的賣家交易，你怎樣判斷這個賣家可靠與否？你往往會根據之前與他合作過的其他買家的評價。網路購物模式之所以成功，重要的因素之一就是依據買家評價所形成的賣家信譽標識。所以對於網路商店來說，負評的威力很大，因為負評會破壞賣家信譽，使買家覺得這個賣家不可靠。

　　但人類祖先沒有網購平臺的評價機制可供參考，那他們是透過什麼方法來判斷眼前這個人是否可靠？

　　演化心理學家認為，判斷一個人是否可靠的重要訊息之一是，他樂不樂意助人。如果一個人樂於助人，大家會認為這個人比較可靠。所以，助人這種看似對自己沒什麼好處的行為如今大受歡迎，樂於助人成為誠信、可靠的形象廣告，向其他人釋放出一個訊號：我很可靠，快來和我合作吧，我們可以創造共贏！為什麼有些明星在形象受損後選擇做公益？也是在利用這個機制，藉由助人行為修補自己的信譽。

　　助人不僅可以提高名聲，甚至可以提高吸引力！

　　心理學家摩爾（David Moore）及其同事，讓男女性受試者看一些附有個人頭像和訊息的異性卡片。這些卡片分為兩類，部分受試者看到的卡片上描述了這個人的助人訊息，免費指導當地一所學校的問題兒童；而另外一些受試者看到的卡片上則沒有助人訊息（見圖 5-9）。

　　研究者要求受試者評價這個人作為建立短期關係的對象或者長期關係的對象的吸引力。結果發現，男性卡片方面，不管是建立短期關係還是長期關係，只要呈現助人訊息，女性都會認為這個男人更有吸引力。但女性卡片方面，只有建立長期關係的前提下呈現助人訊息，

男性才會認為她更有吸引力，若是建立短期關係，助人訊息不影響她的吸引力。

中性條件

丹尼爾從事招聘工作
丹尼爾喜歡攀岩
丹尼爾非常喜歡科幻電視劇

與丹尼爾建立短期關係的吸引力？
1＝沒有吸引力　9＝有吸引力

助人條件

丹尼爾從事招聘工作
丹尼爾喜歡攀岩
丹尼爾是當地一所學校的問題
兒童免費輔導老師

與丹尼爾建立短期關係的吸引力？
1＝沒有吸引力　9＝有吸引力

圖 5-9　有無助人行為的異性吸引力

愛惜你的羽毛

　　除了信任外，由於欺騙可以竊取不屬於自己應得的資源，讓助人者蒙受嚴重損失，因此欺騙被視為特別不可靠的特質，導致助人者對欺騙行為非常敏感，只有善於識別欺騙的人才能避免損失，從而保證自己的生存。

　　騙捐款事件遭揭露後，大眾之所以憤怒是因為這些人利用他人的

愛心，竊取他人資源，觸發大眾對欺騙的警報。一旦這個警報在群體中響起，眾人就會群起而攻之，藉由攻擊這個欺騙者來警告其他潛在欺騙者——欺騙行為的後果非常嚴重。

人不僅對助人遭到欺騙特別敏感，事實上，只要和欺騙有關的行為都讓人憤怒，比如親密關係中的背叛、被好朋友挖牆腳，種種背叛行為造成的憤怒往往比失去愛人之痛更難以忍受。

這也體現在另一種社會現象上：很多人都熱衷討論明星隱瞞整容、出軌等八卦。因為這些行為本質上也屬欺騙，一旦曝光，等同於告訴大眾，這些人不值得信賴，要避而遠之。這就是為什麼明星一旦發生形象危機，很多合作廠商就會紛紛撤掉他們的代言。而人之所以喜歡八卦，是因為八卦可以用來對抗欺騙行為。但有時八卦也會傷及無辜，不管在哪個時代，流言蜚語的殺傷力都不容小覷。

現代社會的發展導致人與人之間的聯結越來越緊密，單獨一個人很難獨自生存，且隨著訊息越來越透明化，未來個人信用將是非常寶貴的資源，每一個人都要愛惜自己的羽毛。以後，信用不好的人可能真的會寸步難行。

? 思考題

你是否曾經被欺騙過？請分析一下當時對方使用了什麼方法或者利用了什麼條件騙你。這個事件為你帶來哪些方面的影響？

●●● 助人經典實驗及助人模式
40 無動於衷的目擊者

　　1964 年 3 月 13 日凌晨三點，美國紐約一位名叫凱蒂・吉諾維斯（Kitty Genovese）的女性在下班回家的路上遭歹徒尾隨。當她快走到自己公寓的大門口時，歹徒用刀從背後襲擊她，她大喊救命。

　　此時，一位住在對街的鄰居聽到她的叫聲，朝歹徒大喊：「離那個女孩遠點！」歹徒被嚇跑了。受傷的吉諾維斯艱難地往自己的公寓大門走去，但這個歹徒又再次返回，殺死了吉諾維斯，並姦汙她的屍體，還拿走她身上的 49 美元。

　　當時的媒體報導，警方事後發現有 38 位吉諾維斯的鄰居目擊了這起凶殺案，除了那個朝歹徒大喊一聲的人之外，其他人都沒有採取行動，甚至連報警電話都沒有人打。而那個對歹徒大喊一聲的鄰居目睹整個殺害過程，事後卻堅稱自己看走眼，應該是情侶吵架，因此沒有多管閒事。凶手被抓後坦承，當他發現根本不會有人出來「管閒事」後，便再次壯起膽子追上吉諾維斯並殺害了她。

　　雖然最初的媒體報導中有誇大不實的成分，但此事大大震驚整個美國，以至於後來還出現一個專有名詞：「吉諾維斯症候群」（Genovese Syndrome），用來指稱人事不關己的態度，在他人需要援助的時候選擇袖手旁觀。

　　吉諾維斯事件促使美國心理學家約翰・達利（John Darley）和畢

博・拉塔內（Bibb Latané）進行了一系列經典的助人實驗，他們想搞清楚在他人需要幫助的情況下，是什麼因素阻礙旁觀者伸出援手。以這些實驗為基礎，他們提出了一個助人的理論模式。

為什麼沒有人伸出援手？

對於吉諾維斯事件中，周圍的鄰居沒有提供幫助，達利和拉塔內提出一種解釋：圍觀的人產生了旁觀者效應（Bystander Effect），亦即如果有人處於需要幫助的狀況，周圍旁觀的人越多，提供幫助的可能性越小，而且提供幫助的時間延遲越久。

他們當時做了一個經典的「癲癇實驗」。研究者邀請紐約大學的學生到實驗室參加一場學校生活適應主題的討論，每個人都單獨待在一個小房間裡，透過語音系統輪流發言。研究者告訴這些大學生，這個語音系統每次僅允許一名學生講話，每位學生有兩分鐘的說話時間。討論開始，受試者聽到一個學生講述他在學校種種適應困難，隨後尷尬地補充道，他患有嚴重的癲癇症，接著他變得語無倫次並求救。其實，這些內容是研究者提前錄製好的。

研究者將參與實驗的大學生隨機分配到三種情境：第一種是零旁觀者，只有受試者和那個發病的人發言；第二種是有一個旁觀者，也就是除了受試者和發病的人，還有另外一個人；第三種是有四個旁觀者。研究者觀察在癲癇患者發病後的六分鐘內，受試學生離開自己的小房間，去和研究者報告那人發病的比例，以及受試者做出這個決定所耗費的時間。

結果發現，如果沒有旁觀者，85% 的人會在六分鐘內向研究者報告求救；如果多一個旁觀者，只有 62% 的人會報告；如果多四個旁觀者，則這個比例降為 31%。而受試者做出助人決定的時間也隨著旁觀者數量增加，從平均 52 秒增加到 166 秒。

為了更真實地模仿吉諾維斯事件，達利等人進行了另外一項「受傷女人」的實驗。一名女性研究者帶領一批大學生到實驗室做一些問卷調查，在他們填寫問卷期間，這名女性研究者走進實驗室隔壁的房間，兩個房間有門簾隔開，大學生看不到那名女性。在她進入房間四分鐘後，就用答錄機播放一段提前錄好的音檔，音檔裡這名女性爬上椅子去取書架上的紙張，然後椅子倒下，這名女性摔倒在地，大聲說自己的腿不能動，被東西壓到了。這個實驗真實模擬了一個急需救助的情境。研究者發現，如果一名大學生單獨在那裡做問卷，兩分鐘內 70% 的受試者都會走進那個房間，查看或者嘗試提供協助。但如果同時還有其他兩個陌生人在實驗室裡填寫問卷，兩分鐘內大學生提供協助的比例只有 40%。達利和拉塔內等人藉由大量、不同形式的實驗，驗證了旁觀者效應。

於是，我們要問：為什麼旁觀者會降低人的助人行為？

助人五步走

達利和拉塔內提出一個經典的助人模式，解釋助人行為之所以難產的原因，我稱之為「助人五步走」模式（見圖 5-10）。

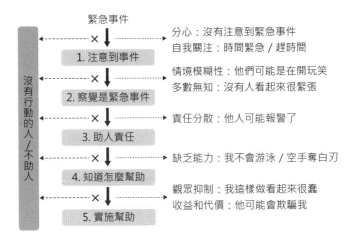

圖 5-10 「助人五步走」模式

假設你在一個萬頭攢動的廣場上看見一個男人拿刀追著一個女人，你是否會伸出援手救助這名女性？

按照「助人五步走」模式，第一步是你是否注意到這個事件？從理論上來說，男人拿刀追女人這麼誇張的事你很可能會注意到，若沒有，可能是由於周圍有其他更吸引注意力的事，或者你正在忙自己的事，沒有留意到事件發生。

達利和丹尼爾·巴特森（C. Daniel Batson）進行了另一項實驗。他們邀請一些學生前往附近的錄音室，錄一段關於助人的即興演講。這些學生被隨機分配到三種不同條件的情境，研究者告訴其中一組人，他們的時間很充裕；告訴另一組人如果現在趕往目的地，時間剛剛好；而最後一組人則是即使立刻趕去也可能趕不上。在受試者前往錄音室途中，會經過一個癱坐在門口的老人，這個老人垂頭咳嗽、呻吟。研

究者發現，在時間充裕的情況下，63% 的人會停下來幫助這個老人，而時間緊迫的情況下，只有 10% 的人會停下來幫助，儘管這些人被邀請去錄製的演講主題就是助人。

回到廣場上男人拿刀追女人的事件，如果你現在正急著趕去公司完成主管交代的工作，或者你的家人遇到緊急事件，需要你盡快去處理，你可能在匆忙中就無法注意到這個事件。

假設你注意到男人拿刀追女人，你會提供幫助嗎？不一定。這就要說到助人的第二步：你是否認為這是一個緊急事件？如果你不覺得這是緊急事件，你可能不會採取行動。

達利等研究人員做過另外一項「充滿煙霧房間」的實驗，驗證了這個觀點。他們邀請一些大學生參加關於「城市生活態度」的調查。在受試者填寫問卷期間，研究者透過房間通風口，往房間裡注入白色煙霧，不久後，房間裡充滿煙霧，伸手不見五指，整個實驗過程持續六分鐘。

如果你是受試者，你的第一個反應是什麼？也許你會認為房間失火了。

研究者設置了三種情況：第一種情況是大學生自己一個人在房間裡填問卷；第二種情況是還有兩個陌生人在同一個房間裡填問卷；第三種情況是有兩個研究者假扮的受試者，且這兩個假受試者自始至終沒有任何反應。

結果發現，如果受試者自己一個人填問卷，在六分鐘內有 75% 的人會向研究者報告這種情況；如果還有另外兩個陌生人一起，只有 38% 的人會採取行動；如果還有兩個人，而這兩個人一直不為所動，

就只有 10% 的人會採取行動（見圖 5-11）。達利的這個實驗顯示，
他人在場的情況下，如果他人沒有行動，可能會造成一種錯覺，讓受
試者以為這件事情並不緊急，這個現象稱為「多數無知」（Pluralistic
Ignorance，或人眾無知）。

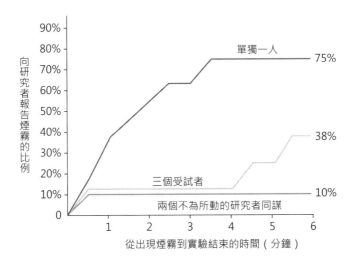

圖 5-11　受試者對充滿煙霧房間的反應

　　再次回到男人拿刀追女人的事件，如果周圍的人都沒有反應，就
可能會造成一種錯覺：這件事情並不緊急。情境的模糊性也可能讓你
覺得不須「管閒事」，比如，男人拿著刀對女人說：「親愛的，不要跑，
這是我送給妳的情人節驚喜。」而女人還不時回頭對男人笑，你就不
會覺得這是緊急事件，更可能會認為是一對情侶在玩無聊遊戲。現實
生活中，很多侵犯女性的歹徒會假裝成女性的伴侶來矇騙周圍的人，
正是利用了情境的模糊性。

如果注意到事件發生並察覺是緊急事件，你就會提供幫助嗎？還是不一定。

助人的第三步：是否認為自己有責任去幫助別人？達利等人認為旁觀者效應就是在這一步出現「責任分散」（Diffusion of Responsibility）效應而導致的，換句話說，旁觀者越多，每個人覺察到自己助人的責任越少，所以更不可能助人。就像吉諾維斯的案子，有些鄰居事後聲稱：「我以為別人報警了，所以就沒有報警。」

即使你知道自己有責任幫助他人，比如在廣場案例中，你知道你有責任幫助那個女人，你就會行動嗎？仍舊不一定。助人的第四步：你是否有能力提供幫助？如果你要幫助她，你必須有能力對付持刀男人，假使你沒有空手奪白刃的功夫，即使上前可能也幫不上忙。就像是有人溺水，你很想幫他，但你不會游泳。受助者需要的幫助，超過了助人者的能力範圍。

假設你有能力幫助對方，你就會幫助嗎？答案依然不確定。舉一個最常見的例子，在公車或捷運上讓座，你注意到有人需要座位，你也知道自己有責任讓座，同時你也有讓座的能力，但你為什麼沒有讓座？很多人猶豫的原因可能是，如果我讓座，他拒絕了，那我是坐回去，還是堅持讓座？這會不會讓我看起來很蠢？這是第五步阻礙助人的因素，「觀眾抑制」（Audience Inhibition），也就是假如做出助人行為，可能會讓自己看起來很蠢，因此也不一定會助人。

還有一個因素也會阻礙助人行為，就是幫助別人會不會讓自己付出無法承擔的代價，比如對方會不會反過來騙我。

藉由達利等人的助人模式可以看出，從一個需要幫助的事件發

生，到採取助人的行為，需要經過非常複雜的思考過程，且存在多重阻礙因素，不助人不一定是人性冷漠的表徵。同時，這個模式也顯示，如果你需要他人幫助，就要盡可能破除這些阻礙因素。

？ 思考題

假設將來某一天，你需要他人幫助，你可以透過什麼方法逐一破除助人五步走模式中每一步的阻礙因素，讓他人對你伸出援手？

●●● 寬恕的力量

41 一笑「泯」恩仇

歷史上有兩個非常著名的故事。

《史記‧范雎蔡澤列傳》中記載，秦昭王 36 年，魏國人范雎被人陷害，魏國宰相魏齊懷疑他謀反，將他打得半死並對他輪番羞辱——打斷了他的肋骨，打掉他的牙齒，把他用席子捲起，扔進廁所，還讓人對他撒尿。范雎裝死，並在看守的幫助下撿回一條小命，化名張祿，躲了起來。後來范雎跟隨秦昭王派來魏國出使的使臣王稽，一起去了秦國，被秦王重用，封為秦國宰相。范雎要求魏王交出魏齊，秦昭王 46 年，魏齊在走投無路的情況下自殺。這就是「君子報仇，十年不晚」的典故，「睚眥必報」也源自於此。

反觀《史記‧淮陰侯列傳》中記載，韓信早年受胯下之辱，後來幫助劉邦奪得天下，衣錦還鄉時對當初羞辱他的人不但不記仇，反而封他為楚中尉。這就是「以德報怨」成語的出處。

寬恕與報復，哪一個更爽快？

寬恕是最近十幾年心理學界的熱門研究主題。

寬恕真的有用嗎？

幾年前，我帶過一個學生，是一個非常有個性的男生，大家都說

他是小憤青，有些老師對這個學生感到十分頭痛。但他和我很合得來，我覺得這個學生的堅持己見和執著是他的優點。有一次我們兩人討論到他失敗的一個實驗，他很苦惱，不知道接下來可以做什麼。

我隨口說了一句：「我覺得你這個人還滿容易憤慨的，不然你研究寬恕怎樣？你需要學學寬恕。」就此開啟了我們之間的爭論。

他認為人被冒犯之後，報復才是更好的辦法，而我卻認為寬恕可能比報復更好，我們誰也說不過誰。當下我靈光一閃，提議做一個實驗，來比較一下寬恕和報復哪種更有用。我們很好奇，人被冒犯之後，寬恕和報復哪一種更能降低心中的怒氣？

經過一番思考，我們設計出一個大學生比較熟悉的冒犯情境故事，但對於來參加實驗的大學生，我們說是關於語言表達特色的實驗。實驗會設計特定主題，透過分析受試者對這些主題相關問題的回答內容，了解人的語言風格表達特色。接著，我們要求他們以第一人稱視角閱讀下面這個事件。

我偶爾會在課堂上遇到的一個同學告訴我，這週末以前他必須提交這堂課的報告。我已經寫完了報告，而這個同學說他還沒有想好寫什麼，想借我的報告參考一下，並保證和我的不一樣，我同意了。但這個同學直接將我的報告稍加修飾潤色後交了上去。老師發現兩篇雷同的報告，認定我抄襲這個同學，還把我叫到辦公室狠狠教訓了一頓，說要取消我這堂課的學分。我向老師說明了我的選題脈絡以及資料分析過程，而這個同學則一問三不知。最後老師相信論文是我寫的。

　　我們請受試者讀完故事後，用一分鐘時間想像這件事發生在自己身上，接著要他們評估自己的憤怒感。隨後，我們將受試者隨機分成「寬恕組」和「報復組」，並要他回答三個問題：一、他們會用什麼方法來寬恕（報復）這個同學？二、他們在寬恕（報復）過程中可能會有什麼體驗？三、說明他們寬恕（報復）的原因。完成上述問題後，請他們再一次評估自己的憤怒感。

　　剛讀完故事，兩組大學生的憤怒水準差異不大，滿分 100 分，兩組受試者評分都在 75 ～ 80 分，代表這件事確實讓他們很生氣。回答完問題後，我們發現報復組和寬恕組的憤怒感都降低了，但寬恕組降低的幅度遠遠大於報復組。報復組的憤怒感平均下降 15 分；而寬恕組下降 32 分，是報復組的兩倍。

　　我們還做了一系列對比寬恕和報復的實驗，結果都是寬恕的作用好於報復。但在這些實驗中存在一個問題，就是我們被動地呈現一個冒犯事件，並要求受試者立刻寬恕，和在現實生活中寬恕他人有很大的不同。

寬恕之前先接納自己受傷的事實

　　如果想要寬恕他人，可以怎麼做呢？

　　一般來說，寬恕要經歷四個心理階段。

　　小雯和阿強談了六年戀愛，兩人關係不錯，但阿強的父母一直不喜歡小雯，以各種要求為難小雯。儘管小雯經常委屈自己博取阿強父母的歡心，最終阿強還是在父母的逼迫下，選擇和小雯分手，這讓小

雯非常憤怒和痛苦。

如果小雯想要寬恕阿強，她需要做些什麼呢？

寬恕的第一階段是「體驗傷害」。

「我真的受傷了。」在這個階段，你會認識、體會和接納自己在受傷後表現出憤怒、羞愧和鑽牛角尖等負面反應。這些體驗會強化你的憤怒和悲傷情緒，唯有意識和接納自己的負面情緒與看法，你才可能改變。

所以，對於小雯來說，她需要意識到，阿強和自己分手這件事，讓她非常憤怒和痛苦，而不是否認這些體驗。有些受害者可能出於傷害事件讓他們感到羞恥的心理，對於遭受的傷害採取抗拒或否認的方式應對。

第二階段是「決定寬恕」。

「我願意寬恕你。」在這個階段你會意識到自己之前應對冒犯的策略可能沒有用，進而考慮是否把寬恕作為新的選擇，進而做出寬恕的決定。

在分手之初，小雯可能會藉由埋怨阿強的父母，或者貶低自己的方式，比如我真的是一個非常糟糕的情人，或者以指責阿強軟弱等方式來應對分手，但這些策略可能無法幫她解決憤怒和悲傷。所以在第二階段，她可能會思考寬恕對她意味著什麼，是否要寬恕。

第三階段是「實施寬恕」。

「我寬恕你。」在這個階段受害者會從新的角度看待冒犯者，嘗試換位思考對方的困惑和壓力。受害者不再執拗於自己所受的傷害，能夠理解對方，對對方產生同理心。

　　以小雯為例，她會嘗試從阿強的角度思考分手這件事，她可能會發現阿強在分手過程中也很痛苦和無奈。這時小雯看到的不僅僅是自己的痛苦，也能對阿強的痛苦感同身受。於是她可能會放棄報復阿強，內心的憤怒和悲傷也會逐漸減少，慢慢獲得內心的平靜。

　　第四階段是「深化寬恕」。

　　「重獲新生。」在這個階段你可能會思考磨難和寬恕他人，對人生有何意義，並為冒犯事件賦予新的正面意義，甚至意識到自己也需要他人寬恕，轉而樹立新的生活目標。你對冒犯者的負面情緒逐漸減少，正面情緒逐漸增加，內心得以釋然。

　　到了這一階段，小雯可能會發現與阿強分手這件事，讓她重新思考親密關係對自己的意義是什麼。一味滿足對方、完全放棄自己，不是最好的方式。她在關係中是否要保持自我？如果保持自我與對方的期望不一致，她除了委屈、改變自己，還可以做什麼？她發現與阿強分手，讓自己重新思考如何平衡親密關係中的需要和付出，同時意識到在這段關係中，自己的某些作為縱容了阿強父母的過分要求，所以自己也要承擔一定的責任。至此，小雯終於能坦然接受分手，也不再感到憤怒和悲傷，真正寬恕阿強。

　　不是每個選擇寬恕的人都要經歷上述過程，也不是每個人都會按照這四個階段逐步進行。

　　上述內容只是闡述寬恕的過程，並非要指導大家自我練習寬恕。寬恕是一個漫長的過程，進一步退三步也很正常。真正的寬恕是專業的心理治療過程，最好在專業諮詢師的協助下進行。

復仇的苦澀是無盡的

接下來看看心理學家做過的一些寬恕干預研究。

心理學家柯伊爾（Catherine T. Coyle）和恩萊特（Robert D. Enright）招募了十名因伴侶決定墮胎而深感受傷的男性。研究人員把他們隨機分配到「寬恕干預組」和「等待組」。寬恕干預組接受為期 12 週、每週 90 分鐘的寬恕干預，而等待組不做任何干預。研究人員將為兩組人在干預前後的心理健康評分。12 週結束後，等待組的五名男性也接受同樣為期 12 週的寬恕干預。12 週後，研究者再一次測量兩組的心理健康水準。

結果發現，寬恕干預組的男性在進行 12 週的寬恕干預後，他們的焦慮、憂鬱和悲痛等負面情緒都明顯改善，但是等待組的男性在 12 週中並沒有明顯變化。等待組在等待結束後，進行 12 週的寬恕干預，他們的負面情緒也明顯改善。而之前接受寬恕干預的那組男性，在後續 12 週的追蹤期裡，干預對於負面情緒的改善仍然有效（見圖 5-12）。

心理學家里德（Reed）和恩萊特將 20 名曾受伴侶情感虐待的女性，隨機分為「寬恕干預組」和「對照組」。寬恕干預組接受寬恕干預，而對照組則進行同樣次數的生活問題討論，包括對過往情感虐待的影響討論。兩組接受干預的時間長度均介於 5 ～ 12 個月，平均為 7.95 個月，每週一次，每次一小時。研究人員將在干預前後評估兩組女性的多項心理指標。

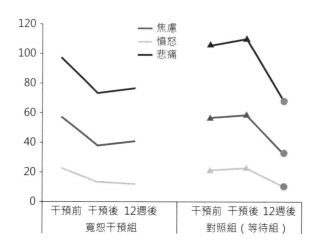

圖 5-12　寬恕干預後兩組男性的心理健康評分

　　研究者發現，接受寬恕干預的女性，在自尊、對環境的掌控感、意義尋求方面皆有正面提升，而她們的焦慮、憂鬱以及創傷後壓力症候群（PTSD）均顯著下降，且在隨後的追蹤期裡，這些干預都能持續發揮效果；而參與問題討論群組的女性，在大部分心理指標上沒有明顯變化（見圖 5-13 上方折線圖）。

　　研究者還在干預前後，分別要這些女性講述伴侶的心理虐待對她們生活的影響，然後將她們所講的內容分類為受害者故事和倖存者故事。受害者故事傾向強調施暴者的力量、將自己描述成受害者，其中還包括對虐待的怨恨等；倖存者故事則傾向強調自己的選擇，將虐待轉變成做出新決定的動力等。研究者發現，經過寬恕干預後，這些女性所講述的受害者故事逐漸減少，倖存者故事逐漸增多；但對照組沒有發生明顯變化（見圖 5-13 下方折線圖）。

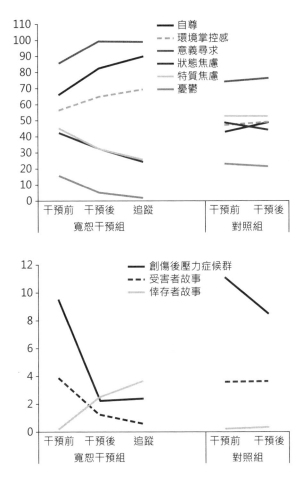

圖 5-13　寬恕干預後，受害女性的心理健康評分

　　武俠小說中也不乏這類故事，受害者藉由自虐式的修煉，最終練成絕世武功，把仇家殺光。但他從此幸福快樂了嗎？並沒有，他很可能選擇自我毀滅，因為復仇後他找不到其他活著的意義。

　　米爾頓（John Milton）曾說：「復仇的感覺是甜美的，但是當其反彈後，苦澀是無盡的。」（Revenge, at first though sweet, Bitter ere long back on itself recoils.）

　　本章最後為大家講一個真實的小故事，這個故事是促使我和學生進行寬恕研究的原因之一。那時候叫車 APP 還不流行，學校門口聚集著很多無牌計程車。一個剛入學的學生，和學校門口的無牌計程車司機發生衝突，被那個司機羞辱了一番，導致大學四年他每次一想起這件事就極其憤怒，甚至深受困擾，大學生活過得很糟糕。聽到這件事，我感到非常可惜，如果這個學生能夠學會用寬恕去處理這件事，不知道他大學四年的時光會是怎樣？

？ 思考題

你是否曾遭遇不平等或者傷害事件？你是怎麼應對的？看過本章之後，你是否會考慮嘗試用寬恕的方法應對？如果會，你計畫怎麼做？

推薦書單

- 《寬恕，選擇幸福的人生》（*Forgiveness Is A Choice*），羅伯・恩萊特（Robert D. Enright）著。繁體中文版由道聲出版。
- 《學會寬恕》（*Forgive for Good: A Proven Prescription for Health and Happiness*），佛瑞德・魯斯金（Fred Luskin）著。

主要參考文獻

【 PART 1 】

· T. Talhelm, X. Zhang, S. Oishi, C. Shimin, D. Duan, X. Lan, S. Kitayama. *Large-scale Psychological Differences within China Explained by Rice versus Wheat Agriculture* [J]. Science, 2014, 334 (6184).

· N D, Weinstein S E Marcus, R P Moser. *Smokers′ Unrealistic Optimism about Their Risk* [J]. Tobacco Control, 2005.

· Berglas S, Jones E E. *Drug Choice as a Self-handicapping Strategy in Response to Noncontingent Success* [J]. Journal of Personality & Social Psychology, 1978.

· Baumeister R F, Bratslavsky E, Muraven M, et al. *Ego Depletion: is the Active Self a Limited Resource?* [J]. Journal of personality and social psychology, 1998.

· Finkel E J, Dewall C N, Slotter E B, et al., *Self-Regulatory Failure and Intimate Partner Violence Perpetration* [J]. Journal of Personality & Social Psychology, 2009.

· Rosenthal R, Jacobson L. *Teachers′ Expectancies: Determinants of Pupils′ IQ Gains* [J]. Psychological Reports, 1966.

【 PART 2 】

· Dweck, Carol S. *The Role of Expectations and Attributions in the Alleviation of Learned Helplessness* [J]. Journal of Personality and Social Psychology, 1975.

· Ross L D, Amabile T M, Steinmetz J L. *Social Roles, Social Control, and Biases in Social-perception Processes.* [J]. Journal of Personality & Social Psychology, 1977.

· Taylor S E, Fiske S T. *Point of View and Perceptions of Causality* [J]. Journal of Personality and Social Psychology, 1975.

【PART 3】

· Festinger L, Carlsmith J M. *Cognitive Consequences of Forced Compliance* [J]. Journal of Abnormal Psychology, 1959.

· Freedman J L. *Long-Term Behavioral Effects of Cognitive Dissonance* [J]. Journal of Experimental Social Psychology, 1965.

· Linder D E, Cooper J, Jones E E. *Decision Freedom as a Determinant of the Role of Incentive Magnitude in Attitude Change* [J]. Journal of Personality & Social Psychology, 1967.

· Aronson E, Mills J. *The Effect of Severity of Initiation on Liking for a Group* [J]. Journal of Abnormal & Social Psychology, 1959.

· Brehm, Jack W. *Postdecision Changes in the Desirability of Alternatives* [J]. Journal of Abnormal Psychology, 1956.

· Janis I L, Kaye D, Kirschner P. *Facilitating Effects of "Eating-while-reading" on Responsiveness to Persuasive Communications* [J]. Journal of Personality & Social Psychology, 1965.

· Banks S M, Salovey P, Greener S, et al., *The Effects of Message Framing on Mammography Utilization* [J]. Health Psychology: Official Journal of the Division of Health Psychology American Psychological Association, 1995.

· Leventhal H, Watts J C, Pagano F. *Effects of Fear and Instructions on How to Cope with Danger* [J]. Journal of Personality and Social Psychology, 1967, 6(3).

· Katz D. *Studies in Social Psychology in World War II* [J]. Psychological Bulletin, 1951.

· Chaiken S, Eagly A H. *Communication modality as a determinant of message persuasiveness and message comprehensibility* [J]. Journal of Personality & Social Psychology, 1976.

· Russano M B, Meissner C A, Narchet F M, et al. *Investigating True and False Confessions Within a Novel Experimental Paradigm* [J]. Psychological Science, 2005.

· Freedman J L, Sears D O. *Warning, Distraction, and Resistance to Influence* [J]. Journal of Personality and Social Psychology, 1965.

· Telch M J, Killen J D, Mcalister A L, et al. *Long-term Follow-up of a Pilot Project on Smoking Prevention with Adolescents* [J]. Journal of Behavioral Medicine, 1982.

[PART 4]

· Langlois J H, Roggman L A. *Attractive Faces Are Only Average* [J]. Psychological Science, 1990.

· Sacco D F, Hugenberg K, Kiel E J. *Facial Attractiveness and Helping Behavior Beliefs* [J]. Social Psychology, 2013.

· Finch J F, Cialdini R B. *Another Indirect Tactic of (Self) Image Management: Boosting* [J]. Personality and Social Psychology Bulletin, 1989.

· Baaren R B V, Holland R W, Steenaert B, et al. *Mimicry for Money: Behavioral Consequences of Imitation* [J]. Journal of Experimental Social Psychology, 2003.

· Moreland R L, Beach S R. *Exposure Effects in the Classroom: The Development of Affinity among Students* [J]. Journal of Experimental Social Psychology, 1992.

· Zajonc, Robert B. *Attitudinal Effects of Mere Exposure.* [J]. Journal of Personality & Social Psychology, 1968.

· Mita T H, Dermer M, Knight J. *Reversed Facial Images and the Mere-exposure Hypothesis* [J]. Journal of Personality and Social Psychology, 1977.

· Festinger L, Schachter S, Back K W. *Social Pressures in Informal Groups: a Study of Human Factors in Housing* [J]. The Milbank Memorial Fund Quarterly, 1950.

· Back M D, Schmukle S C, Egloff B. *Becoming Friends by Chance* [J]. Psychological, 2008.

· Baumeister R F, Twenge J M, Nuss C K. *Effects of Social Exclusion on Cognitive Processes: Anticipated Aloneness Reduces Intelligent Thought* [J]. Journal of Personality & Social Psycholog, 2002.

· Eisenberger N I, Lieberman M D, Williams K D. *Does Rejection Hurt? An fMRI Study of Social Exclusion.* [J]. Science, 2003.

· Kenrick D T, Sadalla E K, Groth G, et al. *Evolution, Traits, and the Stages of Human Courtship: Qualifying the Parental Investment Model* [J]. Journal of Personality, 2010.

· Buss D M, Schmitt D P. *Sexual Strategies Theory: an Evolutionary Perspective on Human Mating* [J]. Psychological Review, 1993.

· Michael, W, Wiederman. *Evolved Gender Differences in Mate Preferences: Evidence from Personal Advertisements* [J]. Ethology & Sociobiology, 1993.

· Greenlees I A, McGrew W C. *Sex and Age Differences in Preferences and Tactics of Mate Attraction: Analysis of Published Advertisements* [J]. Ethology & Sociobiology, 1994.

· Johnston V S, Hagel R, Franklin M, et al., *Male Facial Attractiveness: Evidence for Hormone-mediated Adaptive Design* [J]. Evolution & Human Behavior, 2001.

· Douglas T Kenrick, Richard C Keefe. *Age Preferences in Mates Reflect Sex Differences in Mating Strategies* [J]. Behavioral & Brain Sciences, 1992.

· Aharon I, Etcoff N, Ariely D, Chabris C F, O' Connor E, Breiter H C. *Beautiful Faces have Variable Reward Value: fMRI and Behavioral Evidence* [J]. Neuron, 2001,32(3).

· Singh D. *Adaptive Significance of Female Physical Attractiveness: Role of Waist-to-hip Ratio* [J]. Journal of Personality & Social Psychology, 1993.

· Buss D M, Schmitt D P. *Sexual Strategies Theory: an Evolutionary Perspective on Human Mating* [J]. Psychological Review, 1993.

· Silverthorne Z A, Quinsey V L. *Sexual Partner Age Preferences of Homosexual and Heterosexual men and women* [J]. Archives of Sexual Behavior, 2000.

· Kay D, Hanna Randel H. *Courtship in the Personals Column: the Influence of Gender and Sexual Orientation* [J]. Sex Roles, 1984.

· Abbey A, Cozzarelli C, McLaughlin K, Harnish R J. *The Effects of Clothing and Dyad Sex Composition on Perceptions of Sexual Intent: Do Women and Men Evaluate These Cues Differently* [J]. Journal of Applied Social Psychology, 2006.

· Goetz A T, Causey K. *Sex Differences in Perceptions of Infidelity: Men often Assume the*

Worst [J]. Evolutionary Psychology, 2009.

· Takahashi H, Matsuura M, Yahata N, Koeda M, Suhara T, Okubo Y. *Men and Women Show Distinct Brain Activations during Imagery of Sexual and Emotional Infidelity* [J]. Neuroimage, 2006.

· Sternberg R J. *A Triangular Theory of Love* [J]. Psychological Review, 1986.

· Sternberg R J. *Construct Validation of a Triangular Love Scale* [J]. European Journal of Social Psychology, 1997.

[PART 5]

· Natalie, Porter, Florence, et al. *Are Women Invisible as Leaders?* [J]. Sex Roles, 1983.

· Phelps E A, O Connor K J, Cunningham W A, et al. *Performance on Indirect Measures of Race Evaluation Predicts Amygdala Activation* [J]. Journal of Cognitive Neuroscience, 2000, 12(5):729-738.

· Rogers R W, Prentice-Dunn S. *Deindividuation and Anger-mediated Interracial Aggression: Unmasking Regressive Racism* [J]. Journal of Personality & Social Psychology, 1981.

· Langer E J, Imber L. *Role of Mindlessness in the Perception of Deviance* [J]. Journal of Personality & Social Psychology, 1980.

· Rothbart M, Fulero S, Jensen C, et al. *From Individual to Group Impressions: Availability Heuristics in Stereotype Formation* [J]. Journal of Experimental Social Psychology, 1978.

· Sherif C W. *Intergroup Conflict and Cooperation: The Robbers Cave Experiment* [J]. Robbers Cave Experiment Intergroup Conflict & Cooperation, 1961.

· Dunn E W, Aknin L B, Norton M I. *Spending Money on Others Promotes Happiness* [J]. Science, 2008.

· McMillen D L, Austin J B. *Effect of Positive Feedback on Compliance Following Transgression* [J]. Psychonomic Science, 1971.

- Thompson W C, Cowan C L, Rosenhan D L. *Focus of Attention Mediates the Impact of Negative Affect on Altruism* [J]. Journal of Personality & Social Psychology, 1980.

- Rosenhan D L, Salovey P, Hargis K. *The Joys of Helping: Focus of Attention Mediates the Impact of Positive Affect on Altruism* [J]. Journal of Personality & Social Psychology, 1981.

- Wilkinson, Gerald S. *Reciprocal Food Sharing in the Vampire Bat* [J]. Nature, 1984.

- Moore D, Wigby S, English S. *Selflessness is Sexy: Reported Helping Behaviour Increases Desirability of Men and Women as Long-term Sexual Partners* [J]. BMC Evol Biol 13, 2013.

- Darley J M, Latane B. *Bystander Intervention in Emergencies: Diffusion of Responsibility* [J]. Journal of Personality & Social Psychology, 1968.

- Bibb Latané, Rodin J. *A Lady in Distress: Inhibiting Effects of Friends and Strangers on Bystander Intervention* [J]. Journal of Experimental Social Psychology, 1969.

- Darley J M, Batson C D. *"From Jerusalem to Jericho"：A Study of Situational and Dispositional Variables in Helping Behavior* [J]. Journal of Personality & Social Psychology, 1973.

- Latane B, Darley J M. *Group Inhibition of Bystander Intervention in Emergencies* [J]. Journal of Personality & Social Psychology, 1968.

- 陳曉、高辛、周暉。〈寬宏大量與睚眥必報：寬恕和報復對憤怒的降低作用〉[J] 心理學報，2017。

- Coyle, Enright C T, Robert D. *Forgiveness Intervention with Postabortion Men.* [J]. Journal of Consulting and Clinical Psychology, 1997.

- Reed G L, Enright R D. *The Effects of Forgiveness Therapy on Depression, Anxiety, and Posttraumatic Stress for Women after Spousal Emotional Abuse* [J]. Journal of Consulting and Clinical Psychology, 2006.

● 高寶書版集團
gobooks.com.tw

新視野 New Window 252

人心使用說明書：心理學教授實話說，什麼決定你的所思所想所作所為

作　者	陳曉
特約編輯	余純菁
助理編輯	陳柔含
封面設計	黃馨儀
內頁排版	賴姵均
企　劃	鍾惠鈞

發 行 人	朱凱蕾
出　版	英屬維京群島商高寶國際有限公司台灣分公司
	Global Group Holdings, Ltd.
地　址	台北市內湖區洲子街 88 號 3 樓
網　址	gobooks.com.tw
電　話	(02) 27992788
電　郵	readers@gobooks.com.tw（讀者服務部）
傳　真	出版部　(02) 27990909　行銷部 (02) 27993088
郵政劃撥	19394552
戶　名	英屬維京群島商高寶國際有限公司台灣分公司
發　行	英屬維京群島商高寶國際有限公司台灣分公司
初版日期	2022 年 12 月

國家圖書館出版品預行編目（CIP）資料

人心使用說明書：心理學教授實話說，什麼決定你的
所思所想所作所為 / 陳曉著 . -- 初版 .-- 臺北市：英屬
維京群島商高寶國際有限公司臺灣分公司，2022.12

　面；　公分 . -- (新視野 252)

ISBN 978-986-506-583-6 (平裝)

1.CST: 精神分析　2.CST: 心理學　3.CST: 個案研究

170　　　　　　　　　　　　　　111017924